经济学研究丛书
JINGJIXUE YANJIU CONGSHU

中央企业战略重组及其国际竞争力提升研究

ZHONGYANG QIYE ZHANLUE CHONGZU JIQI
GUOJI JINGZHENGLI TISHENG YANJIU

邹 俊 著

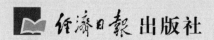

经济日报出版社

图书在版编目（CIP）数据

中央企业战略重组及其国际竞争力提升研究 / 邹俊
著. —北京：经济日报出版社，2015.9
ISBN 978－7－80257－875－3

Ⅰ. ①中… Ⅱ. ①邹… Ⅲ. ①国有企业－企业重组－
国际竞争力－研究－中国 Ⅳ. ①F279.241

中国版本图书馆 CIP 数据核字(2015)第 223331 号

中央企业战略重组及其国际竞争力提升研究

作　　者	邹　俊
责任编辑	赵　灿
出版发行	经济日报出版社
地　　址	北京市西城区右安门内大街 65 号（邮政编码：100054）
电　　话	010－63567960（编辑部）63516959（发行部）
网　　址	www.edpbook.com.cn
E－mail	edpbook@126.com
经　　销	全国新华书店
印　　刷	北京天正元印务有限公司
开　　本	710×1000mm　1/16
印　　张	14.75
字　　数	222 千字
版　　次	2016 年 1 月第一版
印　　次	2016 年 1 月第一次印刷
书　　号	ISBN 978－7－80257－875－3
定　　价	45.00 元

目　录

导　论

一、研究的背景及意义

（一）研究的背景

在经济全球化的浪潮下，我国国有企业国际竞争力问题逐渐成为学界、企业和政府关注的热点问题。竞争力是企业生存和发展的决定性因素。在激烈的市场竞争中，只有那些经营灵活、不断创新、富有竞争力的企业才能长期生存；而那些缺乏活力，反应迟缓，缺乏创新，没有竞争力的企业终将被市场淘汰。传统经济学中，不管是古典经济学还是新古典经济学都承认企业的性质就是资本、劳动等各要素的组合，利润的最大化是它们一致的追求目标。在新制度经济学中，1937 年科斯在其《企业的性质》一书中超越了传统经济学，认为企业的存在的根源是能够节约交易费用，因而成为替代市场的一种制度安排，从而在企业与市场之间搭起了一座桥梁。在马克思主义经济学的语境中，企业不过是资本存在的一种形式，企业的本质就是资本的存在和发展的最佳媒介，资本家无非是资本的人格化，企业就是资本家追逐剩余价值最大化的载体。[①] 由此可见，传统经济学理论"殊途同归"，基本把企业目标认定为"追求利润最大化"，因而不断提高企业竞争力便伴随这一目标应运而生。

当前企业国际竞争不仅仅是传统意义上在国际市场的竞争，既使在国

---

① 张春敏，刘文纪. 从国有企业的性质看国有企业的社会责任 [J]. 前沿，2007（12）：81.

内市场也充满了国际竞争，越来越展现出"国内市场竞争国际化，国际市场竞争国内化"的特点。近年来，中央企业改革发展不断取得进步，截至2015年7月，中央企业已由最初的196家重组整合为111家。面对复杂的国内外环境，资源配置能力明显提高，中央企业经济效益和整体实力大幅提升，截至2013年进入世界500强的企业由10家增加到45家。然而，近年来，伴随中央企业业绩的逐步提高和央企的多元化发展，"国进民退"的批判声音逐渐兴起，与此同时中央企业行政垄断、效率低下以及大而不"强"等问题逐步显现，因此关于中央企业国际竞争力提升以及未来改革方向越来越引起政府和学术界的重视。虽然企业竞争力问题一直以来是理论界和实业界研究和关注的热点，但针对中央企业国际竞争力的研究却较少，尤其研究中央企业战略重组与提升央企国际竞争力关系问题的就更缺乏。后金融危机时代，国际市场存在大量的战略重组的机遇，但也暗藏着风险，如何抓住历史机遇有效提升中央企业国际竞争力，培育一批具有自主知识产权、知名品牌和国际竞争力较强的大企业集团，是一个迫切需要研究和实践的课题。

（二）研究意义

当前中央企业是我国国有经济的主体，是国有经济保持对国民经济的影响力、控制力和带动力的中坚力量。在当前全球竞争的背景下，国务院国资委要求中央企业积极"走出去"，实施跨国经营战略，充分利用国内外两个市场、两种资源，提高国际竞争力。培育和发展具有国际竞争力的大企业集团，迅速提升中央企业的国际竞争力可以采取的措施有很多种，但从国际跨国公司发展的经验来看，积极实施战略重组是企业快速成长的必经之路，也是一项重要的企业战略举措。中央企业对我国国民经济有着重要影响，研究中央企业战略重组及其国际竞争力提升问题不仅具有重要理论价值，也有着重大现实意义。

1. 理论意义。深化国有经济改革，明确国有经济功能定位是近年政府和学术界关注和探讨的热点问题。作为国有经济中坚力量的中央企业，社会各界对中央企业的经营业绩褒贬不一。近年来，关于如何界定中央企业的边界、如何规范中央企业的扩张行为、如何实施"走出去"发展战略、如何监管中央企业海外资产等等成为政府、企业家和学术界讨论的热点。因而本书在理论研究方面，第一，从产业组织视角分析现代企业性质的演变，进而拓展了对国有企业性质及其功能的认识和理解；第二，本书运用交易成本分析框架对中央企业战略重组的动因、国际竞争力提升的影响以及两者互动关系的作用机理进行了分析，具有一定的理论价值；第三，本书运用市场结构理论分析央企战略重组的规模与垄断问题，从理论上有力回应了央企"垄断论""国进民退论"等片面观点；最后，本书分析了为降低交易成本，提高治理效率，深入推进中央企业战略重组及其国际竞争力提升的相应的制度安排和制度创新，具有一定理论价值。

2. 现实意义。十八大报告中明确指出："加快走出去步伐，增强企业国际化经营能力，培育一批世界水平的跨国公司。"一方面，从目前我国非公经济整体发展水平来看，大多数民营企业国际竞争力较弱，难以有力参与国际市场竞争，而中央企业则是我国参与国际市场竞争的主力军，也是保障国家经济安全的主导力量。因此，本书研究中央企业国际竞争力问题具有突出的现实意义；另外一方面，在后金融危机时代，国内外市场存在大量并购重组机会，如何通过战略重组快速有效提升央企国际竞争力是摆在企业与政府相关部门面前的现实问题，必须予以重视，因此本书也试图对这一现实问题进行一些有益的探索；最后，为了正确比较和评价中央企业国际竞争力，本书将从央企的一般性和特殊性考虑，建立一套适合中央企业的国际竞争力的评价指标体系，从而为中央企业提升国际竞争力提供一套科学合理的参考标准，对中央企业发展具有现实参考意义，也为相关管理部门监督考核和宏观决策提供参考依据。同时，在国有经济战略性调整的背景下，中央企业的分类改革、重组的模式创新、技术创新以及混合所有制改革都对其国际竞争力提升具有重要影响，因而本书研究对于宏观决策部门指导和监督中央企业战略重组具有一定的参考价值。

二、本书的研究思路和研究方法

（一）本书的研究思路和基本框架

1. 本书写作的基本思路。本书对中央企业战略重组及其国际竞争力提升问题进行研究的基本思路是首先对相关概念和内涵进行界定和说明，这是本书相关研究的前提和基础。其次，对企业重组和国际竞争力相关理论和文献进行系统梳理，为本书研究打下理论基础。再次，通过对国有企业性质的拓展研究，科学合理地界定中央企业的功能，从而为本书后续研究做好铺垫。接下来，本书通过深入分析中央企业战略重组和国际竞争力提升的相关理论和实践问题，从而为深入剖析两者的互动关系奠定基础。之后，本书将着重分析交易成本对央企战略重组与国际竞争力的重要影响，并说明两者的互动关系，从而拓展了中央企业国际竞争力研究的视角。随后，选取两家典型中央企业做案例对比研究，从实践角度分析和说明战略重组对快速提升央企国际竞争力的有效性和风险性。最后，在综合前面研究的基础上，对深入推进中央企业战略重组及其国际竞争力提升提出相关对策建议。

2. 本书写作的基本框架。全书除去导论和主要研究结论外，共分为八章。

在导论中，首先，阐述本书写作的背景和意义；其次，对本书研究思路、基本框架和研究方法进行了介绍；最后，指出了本书的主要创新和不足之处。

第一章主要是相关理论与文献综述。本章首先对中央企业由来及其概念进行界定，进而对中央企业国际竞争力和中央企业战略重组的内涵和概念进行界定和相关说明；其次，企业重组、竞争力相关理论进行回顾和梳理，并对近年来关于企业重组和竞争力问题的研究文献进行综述，从而为本书的研究打下坚实的理论和文献基础。

第二章主要分析国有企业的性质与功能定位。首先，从产业组织视角对传统的企业性质问题进行深入考察，从产业组织的演化发展角度探讨不同时代产业组织的发展的特点，进而对现代企业性质进行再思考；其次，在对现代企业性质反思的基础上，对国有企业性质从一般性质和特殊性质两方面进行重新认识；最后，对中央企业功能定位问题进行深入分析，先从宏观的对国有经济定位着手，然后再探讨中央企业的功能定位。

第三章主要回顾和总结了中央企业战略重组的历程。本章对从2003国务院国资委正式成立后中央企业经历的几次特点鲜明的战略重组历程划分为起步阶段（2003～2004年）、发展阶段（2005～2007年）、深化阶段（2008～2010年）和攻坚阶段（2011年至今），并进行归纳总结。

第四章主要对中央企业战略重组问题进行理论分析。首先，本章从企业自身、产业组织发展以及国家竞争三个层面分析了中央企业战略重组的动因问题；其次，对中央企业战略重组的不确定性进行了分析，指出战略重组中存在交易成本、规模经济、产业结构和人力资本等方面的不确定性问题；最后，着重分析了中央企业战略重组的规模与垄断边界问题，从市场结构角度分析中央企业的规模边界问题，并指出中央企业战略重组可以在生产成本和交易成本上实现规模经济，然后从市场势力、是否存在垄断利润和可竞争市场构建三个角度分析了中央企业战略重组是否会带来垄断问题。

　　第五章主要对中央企业国际竞争力问题进行理论分析。首先，本章分析了中央企业国际化发展的现状及其存在的问题，以及加快国际化发展的对策；其次，分析了中央企业国际竞争力现状与进一步提升存在的瓶颈；最后，研究构建中央企业国际竞争力评价指标体系，从资源、能力和创新三个核心要素出发，以央企资源、跨国经营能力、技术创新以及组织制度创新四个核心指标为中心来构建适合中央企业的国际竞争力评价指标体系，共分为十一个一级指标和四十一个二级指标。

　　第六章主要从交易成本角度考察中央企业战略重组与国际竞争力提升问题。首先，分析零交易成本下的市场模型和企业对重组战略的选择，发现零交易成本下企业重组战略并非是企业的最优选择；其次，分析了在现实世界的正交易成本下的市场模型和企业对重组战略的选择，发现正交易成本下企业若要迅速提升竞争力，获取竞争优势，战略重组就会成为企业的理性选择；再次，着重分析了正交易成本下中央企业战略重组与国际竞争力提升的互动机理，分析了战略重组对中央企业交易成本的影响，以及战略重组对国际竞争力提升的作用机理；最后，对中央企业战略重组与国际竞争力提升进行博弈分析，主要进行了中央企业战略重组的选择、市场阻扰、囚徒困境和动态博弈分析。

　　第七章主要是中央企业战略重组与国际竞争力提升的案例对比分析。本章选取了正反两方面的案例来分析中央企业战略重组提升国际竞争力的着力点和关键点。一个是中国建材集团大力推进战略重组，通过战略重组获得协同效应，提高资源使用效率，提升了技术创新能力，优化了公司治理结构，从而使企业国际竞争力不断提升；另一个是中国中钢集团公司，战略重组活动中盲目扩张、战略目标短浅，重组后整合乏力导致企业内部管理混乱，治理结构不完善，内部监督机制失效，最终不但没有提升公司国际竞争力反而拖累了公司经营业绩，致使企业国际竞争力下降。通过这两个案例对比研究我们发现了很多有益的启示。

第八章主要是深入推进中央企业战略重组及其国际竞争力提升的对策研究。为了有效推进中央企业战略重组，打造一批具有国际竞争力的世界一流的跨国企业，中央企业有许多方面需要配套改革，进行系统的体制和机制创新。本章提出了中央企业战略重组模式创新，公司治理结构完善、跨国经营制度创新、技术创新融合发展以及大力推进中央企业混合所有制改革等对策建议。

最后，对本书的全部内容和相关结论作简要总结。

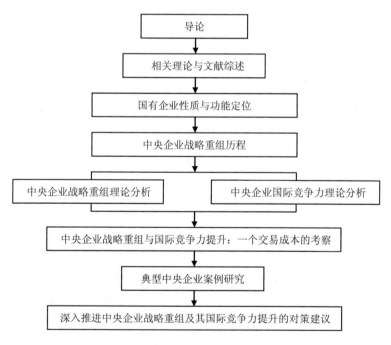

图1－1　本书研究的基本框架图

（二）本书的研究方法

本书的研究以经济学理论为基础，综合运用管理学、政治学等学科理论和研究方法，进行了多学科交叉研究。围绕本书的研究主题和研究目

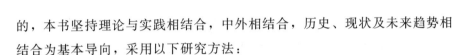

的，本书坚持理论与实践相结合，中外相结合，历史、现状及未来趋势相结合为基本导向，采用以下研究方法：

1. 规范分析和实证分析相结合。通过对现有企业重组理论和企业国际竞争力理论的梳理，多学科结合，从中寻求有机结合，探寻一般规律、提炼理论观点。对中央企业战略重组和国际竞争力提升的相关性进行理论分析研究。另外，通过收集和整理各种统计年鉴和网络数据资料，利用大量数据和客观事实阐述战略重组对中央企业国际竞争力的影响，进而有力佐证相关论点的客观性和有效性。

2. 动态分析与静态分析相结合。本书研究一个比较典型的特点就是动静结合。通过大量的资料、数据和逻辑推理，对中央企业战略重组问题进行历史性地动态分析，避免纯粹静态研究的缺点与局限性。另外，在分析央企战略重组与国际竞争力互动关系的作用机理中，既静态地分析企业内部重组战略对国际竞争力影响，又动态地从博弈论角度分析市场竞争中央企业的战略选择，从而有力地证明了两者的互动关系。

3. 案例分析方法。不同企业的发展具有不同的特点，但是不同企业的成功与失败却可以折射出普遍规律，典型案例可以为探索规律提供生动的例证。本书将选取两家典型中央企业进行深入的案例分析。通过对中国建材集团和中国中钢集团两家中央企业战略重组对国际竞争力提升的实际效果的案例对比分析，总结成功的经验和失败的教训。

4. 比较分析法。在本书研究中我们将贯穿比较研究的方法，诸如：在中央企业重组问题上，同一企业在不同时期的纵向比较；不同企业的横向比较；以及国内外企业的综合比较。通过一系列的比较研究，揭示出企业战略重组问题的演变及其对企业竞争力的影响和发展趋势。

三、本书的创新之处与不足之处

（一）本书可能的创新

总体上，通过研究，力求在以下几方面有所突破和创新：

1. 拓展对国有企业性质的认识和理解，打破传统的把企业、产业与市场三者割裂的观点，力求在理论上有所突破。本书系统总结和回顾了关于企业性质研究的传统观点，并且摒弃传统把企业与市场局限为"非此即彼"关系的观点，进而从产业组织视角对现代企业性质进行了重新审视。在此基础上，从一般性质和特殊性质两方面来全面认识国有企业性质问题，并指出从一般性质来看，作为产业组织中的国有企业是具有明显合作性和人格化特征的生产和交易的结合体；从特殊性质来看，国有企业是具有明显的政治性和社会服务性的特殊企业。从而进一步将中央企业的功能定位为生产功能、控制功能、技术创新功能、增进社会福利功能和提升国家竞争力功能等。

2. 较全面地回顾和总结了中央企业战略重组的历程，并根据不同特点划分为四个阶段，力求对实践具有指导意义。关于我国国有企业改革重组是一个持久而富有争议的话题，过去许多研究国有企业重组往往不加区分中央企业和地方国有企业，而实际上中央企业的功能定位与地方国有企业有着显著区别。本书详细梳理和总结了从 2003 年国务院国资委正式成立以来中央企业的战略重组历程，并根据不同阶段重组的不同特点分为起步阶段、发展阶段、深化阶段和攻坚阶段。力求对中央企业战略重组相关理论和实践研究能有所突破。

3. 对于中央企业战略重组与国际竞争力提升中的突出理论和实践问题进行研究。在中央企业战略重组中常常伴随"国进民退"和"央企垄断论"等片面观点，本书在开放条件下，从市场结构角度分析面对国际竞争央企的规模边界问题，从市场势力、垄断利润以及可竞争市场构建角度分析央企战略重组是否真存在垄断问题，具有一定的创新性。另外，以往的研究在企业国际竞争力的评价上往往笼统谈之，对国有和民营不加区分，而考虑到我国中央企业的特殊性，有些理论的指标体系对中央企业的适用性往往受到很大局限。因此，本书围绕中央企业发展特点创新了一套中央企业的国际竞争力的评价指标体系，以求为对中央企业国际竞争力的考察提供科学有效的观测点。

4. 深入剖析了中央企业战略重组和国际竞争力提升的互动机理。现有的研究大都从不同角度阐释企业国际竞争力问题，这些理论为我们理解中央企业国际竞争力提供了有益的视角。但是由于中央企业的特殊性，以往的研究很少将交易成本、战略重组与央企国际竞争力提升三者之间互动关系结合起来考察。本书将运用交易成本分析框架对央企战略重组与国际竞争力提升进行深入研究中，并说明两者的互动关系及其作用机理；并通过静态和动态的战略重组博弈分析，有力地解释了市场竞争中中央企业战略重组选择的合理性和必然性，从而拓展关于中央企业战略重组与国际竞争力提升研究的视角。

5. 从理论联系实际角度出发，对深入推进中央企业战略重组及其国际竞争力提升提出相应对策建议。本书以中央企业改革发展现状为基础，以提升国际竞争力为目标，对深入推进中央企业战略重组进行系统的制度创新和制度安排是本书的一个创新之处。本书认为深入推进央企战略重组要与重组模式创新、央企分类改革、跨国经营、公司治理结构完善以及技术创新有机结合并进行相应制度创新；另外，在战略重组中要大力推进中央企业混合所有制改革，并进行相应制度安排。

（二）本书的不足之处

1. 中央企业战略重组及其国际竞争力提升问题是一个理论性、实践性和系统性很强的研究工作。由于中央企业的特殊性，其产业布局和战略调整一直在持续，而且中央企业改革发展往往与政府改革息息相关，在研究中关于政府自身改革对中央企业重组和国际竞争力提升的影响阐述较少，在今后的研究中可以进一步拓展。

2. 在研究中央企业国际竞争力评价指标体系问题时，笔者基本采用的是笼统的指标概念体系，没有细化采用财务类指标进行分析，定性的指标概念体系可以涵盖广泛，对界定问题具有显著作用，而财务类指标具有结果性和综合性，所以在今后研究中如何处理定量和定性的问题，把财务类指标和非财务类指标结合起来，并赋予不同的权重，以使评价中央企业国际竞争力更客观、更全面，值得进一步深入研究和探讨。

3. 本书研究以中央企业为样本，国内相关的研究较少，中央企业的特殊性导致在数据收集上存在不少困难，加之相关计量模型不成熟和本人学术能力的局限，因此缺乏相关计量实证研究是本书的一个重要不足。如何获取详实的数据是保证研究客观、科学的前提，今后需要在相关的学术研究中对实证研究予以更多关注，用量化数据指标提高研究的可信度和说服力，也是对理论分析有效的佐证。

第一章 相关理论与文献综述

第一节 相关基本概念界定

一、中央企业的由来及其概念界定

当前中央企业常常成为社会热议的话题，原因就在于中央企业涉及的行业和领域对我国经济以及社会公众的影响很大。中央企业是在中国经济改革发展中出现的，中央企业的改革发展问题也是我国经济体制改革的重要内容。

1. 中央企业的由来。中央企业从企业属性上说与一般国有企业是没有区别的，它也一样具有国有企业所有的功能和作用，但是从中央企业所处行业和领域来看，其对国民经济的影响要远远大于一般国有企业。"中央企业"这一称谓并非一直存在，而主要是在 2003 年国务院国资委正式成立之后，在官方文件和相关媒体中逐渐出现和传播。"中央企业"这一称谓主要是按照出资人的不同和政府的管理权限来划分的，中央企业主要由中央政府出资并履行监督管理职责的国有企业，而地方国有企业主要由地方政府出资并监督管理的国有企业。

2. 中央企业概念界定。所谓中央企业，从广义上来说包括三类：一是由国务院国资委直接监督管理的国有企业；二是由银监会、保监会、证监会等管理的国有企业，属于金融行业；三是由国务院其他部委管理的国有企业，如烟草、黄金、铁路客货运等行业。狭义的中央企业，通常是指由国务院国资委监督管理的企业。[①] 在日常经济生活中，我们常常关注和讨论的"中央企业"一大都是指国务院国资委直接监管的国有企业。因此，本书研究和探讨的问题都是围绕着狭义的中央企业展开。这类中央企业是产权属于国家、管理权直接归属中央政府的国有企业，即由现在的国务院国有资产监督管理委员会行使出资人职责的特大型与大型国有企业。[②]

二、中央企业国际竞争力的内涵界定

国际竞争力是相对于国内竞争力而言的，其实国际竞争力是一个悠久的话题，其理论渊源可以追溯到亚当·斯密在《国富论》中提出的"绝对成本说"和大卫·李嘉图在《政治经济学及赋税原理》提出的"比较成本说"。随着世界经济一体化趋势不断加强，国际贸易活动越发深入而频繁，各国经济竞争也逐步加剧，二十世纪七十年代，美国开始关注国际竞争力问题研究，并逐步成为世界关注的热点，同时关于国际竞争力的相关理论也不断涌现，诸如竞争优势理论、核心竞争力理论等。而随着国际竞争力问题研究的不断深入，关于这一问题逐步从企业、产业和国家不同层面展开，因此也形成了不同角度的对国际竞争力概念的阐释。具体如下表：

表 1.1 国外关于国际竞争力的不同定义

作者或单位	涵 义	资料来源
美国总统产业竞争力委员会	国际竞争力是在自由良好的市场条件，能够在国际市场上提供好的产品、好的服务的同时又能提高本国人民生活水平的能力	《关于产业国际竞争力的总统委员会报告》(1985)
世界经济论坛（WEF）	国际竞争力是企业主目前和未来在各自的环境中以比它们国内和国外的竞争者更有吸引力的价格和质量来进行设计生产并销售货物以及提供服务的能力和机会	《国际竞争力报告》(1985)

---

① 郑海航，孟领．中央企业重组的历史沿革及发展研究 [J]．财经问题研究，2011（3）：105．

② 陆俊华．中央企业重组的目标和运行机制研究 [J]．中国行政管理，2006（6）：98．

作者或单位	涵　义	资料来源
瑞士洛桑国际管理开发学院（IMD）	国际竞争力被定义为一国或一个企业在全球市场上较竞争对手获得更多财富的能力；或者一个国家在其特有的经济与社会结构里，依靠自然资源察赋以创造附加价值；或者着重于改善国内经济环境条件以吸引国外投资；或者依靠国内内部型经济和发展国际型经济，以创造并提高附加价值，增加一国财富的能力	《环境保护与产业国际竞争理论与实证分析》
经合组织（OECD）	国际竞争力的一般定义为：面对国际竞争，支持企业、产业、地区、国家或超国家区域在可持续发展的基础上进行相对较高的要素收人生产和较高要素利用水平的能力	《中国保险竞争力研究》
欧洲货币基金委员会	国际竞争力是企业目前和未来在各自环境中，以比其国内外的厂、竞争者更具吸引力的价格和质量来进行设计、生产和销售产品及提供服务的能力，是某一国家为了维持、增加国家实际收人，在自由公正的条件下，生产的产品和提供的服务符合国际市场要求的程度	《中国银行业国际竞争力研究》
阿基米	国际竞争力被定义为该国出口占世界出口的份额及其增长	《产业竞争力》
卡米舍尔	国际竞争力是一个国家的企业或者产业在国际市场上销售其产品的能力	Canada's Manufacturing Sector: Performance in the 1970s
石原正太郎	竞争力是企业在公平、自由的市场上保持长期的、稳定的能力	Competitiveness and Corporate Culture, Ashgrate, brookfiele
费格伯格	国际竞争力是一个国家在不出现国际收支平衡困难的情况下，实现诸如收入和就业增长等中心经济政策目标的能力	International Competitiveness CriticalSurrey
玻克雷	竞争力被定义为是一个将潜力转化为业绩的过程，一个竞争潜力、竞争过程和竞争业绩相互作用的过程	International Competitiveness: A Criticalsurrey
闽滋	国际竞争力被定义为劳动、资本、技术等要素的吸引力	Competitiveness: Concepts and Measures

资料来源：姜爱林．竞争力与国际竞争力的几个基本问题［J］．经济纵横，2003（11）：51—52．

表1.2　国内关于国际竞争力的不同定义

作者或单位	涵　义	资料来源
胡大立	国际竞争力是指在不存在贸易障碍的自由贸易条件下，一国以相对于他国更高的生产力向国际市场提供符合市场需求的产品的能力	《企业竞争力》
王与君	国际竞争力就是指一国对该国企业创造价值所提供的环境支持能力和企业均衡生产出比其竞争对手更多财富的能力，是一国或一企业成功地将现有资产运用于转换过程而创造更多价值的能力，它包括一国或一企业发展的整体现状与水平，拥有实力和增长的潜力	《中国经济国际竞争力》
金碚	所谓国际竞争力是指一国特定产业通过在国际市场上销售其产品而反映出的生产力	《产业国际竞争力研究》
狄昂照等	国际竞争力是指一个国家或地区所具有的某种能力	《国际竞争力》
联合研究组	国际竞争力是一个国家在世界市场经济竞争的环境和条件下，与世界整体中各国的竞争比较，所能创造的增加值和国民财富的持续增长和发展的系统能力水平。包括核心竞争力、基础竞争力与环境竞争	《中国国际竞争力发展报告（1999）：科技竞争力主题研究》

资料来源：姜爱林．竞争力与国际竞争力的几个基本问题［J］．经济纵横，2003（11）：52．

　　通过比较以上两表关于国内外国际竞争力概念的有关表述，我们很容易发现国内外不同机构、不同学者往往从不同角度研究和阐释国际竞争力问题，他们的理解也是"见仁见智"。由于本书研究的对象是中央企业，其在我国国民经济中占据重要地位，也是国有经济的中坚力量，因此中央企业国际竞争力问题无疑会涉及企业竞争力、产业竞争力以及国家竞争力三个层面。因而，作为中央企业的国际竞争力的内涵我们比较倾向于2001年11月国务院办公厅转发国家经贸委等部门的《关于发展具有国际竞争力的大型企业集团指导意见》中的界定：技术创新能力强，主业突出，拥有知名品牌和自主知识产权；市场开拓能力强，有健全的营销网络，拥有持续的市场占有率；经营管理能力强，有适应国际化经营的优秀管理人才队伍和现代化管理手段；劳动生产率、净资产收益率等主要经济指标达到国际同行业先进水平；规模经济效益好，具有持续的盈利能力和抗御风险能力。①

三、中央企业战略重组的概念界定

企业重组，是针对企业产权关系和其他债务、资产管理结构所展开的企业的改组、整顿与整合的过程，以此从整体上和战略上改善企业经营管理状况，增强企业的市场竞争能力，推进企业不断创新。它包括产权重组、资本与资产重组、债务重组、组织机构重组等。② 由此可见，企业重组涉及企业间产权的交易、要素的重组、资源的重新配置。通常情况下，企业重组往往会促进企业组织和管理能力的提升，规模的扩张以及效率的提高，企业重组是利用存量资产实现企业快速成长的有效途径。

欧美许多跨国公司的成长史就是并购重组史，而随着我国改革开放和市场经济的不断深入发展，国有企业的资源配置错乱和效率低下已严重制约了国有企业竞争力的提高，国有企业重组成为优化存量资产，促进要素合理流动，提高效率的"灵丹妙药"。因此，所谓中央企业重组，是指国务院国资委依托其履行出资人职能监管的中央企业的资产，主动适应外部环境变化，综合运用产权的和市场的手段，通过兼并、收购、剥离等方式，实现中央企业的国有资本的流动、要素的再组合和资源的重新配置，在适当收缩国有经济战线的前提下，改善国有资产的配置结构，使中央企业集中于关键领域，提高中央企业的核心竞争力，在社会主义市场经济中更有效地发挥作用。③ 中央企业战略重组的形式可分为兼并、联合、分离、改制、破产重组等，中央企业重组大都围绕提升企业核心竞争力、优化产业结构、调整经营战略以及组织结构重组等方面，重组的目标都是为了保证企业长期的发展战略的实现，进而促进中央企业的可持续发展，带有明显的战略型重组的特点。本书研究的着重点也就在于中央企业的战略重组问题，至于一般重组的方法、途径、措施以及技术问题并不在本书的研究范畴之内。

---

① 刘文炳等．中央企业国际竞争力实证研究 [J]．中国行政管理，2009 (8)：121．
② 廖红伟．中央企业战略重组模式选择与瓶颈突破 [J]．经济管理．2010 (12)：63．
③ 刘文炳等．中央企业重组与国际竞争力关系的实证研究 [J]．财政研究，2009 (2)：69．

第二节 企业重组理论

一、边界理论

1937年，科斯在其《企业的性质》一文中提出了企业边界问题，并通过分析企业与市场的边界来探讨企业存在的缘由，因此边界理论也成为现代企业理论的基础理论。科斯的观点认为企业的边界在于企业内部交易的边际组织成本与市场交易的边际交易成本的比较。当企业内部组织成本高于市场交易成本时，就应该通过市场交易；相反，就应该由企业来替代市场，企业就得以存在。在现实世界中，企业常常会遇到兼并、剥离、出售等资产重组问题。一方面，企业兼并重组可以迅速扩大企业规模，从而使企业获得规模经济、范围经济等产业优势；另一方面，企业兼并重组带来的企业规模过度扩张，又会使企业出现成本过高、效率低下的情况。从企业边界视角来看，企业战略重组的实质就是企业优化有效规模边界的过程，是企业系统适应复杂多变的环境自我演化的结果。换言之，企业重组的最终极限就是企业有效边界的尽头。[①]

二、交易成本理论

新古典经济学认为价格机制可以实现资源优化配置，使市场效率得以发挥。科斯却洞见利用价格机制是有成本的，市场交易成本现实存在而不可回避，因而企业是对市场的替代。市场通过价格机制来配置资源，而企业则通过行政命令来组织和配置内部资源。企业是否应该存在也就取决于市场交易成本与内部组织成本之间的衡量，当市场交易成本高于内部组织成本，就应该从市场退出，进而企业就应该代替市场，提高资源使用效率。科斯开创了交易成本理论，而随后威廉姆森、德姆塞茨、阿尔钦、张

---

① 崔世娟等．企业战略重组理论综述［J］．江苏商论，2008（10）：100.

五常等学者对交易成本理论进行了不断的深入研究和拓展。交易成本理论认为，企业并购重组是为了提高效率，进而是降低交易成本。通常，当各环节交易成本之和高于内部生产组织成本之和时，企业间进行纵向一体化合并。企业合并的条件是，在提供同等产出的前提下，一个企业生产的成本要小于两个企业的生产成本。即：

$$C(q) < C_1(q_1) + C_2(q_2) \tag{1.1}$$

其中 $q=(q_1, q_2)$ 或 $q=q_1+q_2$

企业分离的条件是在在提供同等产出的前提下，一个企业生产的成本要大于两个企业的生产成本。即：

$$C(q) > C_1(q_1) + C_2(q_2) \tag{1.2}$$

其中 $q=(q_1, q_2)$ 或 $q=q_1+q_2$[①]

交易成本理论认为交易成本分为事前成本（包括谈判、信息搜寻和签约成本等）和事后成本（包括合约执行和监督成本等）。威廉姆森认为交易成本的高低取决于三个主要因素：（1）有限理性；（2）机会主义；（3）资产专用性。因而，当市场交易成本高于企业内部组织成本时企业就会存在并购重组的动机。通过纵向一体化可以有效降低交易成本，提高效率。威廉姆森认为纵向一体化的关键是资产专用性问题，他把资产专用性分为四个类别：（1）场地专用性。例如，在某地设厂，有助于减少存货和运输成本，而一旦厂址设定，就不可挪作他用；（2）物质资产专用性。设备和机器仅适用于特定用途，若移动或用作它途将会大大降低其价值；（3）人力资产专用性。在特定交易关系中，所获得的技能、专有技术和信息具有较大价值，而在这一交易关系之外，其价值很小；（4）特定用途的资产。是指专门为特定购买者所做的设备等的投资，如果没有购买者的商业承诺，这种投资就不会盈利。由于这些资产具有专用性，很难转作他用，其再生产的机会成本很小，甚至为零。[②] 资产专用性的现实存在增加了交易成本的不确定性，而现实中降低这种不确定性的重要方式就是纵向一体化，通用汽车并购费雪的经典案例就是有力的佐证。

---

① 吕薇. 产业重组与竞争 [M]. 北京：中国发展出版社，2002：7—8.

② Oliver E. Williamson. The Economic Institutions of Capitalism [M]. New York：Free Press，1985：pp. 54—60.

三、市场势力理论

市场势力理论认为企业总是追求利润最大化，不断提高市场占有率是市场控制力提高的集中表现，而不断并购重组市场的竞争对手是提高市场占有率的有效途径，随着市场集中度的不断提高，企业也就越容易获取垄断利润。通常用勒纳指数（Lerner，1934）来表示市场势力的强弱程度，即价格－成本加成，（P－MC）/P。因此，在现实经济中总是有众多企业为了获取超额利润，对并购活动趋之若鹜。具体地说，并购重组活动对企业增强市场势力的影响主要表现在以下几个方面：（1）并购重组可以提高市场集中度，从而改变原先行业的市场结构。一方面，企业通过市场兼并减少了竞争对手，从而提高了市场集中度，提高了企业制定和维持高于竞争水平的价格的能力，使企业获取"经济租金"成为可能；另一方面，并购重组为企业降低了进入和退出壁垒。企业提高市场势力的一个重要表现就是产品差异化和多样化，一个企业要想进入一个新的产业将会面对诸多进入壁垒和不确定性问题，而企业间并购重组为企业多元化发展提供了契机，降低了进入壁垒。同样，企业往往因为较高的沉淀成本而难以从原先产业退出，比如钢铁厂、电站等资产专用性高、固定资产投入大的企业，退出壁垒也较高。然而并购重组却使企业最大程度收回成本，淘汰落后产能，使企业退出壁垒大大降低，有利于企业进行产业升级、调整产品结构，为企业提高市场势力创造良好的外部环境。（2）并购重组有利于扩大企业市场势力还表现在可以增强企业对要素市场的控制能力。横向并购可以促使企业多元化发展，随着企业规模的增大，企业在劳动力、资金和原材料等的要素需求就会增大，而市场上几家主导企业可以形成垄断竞争的市场结构，从而垄断这些要素需求，对要素市场的控制能力也逐步加强。在纵向并购中，企业把市场交易内部化，企业通过内部组织和行政命令来组织生产，大大削弱了供应商的议价能力，从而提高企业自身对上下游产业的控制能力。

四、委托代理理论

随着企业规模不断扩大，在现实经济活动中委托代理现象逐渐成为一种普遍的现象，当委托人授予代理人一定的权利时，一种委托代理关系也就建立起来了，此时的代理人往往受正式或非正式契约的约束，其按照契约要求代表委托人的利益，并相应地获得报酬。委托代理理论有其隐含的前提条件：（1）契约是建立在自由选择和产权明晰化基础之上的，代理收益大于代理成本是维持契约的条件；（2）拥有剩余索取权的委托人是风险中性者，它具有监督代理人行为的积极性，不存在偷懒动机；（3）剩余索取权具有可转让性，委托人通过行使退出权（也称用"脚"投票）惩罚代理人违约行为的威慑是可信的。[①] 对于一个企业来说，决定其能否长期生存并发展的一个关键因素就是如何实现对代理人的有效控制。代理问题出现主要缘由主要有以下几点：第一，委托代理双方信息不对称。在建立代理关系前，委托人很难准确掌握代理人的水平、能力、道德、素质等信息；建立代理关系后，委托人也很难对代理人的行为如工作投入程度、机会主义行为等情况进行全面了解。第二，双方利益常常不一致。委托者和代理者的利益有很大差别，委托人往往追求利润最大化，获取最大回报，而代理人往往还有诸如职务消费、尊重、心理等需求，所以在代理人往往与委托人对问题的认识和决策不一致。第三，合约的签订和执行需要成本。代理成本包括合约谈判成本、执行合约的成本、监督的成本等。代理理论还涉及一个剩余索取权的性质问题，而实际上它是激励约束机制问题。

解决代理问题、降低代理成本，一般可以考虑两个方面的途径：（1）组织机制方面的制度安排。法玛和詹森指出在所有权和控制权分离的情况下，将企业的决策管理与决策控制分开，能限制代理人侵蚀股东利益的可能性。法玛进一步指出，通过报酬安排以及经理市场的作用可以减缓代理问题。（2）市场机制方面的制度安排。股票市场为企业股东提供了一个外部监督机制。因为股价集中体现了经理的决策带来的影响，股价水平低会给经理带来改变其行为并更多地为股东着想的压力，从而降低代理成本。这就是说，公司并购可以给那些可能造成业绩不好、股价下滑公司的管理

---

① 于克信．国有企业改革过程中的管理重组研究———种打破并重构组织惯例的理论模型与实证分析［D］．上海：复旦大学，2004.

层一个警告，让他们时刻警醒，知道如果他们不能满足公司股东的愿望、不能保持公司良好的业绩，公司会被收购，自己的职务会被撤销。①

五、资源基础理论

新古典经济学把企业视为各种生产要素的集合，在市场上企业均可以获取这些要素，因此企业只是根据生产而对各要素进行配置而已，当然在竞争条件下企业也只能获取正常利润。然而在战略管理领域却提出了令人深思的问题——为何一些企业的绩效总是超过其他企业，为何有的企业总能保持持久的良好绩效？在资源基础理论看来，这些都是源于企业拥有的资源不同。资源基础理论认为各种生产要素都是企业的资源，并把企业资源分为企业内部资源和外部资源，而企业能否获取持续竞争优势关键就在于能否具有资源优势。而企业获取资源的途径无外乎两种：一是挖掘企业内部资源潜力，二是通过外部并购来提升资源水平。自然，并非企业的所有资源都能成为持续竞争优势的来源，要做到这一点，某项资源必须具有以下四个属性：（1）必须是有价值的，即能利用资源环境中存在的机会和（或）化解环境中的威胁；（2）必须是稀缺的，这种稀缺性在企业所面临的当前竞争和潜在竞争中都是一贯的；（3）必须是不可能完全模仿的；（4）必须能被企业的组织过程加以开发利用。这些属性被看作是企业资源在多大程度上是异质性的和难以流动的指标，因此也是了解这些资源在多大程度上能对创造持续竞争优势有所贡献的指示器。②

企业资源复杂性和动态性决定了资源的获取仅仅靠企业自身发展是远远能适应企业发展需要的，而并购重组为企业获取有价值的资源开辟了一个新的通道。此外，企业不仅在它们的资源和能力上有所差异，而且在有些情况下，企业为了竞争成功，就必须获得一些现阶段不具备的资源和能力。在这种情况下，处于能力劣势的企业有三个基本的选择：它可以与拥有这些资源或能力的企业合作（通过市场治理形式或中间治理形式），来获取这些资源与能力；它可以独立创造这些资源或能力（科层治理的一种

---

①　朱宝宪. 公司并购与重组［M］. 北京：清华大学出版社，2006：48.

②　［美］杰伊·B. 巴尼，［新西兰］德文·N. 克拉克. 资源基础理论——创建并保持竞争优势［M］. 上海：格致出版社，2011：64.

形式）；或者，它也可以通过收购拥有这些资源或能力的企业，来获取这些资源或能力（科层治理的另一种形式）。[①] 由此可见，如果企业不能够独立创造资源和能力，他们依然能够用科层治理的方法，通过收购已经拥有这些资源和能力的其他企业来获得所求之物。然而，当收购已经拥有这些资源和能力的企业的成本很高时，这种方法就不可取了。说的更清楚一些，只要以获取重要资源和能力为目的而收购另一家的成本高于这项收购带来的收益，就不应该选择这种解决企业能力劣势的方法。[②] 虽然并购存在风险，但兼并重组依然是企业获取战略资源和迅速提升竞争力的有效途径，关键在于企业如何通过收购、剥离等重组活动使企业资源得到有效整合，从而使各种企业资源之间形成协同效应。

六、企业成长理论

企业成长的思想可以追溯到古典经济学的分工和专业化理论，古典经济学认为分工和专业化提高了劳动生产率，也促进了企业生产规模的扩大，而这又进一步促使劳动分工的细化，如此循环从而不断促进企业成长。1776 年，亚当·斯密在其经典巨著《国富论》中第一章开头就阐述了劳动分工思想，他说到："劳动生产力最大的改进，以及劳动在任何地方运作或应用中所体现技能、熟练和判断的大部分，似乎都是劳动分工的结果。"[③] 斯密认为劳动分工和专业化的不断演化不仅有利于提高效率，还使企业产生和不断扩张成为可能，社会进步和国民财富增长成为必然结果。正如其所说："在享有最发达的产业和效率增进的那些国家，分工也进行得最彻底；在未开化社会中一人从事的工作，在进步社会中一般由几个人担任。"[④] 此后，穆勒、马歇尔等古典经济学家不断深入发展企业成长思想，围绕着企业规模和企业成长展开了探讨。

1959 年，伊迪丝·彭罗斯出版了《企业成长理论》一书，该书堪称

---

① ［美］杰伊·B. 巴尼，［新西兰］德文·N. 克拉克. 资源基础理论——创建并保持竞争优势［M］. 上海：格致出版社，2011：182.

② ［美］杰伊·B. 巴尼，［新西兰］德文·N. 克拉克. 资源基础理论——创建并保持竞争优势［M］. 上海：格致出版社，2011：187.

③ ［英］亚当·斯密. 国富论（上）［M］. 西安：陕西人民出版社，2001：8.

④ ［英］亚当·斯密. 国富论（上）［M］. 西安：陕西人民出版社，2001：9.

是企业成长理论的开山之作，该书奠定了企业成长理论的基础，彭罗斯也被公认为是企业成长理论的奠基人。彭罗斯认为企业就是资源的组合，企业成长是企业资源与管理职能有效协调的结果。因此，在企业成长理论看来并购重组既是企业获取外部资源的有效途径也是企业成长的必然选择。正如彭罗斯所言："如果是一个具有进取精神的大企业，它将一直投入部分资源，努力调查从有利可图的扩张中可能得到的收益，因为以往的经验证明在这充满竞争的世界，扩张是必然选择，而且一定存在能给公司带来利润和成长的机会。"①另一方面，企业扩张的动机除了获取资源外，还会源于企业内部生产性服务尤其是管理服务能力的增长。随着时间的推移，从企业的运营中获得的经验导致了知识的增加，这一过程也产生了许多生产性服务，但如果企业无法扩张，就无法利用这些业务。这些服务就为扩张提供了一个内部诱因，同时也为扩张提供了新的可能性。②由此可见，企业为了获取成长经济，有效地利用和配置生产资源，竭力地发挥内部生产性服务能力，并购重组是企业的理性选择，也是企业成长的必由之路。

第三节　国际竞争力理论

从 20 世纪 80 年代开始，随着世界经济一体化进程的加快，国际竞争力问题逐步成为研究热点。虽然学术界对这一问题的深入研究只有二三十年，但国际竞争力却是一个由来已久的论题，而且随着全球经济的快速发展，各国对国际竞争力问题越来越重视，在实践上和理论上极大地丰富和发展了国际竞争力理论。在诸多西方国际竞争力理论中，影响深远主要有以下几种：

① ［英］伊迪丝·彭罗斯. 企业成长理论［M］. 上海：格致出版社，2007：39.
② ［英］伊迪丝·彭罗斯. 企业成长理论［M］. 上海：格致出版社，2007：61.

一、绝对优势理论

关于国际竞争力理论可以追溯到古典经济学，1776 年，亚当·斯密在其《国富论》中指出出于自利的交换倾向导致劳动分工产生，而人们在交换过程中逐步倾向于自己熟练的具有绝对优势的职业分工，同样，对于国家来说，它也是倾向于生产本国具有绝对有利条件的特定产品，如果各国均利用自己有利条件从事专业化生产，并彼此交换，那么各国都会有效利用本国的资本、土地、劳动力等，从而提高劳动生产率，有利于促进国民财富的增长。斯密还为此举例：由于气候原因，法国的丝绸比英格兰的更好些、更便宜，但是英格兰的铁器和粗毛织物却远远优于法国，也更便宜。与此同时，斯密却又提出一个潜在的问题——拥有绝对优势就一定会产生以此为基础的劳动分工吗？斯密认为"交换能力引起劳动分工，而分工的范围必然总是受到交换能力的限制，换言之，即受到市场范围的限制。"[①] 可见，斯密把绝对优势、劳动分工和市场之间的关系视为相互关联、相互促进的，是符合当时的社会经济发展状况的，即使在今天看来也是具有重要指导意义的。

根据斯密的观点，一个国家能够对外输出的商品一定是生产上具有绝对优势，生产成本也绝对低于它国的商品，即一个国家在生产某种产品上拥有绝对优势。从绝对成本优势的角度看，一个国家生产某种产品的实际成本即劳动耗费绝对小于其他国家，具有绝对优势，那么这个国家就应专业化生产这种商品，其他国家则在这种商品的生产上处于绝对劣势，就不应生产这种商品，而应将这种商品的生产全部让给具有绝对优势的那个国家，并从那个国家进口这种商品。[②] 由此可见，绝对优势有利于在国际竞争中取得优势地位，也促进了国民财富的增长。

二、比较优势理论

按照绝对优势理论，一个国家如果拥有某种生产成本绝对优势，那么

---

① ［英］亚当·斯密. 国富论（上）［M］. 西安：陕西人民出版社，2001：17.
② 扈华林. 国际竞争力新论［M］. 北京：中国经济出版社，2006：42.

可以在国际竞争中取得优势地位，然而问题在于如果一个国家没有绝对优势，难道它就无法参与国际竞争吗？而这一问题也为亚当·斯密所关注，他最早提出了比较优势思想。斯密在《国富论》中指出："富国的土地一般耕种得更好些，投在土地上的劳动和支出更多些。产量按土地的面积和天然肥沃程度的比例来说也更大些。但是这种产量方面的比较多，很少在比例上超过劳动和支出方面的比较大。在农业中，富国的劳动并不总比穷国的劳动有更大的生产力；或者至少是，从来没有像普通在制造业中那样有更大的优越性。"① 可见，斯密已洞见对于不同产业而言，各国的比较优势是不同的，即使贫穷的国家依然可以利用比较优势参与国际竞争。

大卫·李嘉图后来发展了斯密的比较优势思想，他认为一个国家不一定要生产各种商品，而应根据自身条件集中生产那些利益较大或劣势较小的商品，然后通过国际市场竞争，进口在生产率方面相对比较劣势的商品，出口在生产率方面具有相对比较优势的商品，从而在资本和劳动力不变的状况下，能够增加国家生产总量，进而提高社会福利水平。李嘉图的比较优势是对斯密绝对优势的一个发展，这一理论表明，在国际竞争中，一国不可能在所有方面都处于劣势，即使是没有优胜于竞争对手的任何优势，也可能找出在某些劣势更少的方面加以发挥。反之，一国不可能在所有方面都处于优势，需要有所不为。大卫·李嘉图提出的比较优势理论，可以引申出国际竞争与国际资源有效配置的相关性。竞争理论从"绝对比较优势"演变为"相对比较优势"，已经显现出人的主观能动性正在超出自然禀赋的束缚，成为经济发展的主导因素。②

三、竞争优势理论

美国哈佛大学战略管理大师迈克尔·波特从战略管理角度对竞争理论的发展做出了突出贡献。在 20 世纪 80 年代，他陆续出版了三部竞争理论著作，即《竞争战略》（1980）、《竞争优势》（1985）、《国家竞争优势》（1990）。《竞争战略》和《竞争优势》主要关注产业和企业层面如何采取

---

① ［英］亚当·斯密. 国富论（上）［M］. 西安：陕西人民出版社，2001：10.
② 扈华林. 国际竞争力新论［M］. 北京：中国经济出版社，2006：43—46.

竞争战略提升企业和产业竞争力，波特依然沿用了传统产业组织理论的结构—行为—绩效的产业分析范式。因此，波特提出了各国产业在国际竞争中都会经历经历四个阶段：要素驱动阶段、投资驱动阶段、创新驱动阶段、财富驱动阶段；另外，波特还提出了在竞争中不仅要关注自身竞争力提升，还要时刻关注产业内部竞争对手的变化，为此波特引入了价值链理论的分析方法，对企业的产品设计、生产、交货以及营销等一系列企业活动进行战略管理，从而赢得竞争优势。

1990 年波特出版了《国家竞争优势》一书，在该书中他提出了著名的"国家竞争优势"理论，在书中波特明确指出"竞争优势"不仅是一个企业生存的根本，也是一个国家追求的目标。波特国家竞争优势理论的核心是强调一国兴衰的根本在于能否在国际竞争中赢得优势。一国不仅要在产业和企业参与国际竞争中取得优势，而且要形成国家整体的竞争优势。[①] 他认为国家竞争优势的取得，关键在于四个关键要素：（1）要素条件。某一特定行业竞争所必须的投入，包括劳动力、自然资源、技术知识、资金、基础设施等。（2）需求情况。国内市场对该行业提供的产品或服务的需求规模、增长速度与特点，国内需求对国外市场需求的预示程度。（3）相关及支持产业。国内是否存在具有国际竞争力的上游产业供应商及可以协调或参与价值链活动的相关产业。（4）企业战略、结构与竞争状况。公司的经营管理以及选择竞争产业的方式，公司要实现的目标，国内的竞争程度以及建立和保持特定产业竞争优势的能力。[②] 波特对这四要素作了系统分析，另外，波特还指出除了这四要素外，在国家环境与企业竞争力关系上，"机遇"和"政府"也是两个不可或缺的重要要素，这六大因素构成了完整的国家竞争优势"钻石体系"（也称为"波特模型"），这一模型在竞争力理论发展中具有重要的影响。

四、新制度经济学理论

企业的有序运转离不开一系列的制度，也就是公司治理，公司治理不

---

① 扈华林. 国际竞争力新论 [M]. 北京：中国经济出版社，2006：49.
② 卢进勇. 中国企业的国际竞争力与海外直接投资 [D]. 北京：对外经济贸易大学，2003.

仅是企业竞争力的重要组成部分，还会对其它因素产生影响。因此，以科斯、德姆塞茨、诺斯、威廉姆森为代表的新制度经济学运用新古典分析方法制度的结构及其运行，并解释制度因素是如何在经济体系中发挥作用，以及制度变迁对经济绩效的影响。1968 年诺思在《1600—1850 年海洋运输生产率变化的原因》中，通过对海洋运输成本的统计分析发现，虽然海洋运输业技术变化不大，但是生产率却有较大幅度的提高；诺斯研究后发现正是海洋运输制度和市场制度的变化，降低了外部环境不确定性和交易费用，进而保护产权，促进了市场活动频繁，导致海洋运输成本下降，最终提高了海洋运输的生产率。诺斯的发现，解释了传统经济学许多无法解释的问题，推进了对企业竞争力问题的认识。新制度经济学把对国际竞争力的理论研究带入到崭新的领域，使人们对国际竞争力问题的认识又深入到制度层面，从而很好地解释了为什么有的企业或国家在资源、技术等其它因素都具备的情况下，国际竞争力仍始终无法得到提升的原因。

新制度经济学在对国际竞争力来源的解释中强调制度，特别是产权制度的重要作用，是具有理论和实践意义的。但是对有效产权的产生和形成却存在唯心主义的解释，在强调制度是国际竞争力的决定性因素的同时忽视技术的重要作用，也是与历史发展的事实不相符合的。[①]

第四节　关于企业重组的文献综述

一、企业重组问题研究的新发展

国外关于企业重组的研究持久而深入，20 世纪 80 年代早期，以 Jensen and Ruback（1983）为代表的一批学者认为，获得效率增进是推动企业并购的主要原因。Grossman，Hart and Moore（1986）提出了不完全契约理论解释了纵向并购中的效率来源。当企业内部组织的交易成本

---

① 余胜红. 国有企业国际竞争力研究［D］. 厦门：厦门大学，2003.

降低到低于市场的交易成本时，企业倾向于扩张自己的范围（Coase 1937，1988；Teece 1980；Williamson 1975，1985）。重组可以促进公司资源的协同效应（Donald D. Bergh，1998）。另外，很多国外学者逐步观察到外部环境对企业重组的影响，外部环境不确定性的降低会促使企业更有效地管理其边界，从而会导致较多的收购行为（Donald D. Bergh and Michael W. Lawless，1998，1992）。随着环境不确定性降低，企业管理多业务的成本逐渐下降（Dundas and Richardson，1980），并且可以更经济地控制企业的运作（Alexander，1991；Yasai Ardekani，1989）。① 近年来，关于企业重组许多国外学者进行了拓展研究，Tod Perry and Anil Shivdasani（2005）研究发现通过重组构建一个外部董事占多数的企业经营业绩有明显改善，从而说明董事会结构对企业经营业绩有重要影响。② Jun-Koo Kang，et al（2010）研究发现当经济危机时，控股股东有动机利用企业重组过程侵占其他投资者利益。③

随着我国市场经济的不断发展，企业重组理论问题逐步引起关注。刘世锦、杨建龙（1999）提出应围绕核心竞争力培养展开战略性重组。④ 杜丹丽（2003）通过分析国外企业业务流程重组理论（BPR，Business Process Reengineering）的发展，指出企业业务流程重组对于我国企业集中企业优势，培育企业核心竞争力具有现实意义。⑤ 王伟、黄瑞华（2005）在对企业基因重组理论进行系统地完善和整合的基础上，深入分析了中国国有企业重组战略存在的严重缺陷，指出企业边界的重新定义会带来彻底的企业变革，它将会深刻影响企业的能力要素、生产、员工和文化。国有企业必须以全新的组织形态出现，必须真正转型为能力要素驱动型组织，

① 崔世娟，蓝海林. 我国企业集团重组规模及范围与绩效关系研究 ［M］. 北京：经济科学出版社，2008：24—25.

② Tod Perry，Anil Shivdasani. Do Boards Affect Performance? Evidence from Corporate Restructuring ［J］. The Journal of Business，2005，78（4）：1403—1432.

③ Jun-Koo Kang，Inmoo Lee，Hyun Seung Na. Economic shock，owner-manager incentives，and corporate restructuring：Evidence from the financial crisis in Korea ［J］. Journal of Corporate Finance，2010（16）：333—351.

④ 刘世锦，杨建龙. 核心竞争力：企业重组的一个新概念 ［J］. 中国工业经济，1999（2）.

⑤ 杜丹丽. 企业业务流程重组理论思想的演进与发展 ［J］. 学术交流，2003（5）.

才能够抓住新经济带来的新机会，有效提升其在市场中的竞争力。[①] 赵昌文等（2008）指出在发展中国的企业重组基金过程中，政府需给予政策上的有力支持，积极参与到企业重组基金的监管当中；同时应大力培养专业的管理人员，并且在企业重组改制当中，能有效地协调企业与企业重组基金的关系；鼓励多元化的投资，拓展企业重组基金的资金来源。[②] 综上所述，国内外学者对于企业重组问题一直予以关注，从起初的企业重组效率动因研究，逐步演化发展为对企业内外部环境演变与企业重组行为的互动研究，研究更加深入、更加微观，体现了企业重组的系统性、复杂性和整体性。

二、关于国有企业重组问题的研究

中国国有企业重组问题，近年来一直是国内外学者关注中国经济的重要一方面。中国国有企业重组已经有效地提高了国有经济的效率（Garnaut，et al；2006）[③]，Farazmand，et al（2001）认为私有化是一种存在多种风险的相对拙劣的政策，而寻找私有化的替代方案并加强对国有经济管理体制的改革应当是改革的发展方向。[④] Jean C. Oi（2005）研究了中国国有企业重组的逻辑，并通过自 20 世纪 90 年代以来的企业重组模式研究发现政治压力与"经济人"对公司治理的演变一样重要，从而限制了私有化。[⑤] Aivazian，Varouj A.（2005）则认为，公司制改革或者说公司治理结构的改革具有更为突出的意义，它可以使中国国有企业在不进行私有化的情况下有效提高经济效率。[⑥] 由此可见，产权改革并非获取国有企业提

---

① 王伟，黄瑞华. 企业基因重组理论与国有企业战略转换 [J]. 预测，2005（1）.

② 赵昌文等. 国外企业重组基金的发展及其对中国的启示 [J]. 经济理论与经济管理，2008（5）：74.

③ Garnaut，Ross. Song，Ligang.，Yao，Yang. Impact and Significance of State-Owned Enterprise Restructuring in China [J]. China Journal，2006，55（1）：35－63.

④ Farazmand A. Privatization or Public Enterprise Reform？International Case Studies with Implications for Public Management [M]. New York：Greenwood Press，2001.

⑤ Jean C. Oi. Patterns of Corporate Restructuring in China：Political Constraints on Privatization [J]. The China Journal，2005，53（1）：115－136.

⑥ Aivazian，Varouj A. Can Corporatization Improve the Performance of State-owned Enterprises even without Privatization？[J]. Journal of Corporate Finance，2005，11（5）：791－808.

高绩效的唯一选择，尽管国有产权性质对中国国有企业重组绩效产生了不利影响（Amy Kam，et al，2008）。①

丁平（2003）从研究国有大型企业重组模式出发，指出重组的实质是产权改革，重组模式与国有大型企业发展阶段、外部环境具有内在联系，企业重组的模式是与产权明晰程度正相关的。② 汤吉军（2009）从沉淀成本角度分析了企业重组的经济效率和福利水平问题，为了提高国有企业重组的经济效率关键在于减少或补偿沉淀成本，促进生产要素充分流动，创造一个可竞争的市场经济环境。③ 另外，许多学者还从企业自身的微观角度考察国有企业重组存在的问题，李新春（2001）通过探讨企业家机制是如何在国有企业的重组改造中发挥作用，进而指出政府对国有企业领导班子的选拔制度决定了被选拔企业领导人企业家素质的高低，而对企业家的激励机制和企业的产权制度安排则进一步影响企业家能力的发挥，这又在很大程度上决定了企业的绩效。④ 尹贤淑（2004）指出中国国有企业重组中更需要重组自身的无形资产，尤其对人力资本的重组不可忽略。⑤ 王利月、张丙宣（2010）指出在经济全球化和金融危机的冲击下，国内钢企的重组以及经济转型的根本问题是社会主义市场经济转型中政府治理模式和政府角色的适时转型问题，需要继续发挥政府的宏观调控作用，继续推进政府从一般市场竞争性领域中退出，克服行政垄断和地方保护主义，经由政府治理转型推动市场秩序的规范和完善。⑥ 综上所述，国内外学者对中国国有企业重组问题的研究，更加侧重于国有企业重组对中国经济效率的影响，以及政府在国有企业重组中的角色定位。

三、关于中央企业重组问题的研究

随着中央企业在国民经济中的地位和作用日益突出，近年来关于中央

---

① Amy Kam，David Citron，Gulnur Muradoglu. Distress and restructuring in China：Does ownership matter？［J］China Economic Review，2008，19（4）：567－579.

② 丁平. 国有大型企业重组模式探讨［J］. 经济论坛，2003（16）.

③ 汤吉军. 基于沉淀成本的企业重组博弈分析［J］. 中国工业经济，2009（10）.

④ 李新春. 中国国有企业重组的企业家机制［J］. 中国社会科学，2001（4）.

⑤ 尹贤淑. 国有企业重组中值得关注的一个问题［J］. 中央财经大学学报，2004（12）.

⑥ 王利月，张丙宣. 企业重组、政府作用与市场秩序——对近年来国内几个钢企并购案的分析［J］. 浙江大学学报（人文社会科学版），2010（6）.

企业重组问题的研究也逐渐成为学界探讨的热点。史言信（2006）在分析中央企业战略重组中存在问题基础上，提出颁布实施《反垄断法》，放松竞争性产业的准入规制，明确外资参与并购的领域和规范重组程序，加强中央国有资产交易的规制，运用产业政策规范中央企业重组等政策建议。[①] 陆俊华（2006）分析了中央企业重组的宏观和微观目标，并指出必须建立一套包括体制、市场和实施在内的运行机制来保证中央企业重组的有效实施。[②] 徐鸣（2007）指出"整体改制、整体上市"是下一步中央企业改制重组的主要方向。[③] 李跃平等（2007）指出在当前的中央企业改革与重组过程中，有几个值得关注的问题：一是提升中央大型国有企业的国际竞争力应该成为改革与重组工作的重中之重；二是要注重提升中央企业国际竞争力与扩大企业规模之间的辩证关系；三是机制改革要优先于规模重组，而规模重组要有利于叠加优势与成长潜能的发挥；四是政府应该在尊重市场规律的基础上主导中央企业的改革与重组。[④] 杜国用、杜国功（2008）对中央企业重组的垄断与竞争、资本集聚集中与中央企业做强做大、地方与国际等应有的逻辑视角进行了探讨。[⑤] 廖红伟（2010）指出中央企业重组的发展模式应建立在股份制改革的实践基础之上，突破企业层面重组的单一模式，寻求基于产业、资源与能力为依托的其他多层次选择路径。[⑥] 郑海航、孟领（2011）从国有企业重组的历史发展、中央企业重组的历史考察出发，回顾了以中央企业为代表的国有企业重组的历程，对当前中央企业重组思路从规划、主体、方式、目标、途径、过程、内容、范围八个方面进行了反思与探讨。[⑦] 文宗瑜（2011）指出央企资产重组整合不应单纯是为了资产规模无限扩大和利润高增长，而应着眼于国有经济的经济社会效应提高与全社会资源配置效率提高。应该及时对央企资产重

① 史言信. 中央企业重组规制研究 ［J］. 当代财经，2006（9）.
② 陆俊华. 中央企业重组的目标和运行机制研究 ［J］. 中国行政管理，2006（6）.
③ 徐鸣. 中央企业改制模式的分析 ［J］. 国际经贸探索，2007（10）.
④ 李跃平等. 当前中央企业改革与重组过程中应该注意的几个问题 ［J］. 经济社会体制比较，2007（6）.
⑤ 杜国用，杜国功. 论中央企业重组的基本框架、逻辑视角与路径选择 ［J］. 贵州财经学院学报，2008（4）.
⑥ 廖红伟. 中央企业战略重组模式选择与瓶颈突破 ［J］. 经济管理，2010（12）.
⑦ 郑海航，孟领. 中央企业重组的历史沿革及发展研究 ［J］. 财经问题研究，2011（3）.

组整合路径进行修正，并重新定位央企资产重组整合的目标，推进并实施以市场化为导向的央企资产重组整合。[①] 综上所述，近年来关于中央企业重组问题研究主要体现在央企的重组目标界定和规模边界、垄断与竞争，以及央企重组中国有资产的监管，这些问题的研究也反映了社会各方面对中央企业的关注焦点。

第五节　关于企业竞争力的文献综述

一、企业竞争力理论新发展

竞争力理论可以追溯到古典经济理论，其重要代表是李嘉图的比较优势理论和马歇尔的集聚优势理论。企业竞争力是一个永恒的话题，只要有市场竞争，企业竞争力问题就不可回避。同样，企业竞争力理论也是伴随着社会经济的发展，不断赋予它新的研究内容。近 30 年来企业竞争力理论的发展，是由现实经济的发展变化所决定的。而近 30 年现实经济最大的变化就是从传统产业经济到知识经济、信息经济的转变。从企业发展的关键因素的角度看，从资本向知识的转变，用迈克尔·波特的说法，就是从投资驱动阶段向创新驱动阶段转变。从这样一个线索来看，近三十年来企业竞争力理论发展脉络非常清晰：主流企业竞争力理论从波特的产业结构理论向资源基础论转化，同时资源基础论向内外两个方向深化。[②] 马春光（2004）以产业价值链理论和框架为依据，指出我国制造企业重心必须向产业价值链下游延伸，才能在世界经济一体化和企业经营全球化的格局中始终保持竞争优势。[③] 李纲（2007）认为企业的竞争者不仅包括产品市场的竞争者，也包括要素市场的竞争者，因此企业竞争力可以分为要素市场的竞争力、产品市场的竞争力、企业运营效率竞争力，这三种竞争力分

---

①　文宗瑜．央企无边界扩张急需转向［J］．董事会，2011（4）．
②　孙明华．企业竞争力理论演化趋势分析［J］．广西社会科学，2009（3）．
③　马春光．跨国公司产业价值链转型对我国制造企业的启示［J］．管理世界，2004（12）．

别从投入、产出、转换三个角度测量了企业的竞争力，其中"要素市场竞争力"及"企业运营效率竞争力"是企业竞争力更为重要的两个方面。① 另外，近年来许多学者开始关注企业竞争力的获取途径，胡大立等（2007）在批判性地吸收已有的战略理论的基础上，认为企业竞争力来自于四个基本维度：一是企业所处的环境；二是企业所拥有或控制的资源；三是企业所拥有的能力；四是企业的知识。这四大因素从不同的层次上决定企业竞争力，并且企业竞争力是在外部环境与企业内部资源、能力、知识的互动过程中形成的。② 杨蓉（2009）认为公司治理作为企业竞争力的内生变量，与系统内外的资源、能力和环境等其他变量互相联系、互相作用，从而形成和发展了企业的竞争力。③ 综上所述，我们发现企业竞争力理论发展表现为"两个趋向"，即越来越趋向于从产业价值链层面来考察竞争力的培育；越来越趋向从企业内外部资源层面，把企业竞争力的获取作为一项系统工程来考量。这些新趋势也是迎合了全球经济一体化发展的需要。

二、关于企业国际竞争力问题研究

"国际竞争力"这一特定概念，源于20世纪70年代末的美国。直到20世纪80年代，迈克尔·波特完成了"竞争三部曲"，从而以一套完整的理论体系和评价体系阐释了竞争力的形成和演变规律，也奠定了现代竞争理论的基石。Brian Snowdon 和 George Stonehouse（2006）讨论了波特的国际竞争力理论和思想，并且从微观视角讨论了近来关于竞争力的一些关键问题，如生产力，集群，美国经济的领导，经济增长和发展。④ R. Duane Ireland 和 Michael A. Hitt（1999）指出在21世纪全球经济竞争

---

① 李钢. 企业竞争力研究的新视角：企业在产品市场与要素市场的竞争［J］. 中国工业经济，2007（1）.

② 胡大立等. 企业竞争力决定维度及形成过程［J］. 管理世界，2007（10）.

③ 杨蓉. 中国企业国际竞争力研究：基于公司治理视角［M］上海：上海人民出版社，2009：188.

④ Brian Snowdon and George Stonehouse. Competitiveness in a Globalised World：Michael Porter on the Microeconomic Foundations ofthe Competitiveness of Nations，Regions，and Firms ［J］. Journal of International Business Studies，2006，37（2）：163－175.

中，有效的战略领导力可以帮助企业获取并保持竞争优势。① Tore Fougner（2006）探讨了如何促使政府把国际竞争力构成摆在首位，以及如何面对国际竞争力的意义和竞争力问题的条款向全球化和新自由主义的全球治理多边努力转变。② Armando J. Garcia Pires（2012）分析发现 R&D 投入高（甚至是不成比例的）为企业获取更大的市场，从而导致内生的国家之间发展不对称。因此，企业在更大的市场中具有较高的竞争力，从而增加他们的国际市场份额。③

随着中国经济越来越融入世界经济，特别是中国加入 WTO 后，企业国际竞争力问题逐渐成为研究的热点。金碚（2006）本文利用统计数据对中国加入 WTO 以后国际竞争力的现状及变化趋势进行了实证研究，研究发现加入 WTO 以后中国制造业的国际竞争力有较大程度提升，这主要是由于中国制造业的竞争优势在不断提升。比较来看，制造业的比较优势在加入 WTO 后提升则不明显。④ 吴雪明（2007）比较系统地分析了两家国际竞争力权威评估机构——瑞士洛桑国际管理学院（IMD）和世界经济论坛（WEF）这两大国际竞争力报告的评估理念、指标体系和最新排名。⑤ 温晓娟、马春光（2010）从企业国际竞争力相关概念辩析入手，分析了企业国际竞争力的内涵，探讨了竞争优势、可持续竞争优势与国际竞争力的关系，以及核心竞争力与国际竞争力的区别，并分析了国家、产业和企业三个层次的国际竞争力的相互关系。⑥ 从国内外学者研究文献来看，近年

① R. Duane Ireland and Michael A. Hitt. Achieving and Maintaining Strategic Competitiveness in the 21st Century：The Role of Strategic Leadership [J]. The Academy of Management Executive (1993—2005)，1999，13 (1)：43—57.

② Tore Fougner. The State，International Competitiveness and Neoliberal Globalisation：Is There a Future Beyond 'The Competition State'? [J]. Review of International Studies，2006，32 (1)：165—185.

③ Armando J. Garcia Pires. International trade and competitiveness [J]. Economic Theory，2012，50 (3)：727—763.

④ 金碚. 加入 WTO 以来中国制造业国际竞争力的实证分析 [J]. 中国工业经济，2006 (10).

⑤ 吴雪明. 全球化背景下经济强国国际竞争力的评估理念与指标分析 [J]. 世界经济研究，2007 (12).

⑥ 温晓娟，马春光. 企业国际竞争力相关概念辩析与影响因素探讨 [J]. 经济问题探索，2010 (7).

来关于企业国际竞争力的研究逐步深化，更加从战略角度考虑企业国际竞争力提升的路径选择，也更加关注企业国际竞争力的量化评价指标体系的构建和对比分析。

三、国有企业国际竞争力问题研究

Justin Yifu Lin，et al（1998）指出国有企业的政策性负担影响了中国国有企业的竞争力，必须通过改组为国有企业创造公平的竞争环境。[①]学者研究还发现引入外资和经济的国际化对于国有经济的改革与效率提高具有非常积极的作用（Girma，et al，2009）[②]。Peter J. Buckley，et al（2002）发现跨国公司对中国企业具有技术和市场准入的溢出效应，而中国企业的海外投资却只能获取市场准入的利益，因此，国有企业必须加快改革，提高国有企业的吸收创新能力。[③] Norlan，et al（1999）指出从中国经验来看，大型国有企业并非必然缺乏活力，通过加强企业自主性、引入市场力量以及充分国际化等方面努力，中国的大型国有企业正在实现制度创新并且开始建立起一套不同于任何现存模式的成功的国有经济运转模式。[④] Lin and Germain（2003）利用权变理论考察中国国有企业绩效，发现国有企业组织结构、权力安排对企业业绩和竞争力具有较大影响。[⑤]

目前国内关于中央企业重组与国际竞争力提升方面研究较少，比较有代表性是张其仔、乐宜仁（2003）指出在开放条件下，要提升我国国有企

① Justin Yifu Lin，Fang Cai，Zhou Li. Competition，Policy Burdens，and State-owned Enterprise Reform [J]. American Economic Review，1998，88（2）：422－427.

② Girma，Sourafel.，Gong，Yundan.，Görg，Holger. What Determines Innovation Activity in Chinese State-owned Enterprises? The Role of Foreign Direct Investment [J]. World Development，2009，37（4）：866－873.

③ Peter J. Buckley，Jeremy Clegg，Chengqi Wang. The Impact of Inward FDI on the Performance of Chinese Manufacturing Firms [J]. Journal of International Business Studies，2002，33（4）：637－655.

④ Nolan，Peter.，Wang，Xiaoqiang. Beyond Privatization：Institutional Innovation and Growth in China's Large State-owned Enterprises [J]. World Development，1999，27（1）：169－200.

⑤ Xiaohua Lin，Richard Germain. Organizational Structure，Context，Customer Orientation，and Performance：Lessons from Chinese State-Owned Enterprises [J]. Strategic Management Journal，2003，24（11）：1131－1151.

业的竞争力首先必须优化国有企业的布局与结构。[①] 周斌、朱文清
（2005）通过实证分析推断外国直接投资可以推动中国的出口，但却无助
于中国国有企业国际竞争力的提高。[②] 刘文炳等（2009）运用多指标综合
评价方法，通过实证分析发现与世界 500 强企业相比，中央企业国际竞争
力仍明显偏弱，需进一步改善中央企业的竞争环境。[③] 刘文炳（2011）又
对中央企业并购重组与国际竞争力的关系进行了检验，发现并购重组对中
央企业国际竞争力提升有显著作用。[④]

---

① 张其仔，乐宜仁. 开放条件下国有企业的国际竞争力 [J]. 经济管理，2003 (17).

② 周斌，朱文清. 国有企业国际竞争力研究——基于外国直接投资溢出效应的实证分析
[J]. 国际商务研究，2005 (5).

③ 刘文炳等. 中央企业国际竞争力实证研究 [J]. 中国行政管理，2009 (8).

④ 刘文炳. 中央企业国际竞争力研究——并购重组的视角 [M]. 北京：中国经济出版社，
2011.

第二章　国有企业性质与功能定位

第一节　企业性质的再思考

一、企业性质的传统观点

企业是什么？企业为什么存在？企业存在的边界在哪里？这些问题一直是企业理论关注的核心问题，而企业理论又是产业组织理论的重要组成部分，是西方经济学理论的重要内容。然而关于企业性质的问题至今争论颇多，莫衷一是，许多学者从不同角度阐释对企业性质的认识和理解，也形成了许多理论派别。关于企业性质的传统经典观点主要有三种：生产论、契约论和交易成本论。

1. 基于劳动分工的生产企业。古典和新古典经济学认为企业就是各种生产要素的集合，价格机制对资源配置起基础性作用。这一观点源于亚当·斯密劳动分工理论，斯密虽然没有分析企业问题，但是他的劳动分工即生产专业化有利于提高效率，进而增加产量提高国民财富的思想成为新古典经济学的重要理论来源。新古典经济学把企业看成是一种生产函数，而生产活动必须达到一定效率水平，企业才能实现规模经济（或者范围经济），进而使生产活动在一个企业内部进行。总之，在新古典企业理论看来，企业是促进劳动分工，组织生产的一种形式。

2. 基于交易成本的企业存在论。在新古典企业理论中，价格机制起到调节供求关系，企业唯一关心的就是如何选择投入产出数量，以实现利润最大化。然而，在新古典经济学的世界里追求利润最大化是无需成本的，换句话说就是把利润最大化决策所需的资源约束假定不存在，尤其是市场交易的信息成本无需考虑。但是1937年科斯在其著名的《企业的性质》一文中提出了一个石破天惊的问题："市场配置资源如此有效，为什么还会存在企业呢？为什么许多交易发生在企业内部呢？"在科斯看来，企业之所以存在是因为利用价格机制是有成本的，市场交易的信息收集甄别、谈判、讨价还价、签订合约以及合约执行监督都是需要付出成本的。企业的规模边界就在于如果企业内部组织一笔额外交易的成本刚好等于在市场交易的成本时。新制度经济学认为企业和市场都是组织生产的方式，企业存在的理由就在于市场正交易成本的存在，现实中有时这种交易成本往往高的令人望而却步，企业利用科层（权威）来组织生产往往更有效率。在科斯之后提出交易成本问题后，威廉姆森、阿尔钦、德姆塞茨、张五常、格鲁斯曼和哈特等人不断围绕企业存在的边界、企业组织效率和产权结构问题展开了研究，不断拓展和深化了科斯的企业性质理论。然而，科斯关于企业性质的研究依然是在新古典经济学的框架下展开分析的，只不过科斯拓宽了新古典经济学的研究视角，把新古典经济学只注重对企业市场行为的研究转而把市场和企业看做一种替代关系，并且科斯引入了交易成本概念，为研究企业内部制度结构提供了一个崭新的分析工具。交易成本理论是科斯的重要贡献，然而，科斯把交易成本的节约看作是企业存在的唯一原因，完全忽视了企业组织在发挥协作劳动的社会生产力方面的不可替代的基本作用。[①]

　　3. 基于契约关系的企业。科斯的企业性质理论为企业存在找到了根源，却没有解释企业内部生产活动、产权结构以及制度结构如何运作使得企业内部交易成本得以低于市场交易成本。直到20世纪70年代末80年代初，威廉姆森使用"交易成本经济学"理论，对企业理论进行了重要的拓展。威廉姆森的核心观点认为企业是一种为了维持长期关系而进行的专

　　① 荣兆梓. 企业性质研究的两个层面——科斯的企业理论与马克思的企业理论 [J]. 经济研究，1995（5）：23.

用性投资，而这种长期关系需建立在一系列契约之上。威廉姆森认为为了防止"敲竹杠"和"机会主义"行为，并且鼓励交易双方进行专用性投资，事前签订一个事后能保证各方都能获取公平回报的契约就显得格外重要。然而，这样一个完备的契约可以达成吗？威廉姆森也指出了谈判成本的客观存在，并具有不确定性问题，因此他认为纵向一体化是规避事后机会主义行为的一个有效途径，威廉姆森列举了著名的"坑口电站"来解释了这一问题。但是一个新的问题又出现了，纵向一体化真的可以完全解决"契约难题"吗？以格罗斯曼和哈特为代表的经济学家，提出了不完全契约理论。它起始于这样的思想，即契约必然是不完全的，因为有一些未来状态是不可预见的，或者可能的状态太多因而不能在文字上明确，成本最小化要求初始契约只规定粗线条的关系。① 因此，他们认为由于不完全契约的客观存在，对于企业来说产权结构是至关重要的。从治理角度，他们认为企业是解决签约时无法预测的事后问题的一种有效方式；从产权角度，他们认为企业只是所有者剩余控制权的资产组合的体现形式。

二、现代企业性质的再思考：一个产业组织视角

正如前文所述，关于企业性质的几种传统观点，往往把企业与市场看作为"非此即彼"的关系，他们或认为企业是生产活动的一种组织形式，或认为企业是对市场的替代，或认为企业是对市场不完全契约内部化的一种制度安排。然而，在现实中市场本身就是一个模糊的概念，市场的边界在哪里本身就是一个问题，在这种假定的"非此即彼"的替代关系中，市场成为所有生产同样商品或服务的企业的代表，但是问题在于市场能完全替代企业吗？笔者认为，传统的企业性质观点忽视了企业的生存环境本身就在市场之中，相对于市场这一模糊概念来说，现实世界中现代企业更是产业组织中的一个组成部分，在产业组织中企业不仅承担了生产产品或服务的功能，而且也承担了上下游产业链交易的功能，下面笔者将从产业组织的视角考察现代企业的性质。

1. 作为产业组织主体的企业模型。在市场经济中，市场活动的主体

---

① ［法］泰勒尔. 产业组织理论［M］. 北京：中国人民大学出版社，1997：21—22.

大体可分为企业、消费者以及政府三类，而企业与消费者可谓是市场活动最重要的主体。如下图 2.1，在这个企业模型中企业是生产产品或服务的生产性组织，在它的外层是企业所处的产业市场，在产业市场内各个企业处于产业链的不同位置，企业内部以及企业间都会存在着交易活动，在产业市场外部是最终的消费者市场，如图中双向箭头所示企业、产业市场以及消费者市场三者之间也是相互作用、相互影响的，而在这三者市场活动过程中政府（图中虚线箭头所示）通过制定各种公共政策对它们的市场行为进行相关制度安排。通过图 2.1 企业模型所示，我们发现企业不仅仅具有生产功能，而且企业还要与产业市场和消费者市场之间会产生复杂交易活动，并且这些活动还时刻受到政府的规制。因此，从产业组织角度来说，现代企业是产业市场中的企业，而不是与市场"非此即彼"的替代关系。

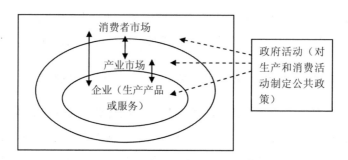

图 2.1 作为产业组织主体的企业模型

2. 产业组织发展对企业性质的影响。作为身处产业市场中企业必然随着产业组织的不断发展受到影响。所谓产业组织，通常是指同一产业内企业间的组织或市场关系。这种企业之间的市场关系主要包括交易关系、行为关系、资源占有关系和利益关系。[①] 古典企业理论把企业看做是生产函数，企业仅仅被认为是生产的"黑箱"，而不关注企业内部运行以及企业与市场之间的相互关系。古典和新古典经济学对市场的认识也仅仅认为是商品交换[②]的场所，而交换的背后是价格机制这只"看不见的手"发挥作用。但是，伴随着生产活动的组织形式从"个体——工厂——现代企

---

① 苏东水．产业经济学［M］．北京：高等教育出版社，2010：31.

② 这里的交换包括实物交换和货币交换。

业"的变化，市场的概念也开始不断的拓展和演化，其中产业市场逐渐成为一个不可忽视的部分，而产业组织的发展也促进和影响了企业性质的演化。下面我们从几个阶段来看产业组织发展的影响：

第一，家庭手工业时代。由于人们大都从事着手工作坊式的生产，专业化的生产受制于市场范围和交换能力，因此，在家庭手工业时代没有真正意义上的产业组织形式，每个家庭或个人都是原子式的生产单位，换句话说当时的生产活动是一种"自组织"①形式。正如斯密所指出的："当市场很小时，没有人能得到任何的鼓励，去专门从事一种职业，这是因为，他没有能力去把他自己劳动产品的远远超过自己消费的剩余部分，去交换他所需要的其他人劳动的剩余部分产品。"② 因此，在这一时期产业组织的发展受到市场范围的影响，反过来又影响了劳动分工，专业化的生产受到限制，真正意义上的企业也没有出现。

第二，工场手工业时代。随着科学技术进步和市场需求的扩大，原先的家庭和个人的手工业生产已无法满足需求。从16世纪到18世纪，一个新的组织生产的方式即向外分活制得到发展。它的基本特征就是通过一名作为中心的企业家调节的、以家庭为基础的生产。企业家提供资金和原材料等，反过来，他对所生产出的产品拥有所有权。③ 向外分活制优点在于它可以大大促进劳动分工的进一步发展，然而它的缺点在于企业家难以控制以家庭为基础的工人的生产活动，包括工人的实际投入、产品的质量以及原材料的使用效率等等。在这样背景下，工场手工业生产方式孕育而生，它既是对家庭生产方式的替代，又是企业家加强对生产环节有效控制的生产组织形式，而且客观上又促进了专业化技术劳动的分化，由此带来了产业组织的迅速发展。正如斯密以制针为例形象地分析了劳动分工对提高效率的作用，而如果我们从产业组织发展角度来看，制针工序的专业化分解正是产业链形成的雏形，比如，抽丝、拉直、切断、穿孔、打磨等每

---

① 这里的"自组织"主要是从当时从事生产活动的过程来看，个人或家庭决定如何生产，何时生产，生产多少以及交换多少而很少受其它因素影响。

② ［英］亚当·斯密. 国富论（上）[M]. 西安：陕西人民出版社，2001：22.

③ ［美］迈克尔·迪曲奇. 交易成本经济学——关于公司的新的经济意义 [M]. 北京：经济科学出版社，1999：69.

个工序都可以分化为专门的工厂生产，换句话说生产的专业化促使工厂的数量和规模迅速扩大，而工场间产品的交易促进了产业市场的衍生。因此，这一阶段产业组织开始得到演化发展，手工业工场也具备了企业的特性，当然这时的企业（或工场）主要围绕降低生产成本，提高效率而开展生产组织活动。

第三，产业组织扩展与现代企业演变时代。随着第一次和第二次工业革命的发展，大大地提高了生产技术，也促进了劳动分工的深化和资本主义工业体系的逐步完善，而同时产业组织也得到了迅速扩展。产业组织扩展和现代企业演变的突出表现有以下几点：①产业组织形式趋于成型。在手工业时代，生产技术落后，生产的产品数量有限，限制了产业发展规模，产业组织形式往往变动性大。在工业革命后，技术促进了劳动效率提高，也使劳动分工进一步深化，产业规模也逐步扩大，产业市场逐步形成，现代企业迅速发展，许多从事农业生产的农民脱离土地专门从事工业制造，产业组织形式也逐步稳定成型。②产业内分工细化。新古典经济学强调劳动分工提高了效率，而从产业组织角度来看，劳动分工促进了专业化，而专业化有促进了产业内分工进一步细化。斯密指出："在享有最发达的产业和效率增进的那些国家，分工也是进行的最彻底；在未开化社会中一人从事的工作，在进步社会中一般由几个人担任。"① 由此可见，专业化生产客观上促进了产业内分工细化，现代企业往往不再承担产品生产的所有环节而只是承担某个环节，且更加专业，效率更高。③产业内交易规模扩大且频繁。伴随产业内分工细化，企业规模迅速扩张，产业内交易规模日益扩大且频繁，而现代企业间为了稳定交易，防止机会主义，企业间的契约纽带日益重要。与此同时，产业组织内部从生产到销售的产业链各环节企业间交易频繁，产业组织也逐步深入拓展，现代企业成为生产组织形式的主流选择。

第四，全球化产业发展时代。从 20 世纪 80 年代开始至今，随着世界经济一体化的加速，尤其是现代电子网络技术的普及，世界各国的经济活动已远远超越了原先国际贸易的概念。各国的产业发展以越来越离不开其

---

① ［英］亚当·斯密．国富论（上）［M］．西安：陕西人民出版社，2001：9.

它国家，可以说世界经济进入了全球化生产阶段。产业组织发生了深刻变化，企业的生产和经营活动也发生很大变化。主要表现在以下几点：①产业内专业化发展，企业生产模式网络化。随着经济全球一体化发展，传统产业垂直一体化发展的倾向发生了根本改变，产业内专业化发展成为新趋势。在经济网络化和全球化背景下，价值链上下游和产业间的配套关系成为领导厂商和高级供应商在进行价值链布局和技术转移时要考虑的重要因素。① 因此，企业生产围绕产业价值链而逐步演化为网络状，每个企业都是产业价值链的组成部分。②国际分工与合作加速，产业发展全球布局。国际经济一体化发展，各国的产业发展已超出本国范围，各国依据自身比较优势选择产业发展分向，产业内国际分工与合作不断深化，产业发展呈现全球布局特点。各国企业也积极参与产业国际化分工，突出专业化和差异化发展路径。③跨国公司构建全球化生产体系，国际竞争加剧。当前跨国公司着眼全球生产体系布局，随着信息技术的发展，跨国公司在经营和管理上已淡化"国外"和"国内"的概念。跨国公司从企业发展角度，着眼于全球各地劳动力、技术、环境、资源等具有比较优势的区域，进行全球投资设厂，构建全球生产体系。例如，Intel 仅生产环节，在全球就分布于 7 个国家；BP 公司则在全球的 75 个国家有分支机构；GM 分布在全球 48 个国家。这种全球范围内的区位布局，成为跨国公司全球生产体系的重要特征之一。② 而此时的产业国际竞争也加剧，各国的产业竞争更体现在生产体系、供应链体系、营销体系乃至制度体系的全方位竞争。

3. 现代企业性质的再思考。如前文所述，从手工业时代到全球化产业发展时代产业组织发生了根本性的变化，产业的发展壮大依赖于产业链各环节的协同发展，还受到国际产业分工与产业转移的影响。因此，身处产业发展全球化中的现代企业已然与古典企业有着"天壤之别"，现代企业的性质也随着时代变迁发生了演化。从产业组织发展角度考察，笔者认为现代企业应是生产、交易与合作相统一的人格化的组织。笔者从以下几

---

① 梁小萌，皮莉莉. 全球生产网络化与珠三角加工贸易产业转型升级［J］. 岭南学刊，2009（6）：86.

② 刘春生. 论全球生产的网络化及其推动力量［J］. 燕山大学学报（哲学社会科学版），2007（2）：128.

方面来简单解释：

第一，现代企业是集生产和交易为一体的组织。新古典企业理论把企业看成以生产者行为为中心，以利润最大化为假设，通过一般均衡的分析方法来分析企业活动。这种分析方法实际上是把每个企业单独作为一个生产要素的集合体来看待，强调企业只是一种投入产出的函数关系。在商品经济急速发展的时代，企业的生产属性成为主导属性，企业家和经济学家把关注的重点也放在企业的生产活动上。因此，企业的生产属性可以说是企业的天然属性或者说是基础属性。然而，随着社会经济的发展和产业分工细化，企业的生产属性已无法涵盖企业的所有活动特征，新古典企业理论对身处产业组织中的现代企业的很多行为缺乏解释力。直到科斯（1937）开创性地引入交易费用分析方法来解释企业存在的边界，交易费用分析框架虽然"独树一帜"且影响深远，但是它依然是在新古典经济学框架下以价格理论为基础，对企业存在的根源作了另一番解释。因此，在科斯之后许多经济学家沿用交易费用分析框架分析企业与市场的关系，如前文所述，企业与市场也演化成了"非此即彼"的替代关系。然而，在当今经济全球化时代，各国经济联系越来越紧密，产业组织逐步向全球化、网络化、模块化和平面化演化发展，产业内市场交易规模逐步扩大。因此，从产业组织演化发展角度来说，企业不仅内部存在交易，企业与产业内其它企业也存在交易，甚至企业与外部市场也会存在交易，而交易成本并不是起"一锤定音"的作用。由于市场不大可能完全替代企业来生产产品和提供服务，加之如果获得市场信息要花成本，因此，一般来说市场也的确不会完全替代企业。[①] 可见，企业与市场并非"非此即彼"的替代关系，而是互融互补的关系，企业的交易属性也是其固有属性，是其市场主体地位决定的。总而言之，笔者认为在产业组织发展中现代企业是生产与交易的集合体，不可偏颇一方。

第二，现代企业是一个合作性的组织。企业不仅具有生产和交易两大固有属性，而且企业在生产和交易活动中是一个充满合作性的组织。现代

---

① ［美］哈罗德·德姆塞茨. 所有权、控制与企业——论经济活动的组织［M］. 北京：经济科学出版社，1999：185.

企业的合作性主要体现在以下几方面：①现代企业生产的合作性。正如马克思（1867）指出企业作为一种专业化的合作组织，通过协作能够产生超过个人生产力加总的集体力。[①] 阿尔钦和德姆塞茨（1972）把企业看作是一种团队生产合约。在团队生产中，各种投入资源有权由全体成员共同拥有，产品由全体成员协作生产出来。[②] 由此可见，企业在生产中的合作体现在方方面面，诸如：企业员工合作，企业家与员工合作，企业生产流程的合作，企业生产与产品销售之间合作等等。总之，在现代企业中没有合作的生产活动是不可想象的。②产业组织发展要求现代企业加强合作。如果把企业生产的合作性看做是内部合作的话，而现代企业间的互相合作则是产业组织发展的必然要求。随着信息和网络技术的迅猛发展，产业组织形式发生了深刻的变化，传统的企业间竞争关系已无法适应国际竞争形势的发展，企业间合作尤其产业内企业间合作越来越成为常态。许多大企业和跨国公司为获取竞争优势，在企业制度创新、企业内外组织形式、企业并购重组等企业合作方面不断探索新形式，尤其是企业间战略联盟成为产业组织发展的新现象。这种战略联盟是介于传统合约关系（市场买卖与许可证等）和紧密的股权关系（合资与购并等一体化关系）之间的一种经济组织形态，是一种介于市场与企业之间的新的制度安排。[③] ③合作是现代企业提升竞争力的理性选择。传统企业理论认为，企业竞争力的提升主要在于企业生产成本的降低，因此，企业应把关注重点放在优化企业内部资源配置，提高效率。然而，随着产业组织的发展，企业的合作能力对其竞争力影响更大。在现实的不完全契约下，企业的发展不可能靠合约约束达到目标，交易费用成为无法回避的问题，如何最大化节约交易费用成为企业必须面对的问题。在无法达成完全契约的现实世界里，有效的合作是降低交易费用的"良方"。有效的社会合作是可行的，因为人们会从真实的世界中获取经验，更多的人会认识到他们具有共同的利益，同时合作行为

①　转引自聂辉华. 企业的本质——一个前沿综述 [J]. 产业经济评论，2003（2）：23.
②　转引自刘汉民. 企业理论、公司治理与制度分析 [M]. 北京：经济科学出版社，2007：9.
③　秦洪囊. 现代企业性质再解读——基于劳动分工与组织演进角度的阐释 [J]. 河北学刊，2007（6）：248.

也是互惠的。^① 因而，在产业组织不断演化发展中合作是企业降低交易费用的必然选择，也是现代企业提升竞争力的理性选择。

第三，现代企业是一个人格化的组织。传统经济学把企业都看成契约和利益的结合体，是一个非人格化的经济组织。然而随着产业组织的不断发展，现代企业成长过程中越来越体现出人格化的倾向。主要体现在以下几方面：①企业管理的人格化趋势。随着企业理论与企业管理理论的相互融合，企业管理活动不再是简单的下达指令、执行、监督以及奖惩的机械化活动，现代企业也不再是新古典企业理论中所描述的非人格化的生产函数关系，现代企业管理中越来越体现人格化特征。比如：企业成长中企业家个性对企业发展路径的影响；企业文化体现不同企业的个性化特征；企业内部人格化的信任关系的建立；企业管理中逐渐形成的人格化的非正式约束；企业积极履行社会责任等等，这些都是现代企业管理中体现的"有血有肉"的人格化特征，并非像古典企业所描写的"无情"的生产资源的集合。②企业人力资本人格化特征突现。新古典企业理论把企业中的人看做是劳动力，是生产要素之一，甚至把企业员工看做与机械设备无异的生产资料之一，从而无视了企业员工的人格化特征。然而，在现实世界中，企业员工不仅仅是企业生产要素，更是在企业成长中承担团队生产和知识转移的载体，另外，作为人力资本的员工的追求往往也是多样性，现代企业中的员工行为并非如新古典企业理论中个人效用函数那样可以准确计算。在许多情况下，人们不仅有财富最大化行为，还有利他主义以及自我实施的行为，这些不同动机极大地改变了人们实际选择的结果。^② 因而现代企业人力资本的人格化特征在组织中的影响越来越大。③市场交易人格化趋势增强。新古典经济学认为价格机制在市场经济中起基础性作用，企业以及人的一切行为都是可以通过价格机制来控制的。但是随着市场经济的不断发展，产业组织形式也发生了深刻的演化，很多市场交易行为无法通过新古典价格理论给予充分解释，市场交易的人格化趋势不断增强。在

---

① ［美］埃里克·弗鲁博顿，［德］鲁道夫·芮切特. 新制度经济学：一个交易费用分析范式［M］. 上海：上海三联书店、上海人民出版社，2006：139.
② ［美］道格拉斯·C. 诺思. 制度、制度变迁与经济绩效［M］. 上海：格致出版社，2008：27.

市场交易中，制度被认为是必不可少的，制度是作为第三方保障有利于促使买卖双方交换意向达成。然而，我们却往往忽视市场自身的不完全性，因此，无论在何时何地，制度总是既有降低交易成本又有提高交易成本的部分。强有力的第三方虽然不可或缺，但是第三方实施并非理想、完美，因而交换各方仍然要动用大量资源来发展与客户关系。① 因此，现代企业越来越强调人格化市场交易，比如：企业关注声誉、文化、治理结构，企业更加追求人格化的异质发展等等。

第二节　国有企业性质再认识

前文对现代企业的性质进行了重新审视，而作为企业的一种特殊形式的国有企业，在市场经济中既有着与一般企业相同的性质，也有着"与生俱来"的特殊性质。关于国有企业的性质问题一直以来都是学者争论的热点问题之一，这不仅因为这是一个重要的理论界定问题，而且也是涉及我国国有企业改革发展的重大现实问题，国有企业性质界定的争议依然在一定程度上制约了国有企业的进一步改革。下面我们将结合前文对现代企业性质的思考来重新认识国有企业性质问题。

一、国有企业性质研究的新进展

传统的关于国有企业性质的观点主要围绕两方面演进：一是国内外许多政治经济学学者认为，国有企业的存在是国家社会主义性质的重要体，是解放生产力、发展生产力的主要力量，是实现共同富裕的有效制度安排；二是很多国内外学者按照新古典经济理论研究认为，国有企业的存在是为了提供公共产品，弥补市场失灵，也是政府干预市场的有效手段。但是，这些传统的国有企业性质的界定似乎并不能有力地解释当前国有企业

---

① ［美］道格拉斯·C. 诺思. 制度、制度变迁与经济绩效［M］. 上海：格致出版社，2008：48.

的现状和遇到的问题。伴随着"国进民退"、"垄断"等质疑之声不断涌现，关于国有企业性质的研究又引起众多关注，也为我们探索国有企业下一步改革的切入点和突破点提供了有益参考。近年来关于国有企业性质研究的代表性观点如下：

张连城（2004）认为，在市场经济中，与非国有企业相比，国有企业具有两重性即一般性和特殊性。国有企业的一般性主要表现为它的营利性，其特殊性则源于一定的社会经济制度赋予它的社会性。国有企业的两重性决定了它必须具有双重的功能即营利功能和社会功能。[①]

胡岳岷（2005）认为，国有企业的两重性在于：其一般性是它也是以追逐利润为己任的经济人；其特殊性只是也只能体现为它的投资者的特殊性，它的投资者是国家，它必须向其投资者上缴利润，而不是股权分红。[②]

黄速建，余菁（2006）认为，国有企业是一种同时拥有非经济目标和经济目标的特殊的企业组织。[③]

宋宪萍和闫银（2006）认为，国有企业的存在是旧的社会分工存在的结果，是生产力还不发达的一种表现，建立国有企业就是为了发展生产力，与社会化大生产相融合，最终实现生产力的极大发展，促进人的全面发展和自由。对盈利性企业主张进行私有化，或者主张国有企业退出竞争领域，都是行不通的，这会直接削弱社会主义的经济基础。[④]

程承坪，程鹏（2013）认为，国有企业并没有自己独特的作用，它只是市场与政府的双重替代物，它的作用主要取决于政府的性质和作用，并在一定程度上受市场的影响。[⑤]

程承坪（2013）又指出国有企业的存在，在于其节约政府的交易成

① 张连城.论国有企业的性质、制度性矛盾与法人地位 [J]. 首都经济贸易大学学报，2004（1）：11.

② 胡岳岷.论国有企业的性质 [J]. 江汉论坛，2005（8）：6－7.

③ 黄速建，余菁.国有企业的性质、目标与社会责任 [J]. 中国工业经济，2006（2）：70－71.

④ 宋宪萍，闫银.社会主义国家国有企业的性质——兼谈我国当前国有企业改革 [J]. 理论界，2006（4）：78.

⑤ 程承坪，程鹏.国有企业性质：市场与政府的双重替代物 [J]. 当代经济研究，2013（1）：27.

本。当国有企业增加一项活动所增加的成本与带来的收益相等时，国有企业的规模和边界就被确定了；或增加一家国有企业所增加的收益与增加的成本相等时，整个经济体的国有企业的数量就确定了。①

二、国有企业性质再认识

通过对近年来关于国有企业性质研究的梳理，我们发现学者们更加突出国有企业的双重功能，以及国有企业与政府的特殊关系的界定上，这一方面适应了我国政治经济体制改革发展的需要，另一方面不免又陷入传统观点的窠臼，难以把现代国有企业的定位与一般企业的定位区别开来，无法解释当前我国国有企业在国民经济中发挥控制力、影响力和带动力作用。如前文笔者从产业组织演化视角分析现代企业性质一样，在社会化大生产深化和国际经济一体化浪潮中，现代国有企业与传统国有企业有了很大的区别。为了更全面地认识在我国市场经济不断发展中国有企业性质的演变，笔者从国有企业的一般性质和特殊性质两方面来考察。

1. 国有企业的一般性质。伴随着我国市场经济体制的逐步建立和完善，国有企业的改革发展也不断向前推进，国有企业的市场经济主体地位也得以确立，因此，从这一层面来说，国有企业作为市场竞争和产业组织的主体来说与其它企业没有区别。因而，国有企业也具有和一般企业相同的性质，按照前文的逻辑，我们从产业组织视角来重新审视国有企业的一般性质问题，可以更全面地理解国有企业性质。

（1）国有企业是生产与交易的结合体。如前文对企业性质的分析，国有企业也是生产与交易的结合体。主要表现在：第一，国有企业生产属性是国家赋予的。与一般企业重要的区别在于一般企业为了逐利进行生产，而国有企业的生产不仅具有一般企业的特征，还表现为国家意志的体现，尤其在提供公共产品和服务方面，弥补市场失灵是国家赋予国有企业重要的功能；第二，国有企业的交易属性是市场经济赋予的。计划经济时代，国有企业按国家指令进行生产和分配活动，而在市场经济体制下，市场的

① 程承坪.国有企业性质新论：基于交易费用的视角［J］.社会科学辑刊，2013（1）：114.

"无形之手"时刻都在对企业的生产发挥调配作用。而如前文所述，企业与市场并非"非此即彼"的关系，而是互融互补的关系。因此，身处产业组织中的国有企业不仅要不断提高生产能力，还要发挥交易功能，主要是在政府与与企业、企业与企业、企业与消费者之间不断提高交易量和交易水平，而在这过程中国有企业的生产功能也会得到大大提升。

（2）国有企业是合作性组织。从企业的产权性质来说，国有企业的合作性要求应该远远高于一般企业，主要表现在以下几方面：第一，国有企业与政府合作是产权性质决定。国有企业弥补市场失灵，很多时候成为政府政策工具，在政府与国有企业委托代理关系中，与政府不断加强合作是企业必不可少的；第二，国有企业与一般企业合作是产业发展的要求。我国国有企业在关系国计民生的基础性行业保持控制力，就要求国有企业必须与市场中其它企业保持合作关系，从而有利于相关产业链的上下游企业的健康发展，另外，在许多高科技产业和战略新兴产业国有企业要保持影响力和带动力，也要求国有企业必须与其它企业保持合作关系，从而促进相关产业快速发展；第三，国有企业的内部运营管理强调合作是市场竞争的需要。国有企业和其它企业一样在运营管理上要强调合作，如前文所述，面对复杂的市场环境和多层的委托代理链条，有效合作可以大大降低企业内部交易成本，也是提升企业竞争力的有效途径。

（3）国有企业是人格化组织。从产业组织发展以及国有企业肩负的使命和职责来看，国有企业的人格化特征要比一般企业更明显，主要表现在以下几方面：第一，国有企业的内部治理带有较强人格化特征。如前文所述，现代企业的治理人格化趋势越来越明显，同样国有企业在组织机构设置、人员聘用、高管任命、企业文化培育、公司治理等方面越来越变现出人格化特征；第二，国有企业的市场活动人格化特征明显。由于国有企业的产权属于国家，这就决定了国有企业在某些关系国计民生的基础性行业需要履行国家职能，要从国家整体利益出发，为国民经济的稳定健康发展做出贡献，既使在一些竞争性领域国有企业也要带头积极履行社会责任；第三，国有企业改革发展人格化特征突出。我国国有企业改革发展还需要不断深入推进，在这一过程中企业家的创新作用尤为突出，不同的国有企业改革发展往往带有浓厚的企业家个人色彩，另外，国有企业的改革发展成果也要为全社会分享，为增进社会福利做出贡献也是国有企业人格化特征的重要体现。

2. 国有企业的特殊性质。前文对国有企业的一般性质做了分析，而由于国有企业的产权性质决定了其与一般企业有着的显著区别，而这种区别是市场和产业组织的发展所无法化解的，国有企业的这种特殊性质主要表现在两个方面：

（1）政治性。《中华人民共和国宪法》第六条指出："国家在社会主义初级阶段，坚持公有制为主体、多种所有制经济共同发展的基本经济制度。"第七条又指出"国有经济，即社会主义全民所有制经济，是国民经济中的主导力量。国家保障国有经济的巩固和发展"。[①] 由此可见，国有企业的存在和发展是我国社会主义国家性质的具体表现，反过来也促进了国家的发展和进步，有利于体现社会主义制度的优越性。国有企业的国家性质的体现突出反映在两方面：第一，产权属性。国有企业是公有制经济的一种形式，国有企业的产权属于国家，也即全民所有，因此，在国有企业改革发展中政府作为全民委托的代理人对国有企业行为进行合理监管是应有之义。第二，国有企业利润上缴。由于国有企业的特殊产权性质决定了国有企业利润属于国家，国有企业的剩余索取权也是全民享有。因此，无论是处于垄断行业国有企业还是竞争性领域的国有企业，其所获取利润应该归全民所有，在保证国有企业正常运营和发展的前提下，应逐步提高利润上缴比例，使全体人民共享国有企业改革发展的成果，从而促进社会福利水平提高，可见，国有企业的存在也是实现社会主义共同富裕的经济基础。

（2）社会服务性。国有企业的特殊政治性决定了国有企业经营行为并不能完全像一般企业一样来行事，即使在竞争性领域也是如此，国有企业的社会服务性是其另一个重要特殊性质。国家作为一种跨越世代的制度，主要是为社会提供公共服务。因而政府的活动领域就是在公共物品领域

---

① 人民网. 中华人民共和国宪法（全文）［EB/OL］.（2013－09－04）. http：// legal. china. com. cn/2013－09/04/content_29923357. htm

中。[①] 而国有企业作为政府的特殊政策工具往往承担着诸多社会服务职能，国有企业通过经济手段提供公共产品和服务。国有企业存在的条件，是在提供公共物品时，融资阶段和生产阶段不可分离。所谓这两个阶段不可分离，是指融资者不能简单地购买产品，而是要购买生产产品的生产要素及其组合——企业。[②] 在市场经济活动中，国有企业除了提供公共产品和服务外，其社会服务性质还体现在以下几方面：第一，保持国民经济稳定发展。国有企业对于保持国民经济的稳定发展具有不可替代的作用，进而可以促进社会稳定；第二，促进社会公平。国有企业通过调节资源配置，可以调节社会成员间收入和分配，另外，国有企业通过上缴利润在二次分配上也可以为促进社会公平作出贡献；第三，促进社会劳动力充分就业。就业问题是一个国家重要的经济问题，也是社会问题。国有企业可以在全社会进行劳动力资源调节，从而对促进社会充分就业上发挥积极作用。

通过以上思考和认识，我们发现国有企业的性质界定是一个系统而复杂的问题。笔者从一般性质和特殊性质两方面来考察，从一般性质来看，作为产业组织中的国有企业是具有明显合作性和人格化特征的生产和交易的结合体；而从特殊性质来看，国有企业是具有明显的政治性和社会服务性的特殊企业。

第三节　中央企业的功能定位

在前文分析国有企业性质的基础上，下面我们着重探讨在社会主义市场经济体制下，国有经济具有的一般功能与特殊功能，以及作为当前国有经济中坚力量的中央企业的功能定位。

---

① 天则经济研究所课题组 . 国有企业的性质、表现与改革 [R]. 北京：天则经济研究所，2011：116.

② 天则经济研究所课题组 . 国有企业的性质、表现与改革 [R]. 北京：天则经济研究所，2011：118.

一、国有经济的功能定位

1. 国有经济的一般功能

（1）弥补市场失灵。按照凯恩斯理论，政府应该在"市场失灵"的领域，发挥"看的见一只手"的作用。国有经济正是政府调节市场的有力工具和载体，提供市场需要的而私人部门不愿意提供的公共产品或准公共产品。维护市场稳定，创造良好的经济外部环境，促进资源的优化配置。

（2）宏观调控作用。宏观调控和管理是一种资源配置，是市场经济体制的重要组成部分。所谓宏观调控就是调整控制经济发展方向，控制总供给和总需求，调整国民经济发展。国有经济作为我国市场经济宏观调控的基本手段，发挥了非国有经济所无法起到的作用。例如，通过国有经济调控投资量、投资方向及分布实现国家的战略布局和规划；金融危机时的中央的四万亿投资经济刺激计划，基本都是通过国有经济来控制和下达的，基本实现了中央的调控目标，拉动经济逐渐从低谷走出。可见，国有经济在我国市场经济的宏观调控中发挥了越来越重要的作用。

2. 国有经济的特殊功能

（1）社会主义国家性质的重要体现。国有经济是我国社会主义国家性质的物质基础，是社会主义制度的根本保证。"这就决定了我国国有经济存在着与西方发达国家国有经济不同的性质和作用，决定了我国国有经济不但在质上要成为国民经济的主导力量，而且在量上也要超过仅作为调控工具所要求的在国民经济中的比例，来保证国家的社会主义性质"。① 我国国有经济必须是国民经济的主导力量，从而体现我国的社会主义性质。

（2）国民经济的主导作用。国有经济的主导作用主要体现在对国民经济的控制力上。我国国有经济牢牢控制着国家的经济命脉，从我国现阶段来看，国有经济控制的行业和领域主要包括涉及国家安全的的行业，自然垄断的行业，提供重要公共产品和服务的行业，以及支柱产业和高新技术产业。这些领域和行业关系到整个社会经济的发展，同时，国家的经济命

---

① 徐传谌，张万成. 国有经济存在的理论依据［J］. 吉林大学社会科学学报，2002（5）：42.

脉也是不断发展变化的，它在社会发展的不同阶段有不同具体的内容。因而，对于国有经济主导作用的发挥也是要动态的看待。

（3）保障国家的经济安全。"国有经济是国民经济和国家安全的控制力量之一，为了保持国民经济的稳定发展和保证国家安全，国家必须采取包括建立国有企业在内的各种方式来控制整个国家的经济命脉。"① 在经济全球化的时代，外资凭借资本和技术优势往往在市场竞争中占据优势地位，因而，在关系到"国计民生"的关键领域，国有经济必须完全控制，在国家经济战略中，国有经济必须占据"高地"，以保证国家的经济安全。

（4）积极落实国家的经济政策。国有经济在我国国民经济中占主导地位，有着强大的控制力和影响力，因而国有经济积极落实国家经济政策对其它性质企业有着重大的影响，国有经济调整产业结构，带动上下游产业的联动，对非国有经济的辐射作用明显。②

二、中央企业的功能定位

当前中央企业是我国国有经济的中坚，对国民经济的发展有着重要的影响，中央企业作为国务院国资委管理的国有企业，既有一般国有企业的特点，又承担着有别于一般国有企业的特殊功能，而这些功能的发挥是中央企业存在和发展的根基。

1. 生产功能。生产功能是企业的首要功能，中央企业也不例外。在计划经济时代，国有企业按照政府指令计划组织生产，企业缺乏自主性，生产产品单一。有关年份的中国统计年鉴显示，1979年，国有工业企业在全国工业总产值中所占比重达到78.5%，全国工业总产值中剩余的21.5%则全部来自集体工业企业。③ 可见，在计划经济时代国有企业承担了相当大的社会生产功能。随着我国市场经济的不断发展，国有企业在国民经济中的比重逐步下降，中央企业逐步成为我国国有经济的重要支柱，

---

① 徐传谌，张万成. 国有经济存在的理论依据 [J]. 吉林大学社会科学学报，2002（5）：41.

② 邹俊，张芳. 转变经济发展方式与国有经济功能再定位 [J]. 前沿，2011（17）：108—109.

③ 张文魁，袁东明. 中国经济改革30年（国有企业卷）[M]. 重庆大学出版社，2008：2.

目前中央企业主要涉及石油化工、煤炭、钢铁、电力、航运、军工、电信、电子信息、装备制造、汽车、建筑、有色金属等行业。从生产功能来看，中央企业既有涉及提供公共产品的领域，诸如，军工、电力、电信等；又有涉及自然垄断行业，如石油等；还有部分央企也涉及竞争性领域，如钢铁、汽车、建筑等。中央企业在国民经济中的作用不断增强，并且增长迅速，如表2.1，从2004年和2008年两次经济普查数据来看，在工业总产值中，中央国有工业企业工业总产值远远高于规模以上国有控股工业企业；从对外贸易角度，规模以上大型国有控股工业企业工业出口交货值也远远高于规模以上地方国有工业企业，且增速较快。由此可见，中央企业在我国国民经济中承担着重要的生产功能，有力地保障了国民基本生活需求和国民经济的健康运行。

表 2.1　规模以上国有工业企业工业总产值和出口交货值

	规模以上大型国有控股工业企业工业出口交货值（亿元）	规模以上地方国有工业企业工业出口交货值（亿元）	规模以上国有控股工业企业工业总产值（亿元）	规模以上中央国有工业企业工业总产值（亿元）
2004	2798.9	493.86	70228.99	12715.8
2008	6239.77	672.93	143786.66	27702.22

资料来源：根据2004年、2008年《中国经济普查年鉴》数据整理。

2. 控制功能。党的"十五大"把"公有制为主体，多种所有制经济共同发展的制度"确立为社会主义初级阶段的基本经济制度。因此，在社会主义初级阶段必须坚持国有经济的主导作用，而国有经济在国民经济中的主导作用主要体现在控制力上，中央企业作为国有经济的重要支柱，必须发挥中央企业的控制功能。"十八大"报告指出："要毫不动摇巩固和发展公有制经济，推行公有制多种实现形式，深化国有企业改革，完善各类国有资产管理体制，推动国有资本更多投向关系国家安全和国民经济命脉的重要行业和关键领域，不断增强国有经济活力、控制力、影响力。"在计划经济体制下国有企业处于绝对控制地位，随着我国市场经济的不断发展，国有企业在国民经济中的比重也不断下降，变过去单纯追求"量"为更看重"质"的控制。当前，中央企业对国民经济的控制力和影响力主要表现在：第一，控制国民经济命脉和关键领域。中央企业经过近几年的改革与发展,逐步控制产业链和价值链的高端,牢牢掌握了一些涉及国计民生的行业和战略资源;第二,维护国民经济稳定发展。在市场经济中,中央企业不仅是市场竞争的主体,还承担着在市场波动时维护国民经济稳定的作用。2010 夏季达沃斯论坛上前国资委主任李荣融就说"三大石油公司是稳定中国经济的功臣","2008 年国际油价大涨,如果不是我们控制油价,这个社会会很难承受,而中石油和中石化因为油价的控制损失了1680 亿元。"① 另外,在金融危机中,央企承担了大量基础设施建设项目,拉动了投资。数据显示,2008 年央企的资产总额为 17.6 万亿,而 2009年这一数据为 21 万亿,而"4 万亿投资"投向的也基本是与央企相关的基础设施行业。② 由此可见,中央企业在特殊时期往往对稳定国民经济起到至关重要的作用。

3. 技术创新功能。技术创新是企业发展永恒的主题。技术创新是企业提高效率和竞争力的有效途径。根据《中国科技统计年鉴》相关数据,2011 年我国重大科技成果完成单位是企业的有 18064 项,完成单位是高等院校的有 8288 项,完成单位是研究机构的有 6998 项,企业完成的重大科技成果比高校和研究机构的总和还多,可见企业是技术创新的主体。中央企业作为国民经济的支柱力量,在技术创新上有着诸多优势,"小公司大约只能应付小型创新活动,可能只有大型公司才能掌握大规模创新所需要的全部资金、设备、智力等一切必要的资源。而且,创新的高风险也许只有少数大型居支配地位的公司才有能力应付。"③ 2012 年中共中央、国务院下发的《关于深化科技体制改革加快国家创新体系建设的意见》中指出:"建立健全国有企业技术创新的经营业绩考核制度,落实和完善国有企业研发投入的考核措施,加强对不同行业研发投入和产出的分类考核。加大国有资本经营预算对自主创新的支持力度,支持中央企业围绕国家重点研发任务开展技术创新和成果产业化。"中央企业大都为产业链的龙头

---

① 小钉. 李荣融:三大石油公司是稳定中国经济的功臣 [EB/OL]. (2010—09—14). http://business. sohu. com/20100914/n274932083. shtml

② 新京报. 国企如何度过金融危机 [EB/OL]. (2010—09—03). http://finance. sina. com. cn/roll/20100903/01583441819. shtml

③ [美] 威廉·G·谢泼德,乔安娜·M·谢泼德. 产业组织经济学 [M]. 北京:中国人民大学出版社,2007:135.

企业，中央企业技术创新将会带来整个产业链的技术升级，从而有利于提高产业竞争力。根据《中国经济普查年鉴》对比 2004 年和 2008 年数据，如表 2.2，我们发现在 R&D 经费内部支出、R&D 人员、R&D 项目数等几项数据国有大中型工业企业均高于私营大中型工业企业，但是在相关数据增幅上 2004 年到 2008 年这四年间私营大中型工业企业大大高于国有大中型工业企业，说明国有大中型企业技术创新带动作用明显。由此可见，从建设创新型国家战略角度来说，中央企业在重大技术创新方面必然承担着重要职责。

表 2.2 大中型国有工业企业与私营工业企业 R&D 相关数据比较

	国有大中型工业企业 R&D 经费内部支出（万元）	大中型私营工业企业 R&D 经费内部支出（万元）	国有大中型工业企业 R&D 人员（人）	大中型私营工业企业 R&D 人员（人）	国有大中型工业企业 R&D 项目数（项）	大中型私营工业企业 R&D 项目数（项）
2004	1257480	408611	118817	30036	7769	1821
2008	2691952	2339685	147818	122021	14918	9762

资料来源：根据 2004 年、2008 年《中国经济普查年鉴》数据整理。

4. 增进社会福利功能。国有经济是社会主义公有制经济的特殊形式，而社会主义公有制的目标就是满足广大人民群众不断发展的物质和文化需求，最终实现共同富裕，因此不断增进社会福利是公有制的应有之义。当前中央企业是我国国有经济的中坚力量，理应在增进社会福利方面有所作为。然而，随着中央企业盈利水平不断提升，尤其在 2008 年全球金融危机爆发后，中央政府面对外贸急剧下降，为拉动内需提振经济向市场投资四万亿，其中大部分基建工程由中央企业承担，而中小企业生存发展环境恶化，大量中小企业经营困难，因而在社会上逐步泛起所谓"国退民进"论、"与民争利"论、垄断论等等。社会上对中央企业的质疑很大一部分正是反映了中央企业在增进社会福利方面的表现不尽如人意，有待进一步提升。笔者认为作为中央企业在增进社会福利方面可以从以下几点着手：

第一，加强制度建设。增进社会福利是中央企业的应尽职责，必须长期坚持，因而需要一系列的制度作为保障。当前中央企业经营行为的制度约束不健全，导致央企往往忽视主业，盲目逐利，典型的事例就是诸多央企涉足房地产，"地王"频现，往往背后都有央企身影，导致整体社会福利下降。

第二，对央企要分类别逐步提高上缴红利。当前中央企业利润上缴比例过小是"有目共睹"的，但是央企利润上缴比例也不能搞"一刀切"，应该根据不同行业状况确定央企红利上缴比例，比如：自然垄断类央企要逐步大幅提高利润上缴比例，竞争领域类央企要适度提高利润上缴比例。总之，既要考虑企业自身发展的需要，也要考虑把中央企业利润"取之于民，用之于民"，利用央企上缴利润充实社保、医疗、养老等资金缺口，稳步提高全民福利水平。

第三，完善税制建设。税收是调整资源配置和流向的重要杠杆，当前我国要素市场价格扭曲的一个重要原因就是税制不健全、不合理，进而在现实的市场活动中导致社会福利损失。中央企业尤其是资源类央企掌握着大量稀有资源，由于我国缺乏资源税、财产税等税制建设，从而使央企可以以较低的成本获取垄断利润，从增进社会福利角度这些资源租金应该收归国家财政。因此，我国应尽早完善相关资源税等税制建设，打破央企垄断利润的资源依赖。从长远来看既有利于促进资源的合理使用，转变经济发展方式，促进产业升级和技术进步；又有利于提升全民的社会福利水平。

5. 提升国家竞争力功能。当今世界国与国之间的竞争，已不再是"坚船利炮"和"穷兵黩武"式的野蛮扩张，而更多的是体现为经济竞争，而企业间的竞争更是直接的表现。关于国家竞争力的认识和理解也是多方面和多角度的，但是，越来越多的人赞同这样的看法，即国家竞争力是一个经济体长期、可持续、综合实力的体现，最终的判断标准是人们生活水平提高。[①] 中央企业作为我国国有经济的中坚力量，对国民经济的发展有着重要影响，其对国家竞争力提升的作用主要体现在以下两方面：第一，中央企业是我国先进生产力的代表。在历史发展的长河中，我们明白一个道理：只有生产力才是国家竞争优势的真正决定力量。[②] 由于历史原因以

① 陈伟. 国家竞争力之辩论 [J]. 经济研究参考，2010 (38): 15.
② 李效东，陈占安. 论先进生产力与国家竞争力 [J]. 生产力研究，2008 (20): 111.

及起步较晚，目前我国民营企业生产力整体发展水平还是较弱的，而中央企业的生产力水平明显较高，是我国先进生产力的代表，诸如：在航天科技、新能源、生物、石油石化、电信等领域中央企业具有较高生产力水平；第二，中央企业是践行"中国梦"、实现中华民族伟大复兴的主力军。国家和民族复兴依靠国家竞争力的提升，而国家竞争力的提升又主要体现在企业竞争力的提升，从而最终体现在人民生活水平的不断提高，这就促成"中国梦"、"企业梦"和"个人梦"需要有机结合。通过前文论述，我们发现中央企业是把"中国梦"、"企业梦"和"个人梦"有机结合的重要载体，从目前现状来看，中央企业大都处于关系国计民生的基础行业和领域，对国家经济安全和国民经济稳定发展具有重要影响，因此，中央企业当之无愧是践行"中国梦"、实现中华民族伟大复兴的主力军。

通过对中央企业功能定位分析，我们发现中央企业的改革发展必须围绕最大化地发挥其生产功能、控制功能、技术创新功能、增进社会福利功能以及提升国家竞争力功能而展开。从目前中央企业状况来看，这五大功能的作用发挥仍有很大潜力可以挖掘，必须通过深入推进战略重组来优化资源配置，调整产业结构，提高企业效率，提升中央企业国际竞争力，进而更好地发挥中央企业功能。

第三章　中央企业战略重组历程

国有企业的改革重组一直伴随着我国的改革开放进程，主要原因在于我国的国有企业是建国后的历史特定环境以及计划经济时代特殊的历史产物，中国国有企业有诸多的"先天不足"，必须通过不断改革重组，调整国有企业产业布局和产业结构，优化资源配置，不断适应我国社会主义市场经济的发展需要。我国中央企业的改革重组历史可以追溯到党的十四届三中全会，这次会议指出："按照政府的社会经济管理职能和国有资产所有者职能分开的原则，积极探索国有资产管理和经营的合理形式和途径"。1999年9月22日中共十五届四中全会审议通过了《中共中央关于国有企业改革和发展若干重大问题的决定》，决定中指出："从战略上调整国有经济布局和改组国有企业。着眼于搞好整个国有经济，推进国有资产合理流动和重组，调整国有经济布局和结构，积极发展大型企业和企业集团，放开搞活中小企业。"到2002年党的十六大上提出了："继续调整国有经济的布局和结构，改革国有资产管理体制，是深化经济体制改革的重大任务。"为落实十六大关于国有资产管理体制改革的精神，2003年4月6日国务院国有资产监督管理委员会正式挂牌成立。至此，为探索和实践我国国有经济战略性调整，中央企业战略重组也进入了一个新的历史转折点。

第一节　中央企业战略重组起步阶段
（2003年～2004年）

随着2003年国务院国资委正式成立，国资委为履行出资人职责，为国有资产"保值增值",本着"有进有退、有所为有所不为"的方针,中央企业战略重组又开始了新的起步。在这两年中,中央企业重组的特点主要表现为"突出主业、主辅分离",具体表现在以下几方面:

第一,以优化资源配置为目的的战略重组力度加大。2003 年有 11 对 22 家中央企业实现重组,2004 年又有 7 对 14 家进行了重组,截至 2004 年底中央企业从 196 家减少为 178 家,进一步优化了资源配置。

第二,主辅分离工作逐步深入推进。为了解决中央企业诸多历史遗留问题,突出主业,提高央企核心竞争力,国资委在央企中逐步开展主辅分离工作,取得了良好的成效。2004 年中石油、中石化、东风汽车三大集团分离办社会试点基本完成,除个别省份外,已基本与地方政府就机构、人员及资产的移交达成协议,移交工作完成后,796 个中小学和公检法机构、9.4 万名职工(含离退休教师)将从企业中分离出来,每年为企业减负近 40 亿元。截至 2004 年 10 月底,67 家中央企业上报了主辅分离辅业改制方案,43 家的方案已得到批复,涉及改制单位 1422 个,涉及分流安置职工 26.2 万人,涉及"三类资产"157.7 亿元,一批先行改制的企业已经取得初步成效。[①]

第三,相关政策出台,为央企战略重组创造条件。2003 年 10 月《中共中央国务院关于实施东北等老工业基地振兴战略的若干意见》(中发〔2003〕11 号)发布,该意见规划了一系列振兴东北等老工业基地的举措和制度安排;2004 年 2 月国务院国资委为贯彻落实中央精神又发布了《关于加快东北地区中央企业调整改造的指导意见》,该意见中对东北地区中央企业调整重组,主辅分离、改制分流等给出了详细的指导意见。2004 年 3 月国务院办公厅发布了《关于中央企业分离办社会职能试点工作有关问题的通知》(国办发〔2004〕22 号)对中石油、中石化、东风汽车公司办社会职能移交地方政府管理的试点工作做了相关规定,对这些中央企业的主辅分离以及相关改制提供了政策支持,并为日后的推广积累了经验。2004 年 6 月为促使中央企业明确主业,促进内部重组,国资委制定了

---

① 国资委信息中心.2004 年中央企业改革发展的进展情况〔EB/OL〕.(2004-12-13). http://www.sasac.gov.cn/n1180/n1566/n259730/n264228/11675720.html

《关于中央企业房地产业重组有关事项的通报》，指出相关中央企业根据企业自身发展战略，在自愿基础上，展开央企内部房地产业重组，从而规范相关中央企业主业，促使资源优化配置。

第二节 中央企业战略重组发展阶段
（2005 年～2007 年）

在 2003 和 2004 年一些易于重组的中央企业在自愿协商的基础上实现了重组，而随着中央企业战略重组的不断深入，涉及到企业间利益分配协调困难，自愿协商展开重组越发困难，国务院国资委为履行出资人职责，开始逐步主导这一阶段的央企重组，而这一阶段的央企重组的特点突出表现为"做强做大，打造行业排头兵"。时任国务院国资委主任李荣融曾明确要求中央企业必须要争取各自行业的前三名，这样才能保持影响力和控制力。李荣融曾说："要做到各自所在行业的前三名，做不到的，你就自己找婆家，你找不到的话，我给你找。"因此，从 2005 年开始，中央企业围绕着"做大做强"展开了新一轮战略重组。这三年央企战略重组的发展主要在以下两方面：

第一，围绕主业做强做大，央企重组稳步推进。2005 年有 9 对 18 家央企实现重组，2006 年有 9 组 16 家央企联合重组，2007 年又有 14 家央企参与 8 次重组，到 2007 年年底中央企业户数已减至 151 家，通过这几年的重组中央企业突出了主业，进一步优化了产业布局，相关央企规模得到迅速扩大，竞争力也显著增强。

第二，央企重组方式不断创新。国资委在推进央企重组过程中，就重组方式进行了很多创新及探索，明确提出央企强强联合、优秀央企兼并弱势央企、科研院所并入产业集团、非主业资产剥离入其他央企等央企重组操作方式，同时探索了"诚通模式"和"国开投模式"。[①] 通过探索利用资

---

① 郑海航，孟领. 中央企业重组的历史沿革及发展研究［J］. 财经问题研究，2011（3）：106.

产管理公司来推进央企重组，取得了有益经验，例如，2005 年 3 月，中
国包装总公司交由国家开发投资公司托管，成为第一例央企托管案例；
2005 年 8 月普天集团下属的上海电话设备厂等 8 家企业通过划转的方式
移交给诚通集团，不久中国寰岛（集团）公司又交由中国诚通控股公司托
管。到 2006 年 8 月经国务院批准，中国寰岛（集团）公司并入中国诚通
控股集团有限公司，诚通公司结束了对寰岛公司的托管，这一案例也成为
利用资产管理公司推进央企重组的成功案例，为日后在央企重组中面对困
难企业，处理不良资产等问题时提供了宝贵经验，也创新了央企重组
方式。

第三节　中央企业战略重组深化阶段
（2008 年～2010 年）

随着中央企业战略重组不断推进，中央企业的业绩和规模也不断地扩
张，市场竞争力快速提升，中央企业战略重组也向纵深方向发展。在这一
阶段，中央企业战略重组的特点主要是"重点行业重点推进，央企内部重
组与跨国重组并举"，主要表现在以下几方面：

第一，国有资本逐步向重点行业和关键领域集中。这一阶段，中央企
业通过重组使国有资本逐步向重点行业和关键领域集中，2008 年有 9 组
19 家中央企业实现重组，2009 年 11 组 22 家央企重组，2010 年 8 组 16
家完成了重组，截至 2010 年 12 月 23 日由国资委管理的中央企业户数为
122 家。在这其中行业性重组尤为醒目，例如，电信行业由原来六大基础
运营商重组为三家；鞍山钢铁集团公司与攀钢集团有限公司联合重组，成
立鞍钢集团公司，这些行业性重组促使国有资本进一步向重点行业和关键
领域集中。

第二，在重组中优化央企产业布局，突出主业，提高经营绩效。在这
三年中，国资委积极倡导中央企业围绕价值链展开重组，在重组中"有退
有进"突出主业，优化产业布局，实现产业升级，淘汰落后产能。虽然遭

遇金融危机，但到 2010 年末，120 家中央企业拥有国有资本及权益为 70791.7 亿元，比 2010 年初增加 7719.5 亿元，增幅为 12.2％；比 2003 年增加 4.2 万亿元，年均递增 13.6％。2010 年度中央企业实现净利润 8522.7 亿元，比上年增长 42.8％。在全部中央企业中，2010 年度实现净利润比上年增长的企业有 99 家。① 可见，这几年在重组过程中中央企业不仅实现了保值增值，而且经营业绩也大大提升。

第三，跨国并购重组力度加大。随着 2008 年美国次贷危机爆发，并迅速蔓延全球，导致全球金融危机爆发。欧美国家大量企业破产，资产价格大大下挫，给我国企业海外并购提供了千载难逢的机遇。作为资金雄厚，并积极实施"走出去"战略的中央企业来说更是不能放过机遇，这几年中，中央企业从全球竞争角度考虑既深入推进央企内部重组又抓住历史机遇加大跨国并购重组。2009 年下半年至 2010 年上半年，中国的海外并购活动出现爆发式增长，交易总额达 342 亿美元，完成的海外并购交易共有 143 宗，平均每季度有 36 宗。② 在这些海外并购中，中央企业无论在并购重组的数额上还是规模上都占据绝对优势。2010 年中央企业的海外并购主要有：中石化 71 亿美元收购了西班牙大型石油公司 Repsol 在巴西当地企业 40％的股权，又以 46.5 亿美元收购加拿大 Syncrude 油砂公司 9.03％权益的交易；中海油以 31 亿美元获得阿根廷第二大油气生产商 Pan American 20％股权，以 21.6 亿美元投资美国第二大天然气生产商切萨皮克公司（Chesapeake）；中石油与壳牌联合以 35 亿澳元收购澳洲最大煤层气生产企业 Arrow 公司 100％的股权；国家电网公司以 17 亿美元的价格收购巴西输电服务提供商 Plena Transmissoras 旗下的 7 家输电公司；中国铁路物资总公司以 2.44 亿美元的价格收购非洲矿产有限公司（AML）12.5％股权。③

———————————

① 财务监督与考核评价局. 中央企业 2010 年度总体运行情况［EB/OL］. （2011－10－14）. http：//www. sasac. gov. cn/n1180/n1566/n258203/n259490/13864252. html

② 国企. 中国央企海外并购中国风［EB/OL］. （2010－11－15）. http：//finance. sina. com. cn/leadership/mroll/20101115/11408953710. shtml

③ 国企. 2010 年中央企业十大新闻［EB/OL］. （2011－01－05）. http：//news. xinhua-net. com/fortune/2011－01/05/c＿12946974＿11. htm

第四节 中央企业战略重组攻坚阶段（2011 年至今）

中央企业通过前几年的战略重组，取得了有目共睹的成绩，无论在规模还是经营绩效上都取得了长足进步，然而离国资委最初提出把央企控制在 100 家以内的目标还有距离；与此同时，2008 年金融危机以来，央企大规模的跨国并购重组也产生了诸多问题，因此，央企战略重组可谓进入了"深水区"。在这一阶段，央企重组的特点是"突出重组后管理，重点行业重点攻坚"，主要表现在以下几方面：

第一，重组方式创新。这几年来，国资委不断探索多种重组方式和途径，2012 年国资委发布了《关于国有企业改制重组中积极引入民间投资的指导意见》，积极吸引和引导民间资本参与国有企业改制重组；另外，国资委探索发挥国有资产管理公司在重组中的作用，2010 年 12 月 23 日中国国新控股有限责任公司（以下简称国新公司）正式成立，国新公司的主要任务是持有进入国新公司的中央企业的国有产权并履行出资人职责，配合国资委推进中央企业战略重组，配合中央企业提高主业竞争力。继"诚通模式"和"国开投模式"后，国资委又探索"国新模式"来促进央企重组，2011 年 5 月中国华星集团被划入中国国新公司管理，2012 年 7 月中国印刷集团公司划入国新公司管理，成为其全资子企业。截至 2013 年年底，中央企业为 113 家。

第二，加强制度建设，规范企业经营行为。近年来，国资委逐步加强相关制度建设，规范中央企业的经营行为，尤其央企的跨国并购重组，确保国有资产保值增值，通过制度建设有效监督和控制央企经营风险。2011 年 6 月国资委发布了《中央企业境外国有资产监督管理暂行办法》和《中央企业境外国有产权管理暂行办法》，对中央企业的境外国有资产以及国有产权管理做出了相关规定，对央企跨国经营的监管提供了制度保障；2011 年 9 月国资委下发了《关于中央企业国有产权置换有关事项的通知》，为规范中央企业国有产权置换行为，提高企业核心竞争力做出了相关规定。2012 年 1 月国资委又下发了《关于加强中央企业特殊资金（资产）管理的通知》，对央企的特殊资金（资产）管理做出了一系列规定，要求央企确保特殊资金（资产）的安全和保值增值。这一系列规章制度的建立，对规范央企经营行为起到了至关重要的作用，也为促进央企重组提供了有力的制度保障。

第三，重视重组后央企内部整合，提升管理水平。经过十年的改革重组，中央企业的规模和资产不断增长，而在每年平均十起轰轰烈烈的央企重组背后，逐渐显露出央企内部管理水平的滞后。国资委也逐渐意识到央企重组后的整合和管理，对企业的健康持续发展尤为重要。2012 年 3 月国务院国资委下发《关于中央企业开展管理提升活动的指导意见》，指出从 2012 年 3 月至 2014 年 2 月开展为期两年的以"强基固本、控制风险、转型升级、保值增值，做强做优、科学发展"为主题的管理提升活动，通过活动力图加快推进中央企业管理方式由粗放型向集约型、精细化转变，全面提升企业管理水平，从而促进中央企业持续、健康、稳定发展。

第四章 中央企业战略重组的理论分析

第一节 中央企业战略重组的动因

企业并购重组的根本动因可归结为"追求效率"和"维持生存"。人们对于并购重组可以提高效率给出了多种解释，包括规模经济、协同效应以及节约成本等等；而对于"维持生存"的并购重组则是一种防御性的重组，其主要目的是通过出售资产、并购其它公司等途径使企业免于成为他人并购的对象，从而"维持生存"。在中国开放型经济体下，面对全球竞争以及中央企业的特殊性质，央企重组的具体决策往往会从多维度、多层次考量。

一、中央企业自身的动因

企业的发展往往可以选择两条路径：一是"内部扩张式"发展，即企业通过自身内部不断发展，逐步扩张，实现企业的扩大再生产；二是"外部扩张式"发展，即企业通过外部并购重组，获取资源，提升企业生产能力，实现企业快速发展。从 19 世纪末到 20 世纪末近百年历史中，美国企业经历了五次并购浪潮，每一次并购浪潮都促使美国企业结构发生重大改变，也造就了美国众多跨国公司的涌现。我国的中央企业的历史较短，也没有经历长期市场竞争的"洗礼"，导致央企成长缓慢，而并购重组是迅速促进央企发展，提高竞争力的重要途径。新古典经济学把企业并购的目的归结为三方面：第一，出于降低生产成本，通过实现规模经济而采取纵向一体化；第二，为实现企业多元化经营，快速进入新的产业获取收益而采取横向一体化；第三，企业为扩大市场份额，追求超额利润而在市场上兼并其它企业，以获取市场竞争优势。这三点对于解释企业并购重组的目的具有普遍意义，然而作为国有企业尤其是我国的中央企业战略重组，这些解释往往难以适应。笔者认为我国中央企业的历史演变及其产权性质决定了现阶段央企重组追求的效率增进，已不再仅仅是生产效率的提高，更多的是追求交易成本的节约。因此，从中央企业自身发展角度来说，当前实施战略重组往往出于以下几方面动因：

1. 企业内生扩张动机的需要。企业天然的追求利润最大化，而伴随企业的不断成长，以及经营能力的不断提升，寻求扩张成为企业必然选择。内部扩张往往较为缓慢，而外部扩张则较为迅速，即使外部扩张具有不确定性。无论内部扩张还是外部扩张，都是追求生产成本降低和交易成本的节约，最终期望获取最大化的利润。

2. 正交易费用的现实存在是企业并购重组的外部诱因。新古典经济学假设了了一个零交易成本的完美世界，它把企业视为各生产要素的函数集合，在价格机制的指引下自发实现资源的最优配置。然而现实中，由于人的行为的有限理性，会导致决策者总会产生无效率的状况，因而交易成本总是存在。正的交易费用不仅存在，而且事实上它们在数量上也是非常大的。根据一些估计，现代市场经济中的交易费用占净国民生产总值将近50％～60％。[①] 市场中利用价格机制是有成本的，使用市场组织生产的费用主要包括以下几类：（1）信息搜寻的费用，（2）合约谈判和签约的费用，（3）合约执行和监督履的费用。随着社会分工和专业化的不断发展，市场经济组织的不断丰富，市场的交易成本也逐步增加，企业的竞争不再仅仅是生产和产品的竞争，更多的是交易成本的竞争，谁能最大限度的节约交易成本，谁就越具有市场竞争优势。因此，企业越来越倾向于减少市场交易，转而进行交易"内部化"操作，从而有利于节约交易成本。由此

---

① ［美］埃里克·弗鲁博顿，［德］鲁道夫·芮切特．新制度经济学：一个交易费用分析范式［M］．上海：上海三联书店、上海人民出版社，2006：55.

可见，外部市场正交易成本的客观存在，促使了企业并购重组行为的发生。

3. 不完全合同促使企业追求一体化。市场交易是由一系列合约组成，而由于人们对未来的预期的不完全，以及面对信息不对称和有限理性，导致合同的不完全性难以避免。企业间合作关系也是以合同形式来约束权力和义务，而不完全合同给市场交易带来了机会主义和道德风险问题，从而使交易成本变得高昂，尤其是当企业进行相关关系专用性投资时更是如此。因此，就如威廉姆森列举的著名的"坑口电站"的例子一样，面对不完全合同的现实存在，一体化成为企业节约交易成本的理性选择。

二、产业组织发展的动因

中央企业的改革重组是伴随着国有经济的战略调整而逐步推进，当前国有经济产业布局有待进一步调整，我国中央企业普遍存在产业结构不合理、主业不突出、国际竞争力不强、技术创新动力不足、企业间业务重叠等问题，这些都需要通过央企间以及央企内部重组来逐步解决。产业是社会分工的产物，也会随着社分工的发展而发展，企业是市场经济的基本经济组织形式。因此，所谓产业组织，通常是指同一产业内企业间的组织或者市场关系。这种企业之间的市场关系主要包括交易关系、行为关系、资源占用关系和利益关系。[1] 面对企业间这些复杂的市场关系，尤其是在世界经济一体化的潮流中，产业组织的形式也不断地发展演化，而围绕着如何节约交易成本成为企业追求的共同目标。并购重组是产业组织发展的必经之路，主要表现在以下几个方面：

1. 有利于解决企业间交易的不确定性问题，从而节约交易成本。企业间市场交易是基于合约来确定买卖双方关系，由于机会主义和有限理性，合约本身难以完全界定清楚双方权利义务，尤其当涉及专用性资产投入时，最终导致企业间交易往往充满了不确定性。并购重组可以使企业间交易转化为企业内部交易，大大降低不确定性，节约交易成本。典型的事例就是 1926 年通用汽车公司吞并船舶制造公司事件。

---

① 苏东水. 产业经济学 ［M］. 北京：高等教育出版社，2010：31.

2. 企业间协调困难。企业间有效的合作是市场交易的基本要求，但是无论是短期契约还是长期契约都是不完全的，事前和事后机会主义成为企业间有效合作的"隐形"障碍。因此，一体化成为企业减少有效合作交易成本的现实选择。一体化的优势并不是非一体化企业无法得到的技术（流水线）经济，而是一体化能协调利益（常用命令解决分歧）和能运用有效的（适应性和连续性的）决策程序。[①] 当前，中央企业大多是大型或特大型国有企业，企业的生产活动依赖于大量协调工作，协调成本高昂，并购重组可以有效控制企业内部的协调成本，节约交易成本，提高企业效率。

3. 专用性资产投入。中央企业尤其是资源类央企会涉及大量专用性资产投入，产生大量沉淀成本，而央企间合作是产业发展的必由之路。威廉姆森（1985）把专用性资产分为特定的物质资产，特定的场所资产和特定的人力资本三类。企业间交易常常会涉及这三类专用性资产投入，而由此将会产生合作成本问题。我们至少可以区分出两类合作成本：一是机会主义行为带来的成本，二是（排除机会主义行为行为）有效地实行知识结合所带来的成本。[②] 这两类合作成本的存在会影响企业对专用性资产的投入意愿和投入程度，进而增强了企业间合作的不确定性，提高了交易成本。因此，从中央企业"做强做大"角度来说，并购重组是央企使这种合作成本内部化的有效途径，可以有效减少企业间合作的"摩擦"，从而节约交易成本，提高央企的竞争力。

三、国家竞争层面的动因

在世界经济一体化的环境下，国家竞争力成为宏观层面竞争力研究的主题，其竞争的主体是国家。世界经济论坛（以下简称"WEF"）和瑞士洛桑国际管理与发展学院（以下简称"IMD"）是从国家层面研究竞争力的主要代表。IMD 和 WEF 认为，企业竞争力是国家竞争力的核心部分，

---

① 陈郁编. 企业制度与市场组织——交易费用经济学文选［C］. 上海：格致出版社，2009：9.

② 哈罗·德德姆塞茨. 所有权、控制与企业——论经济活动的组织［M］. 北京：经济科学出版社，1999：208.

一国的国家竞争力主要体现在它为本国企业创造价值所提供的环境支持能力，一国的竞争力大小从根本上决定着国家整体竞争力的强弱。[①] 中央企业是我国国有经济的中坚力量，是国有经济保持对国民经济控制力、影响力和带动力的主要力量，也是我国社会主义初级阶段基本经济制度的重要体现。世界上主要发达国家在国际上的竞争力主要就是通过大型跨国公司来体现，诸如，美国的通用汽车、英国的联合利华、荷兰的皇家壳牌集团、日本的丰田汽车、韩国的三星集团等等，这些跨国公司成为各个国家国际竞争力的代表。从我国当前国内企业发展状况来看，在短时间内各类民营企业还很难与这些跨国公司全面抗衡，而实力相对雄厚的中央企业成为捍卫国家经济安全，提升国家竞争力的"排头兵"。中央企业战略重组是资源整合，提升企业竞争力的有效途径，也是塑造国家竞争优势的重要手段。我国国家竞争的比较优势主要体现在两方面：

1. 资源的调整能力。国有经济对国民经济的控制力和影响力主要就体现在对资源的控制和调整能力，这也是我国发展中国特色社会主义市场经济的突出制度优势。相比较西方私人企业尤其是大型企业通过市场调节资源配置，往往时间缓慢，交易成本不确定，导致资源配置低效；而我国国有企业在资源调整能力上要大大优于西方私人企业。私人产权并非是激励人们有效率使用资源的唯一社会制度。如果排他成本相当高，公共所有权解决办法可能也是一种较好的制度安排。[②] 中央企业战略重组的核心实质就是资源调整，央企重组通过市场与政府"两只手"的组合，有利于加快资源调整步伐，提高资源调整效率，进而提升央企竞争力。

2. 国家生产力的竞争优势。在国家层面上，"竞争力"的惟一意义就是国家生产力。国民生活水平的提升，需要企业不断提升和创造符合时代需求的生产力。[③] 中央企业作为我国大型国有企业在能源、基础建设、钢铁、化工、航天科技、国防科技等关系国计民生的传统领域以及新能源、

① 刘文炳. 中央企业国际竞争力研究——并购重组的视角 [M]. 中国经济出版社，2011：10.

② ［美］埃里克·弗鲁博顿，［德］鲁道夫·芮切特. 新制度经济学：一个交易费用分析范式 [M]. 上海：上海三联书店、上海人民出版社，2006：133.

③ ［美］迈克尔·波特. 国家竞争优势 [M]. 北京：华夏出版社，2002：6.

新材料、生物医药等新兴产业都代表着国家最先进的生产力。中央企业战略重组是资源整合，挖掘内部潜力，进一步提高生产力的有效途径。资源重新配置的原则是调整而非放弃。惟有如此，资源才可能在重组或重新定位后，产生新生产力，而不是陷入管理人员士气沮丧、工会强力反弹的恶性循环之中。① 企业要想获取持续的竞争优势，必须依靠资源的扩大和升级。因此，中央企业战略重组不仅是保持和提升国家生产力的必然选择，也是获取国家竞争优势的有效途径。

第二节　中央企业战略重组的不确定性分析

在市场经济活动中，充满了不确定性，而组织存在的目的就是治理不确定性。威廉姆森（1985）认为"社会经济组织中的核心问题，其实就是如何面对、如何解决不确定性问题"。② 中央企业作为我国国民经济的支柱力量，面对国际竞争环境，在战略重组过程中存在着大量不确定性问题。

一、交易成本的不确定性

在新制度经济学中，企业之所以存在也是因为在市场与企业之间，企业能够降低交易成本。科斯在其《企业的性质》一书中对企业性质的分析，认为企业的性质就是为了节省交易费用而替代市场，从而在企业与市场之间建起一座桥梁。科斯认为，"创建公司成为有利可图的主要原因似乎在于：存在着利用价格机制的成本。"这一成本可以归纳为许多因素：（a）发现价格的成本以及（b）谈判和签订合同的成本。③ 威廉姆森认为，交易成本的存在取决于三个因素：受限制的理性思考、机会主义以及资产

① ［美］迈克尔·波特. 国家竞争优势［M］. 北京：华夏出版社，2002：109.

② Williamson, O. E. The Economic Institutions of Capitalism［M］. New York：The Free Press，1985：79.

③ ［美］迈克尔·迪曲奇. 交易成本经济学［M］. 北京：经济科学出版社，1999：21.

特殊性。^① 央企重组的初衷也是节约交易费用，优化资源配置，而现实中，中央企业重组却存在着交易成本的不确定性。按照科斯和威廉姆森关于交易成本的观点，中央企业重组交易成本不确定性主要表现在以下几方面：

1. 重组谈判签约成本不确定。中央企业都是大型国有企业，大多是跨区域跨行业，因而重组谈判涉及面广，不仅有企业主体的谈判，另外，中央政府与地方政府以及地方政府之间的协调都充满了不确定性。

2. 央企重组中会存在大量机会主义，导致交易成本不确定。我国国有企业的产生和发展有其特殊的政治经济背景，我国中央企业往往是政府主观组建的，甚至存在"拉郎配"现象，因而资源配置不合理问题突出，至今没有有效解决。正是这种出资人与管理人相分离的现象，导致央企重组中会大量充斥机会主义。相关利益主体在重组中都会从自利角度考虑，采取投机策略，最终导致不确定性发生。

3. 央企资产专用性导致交易成本不确定。梅纳德（1999）将不确定性与资产专用性、频率联系起来，他认为专用性更高的资产会增加不确定性，这是因为观察变得困难。^② 中央企业的资产专用性高，并存在大量沉淀成本，因而退出壁垒高。因此，高资产专用性在央企在重组过程中增加了交易成本的不确定性。

二、规模经济的不确定性

在央企重组中，尤其要重视规模经济问题，企业规模并非越大，市场力量越大，竞争力越强。主要有两方面原因：一是规模经济是有限度的。当产出超出一定规模时，会出现平均成本上升的现象；二是即使在平均成本下降的产出区间，由于市场规模和需求弹性的限制，也并不是企业的规模越大市场力量就越强。在规模和价格之间存在一个平衡点，在该点上企业的市场力量最大化^③。因此，如何把握企业规模问题，如何寻找企业

　　① ［美］迈克尔·迪曲奇. 交易成本经济学［M］. 北京：经济科学出版社，1999：29.
　　② 转引自侯广辉. 不确定性的企业边界治理：交易成本经济学的回顾与超越［J］. 经济经纬，2007（5）：106.
　　③ 吕薇. 产业重组与竞争［M］. 北京：中国发展出版社，2002：55.

与市场的平衡点，减少规模经济的不确定性问题是央企重组要解决的重要问题。中央企业重组过程中的规模经济不确定性主要有以下几个因素构成：

1. 重组后管理文化能否融合增加了不确定性。央企重组会造就成巨型企业，而在重组前各自企业经营多年，拥有自己的管理队伍，管理思想和企业文化，而这些在重组后能否有效整合并相互融合，将存在很大的不确定性，也给重组带来了风险。在 20 世纪 60 年代，美国企业合并浪潮形成一批大型企业，但最终因为管理思想和企业文化无法融合，在 70 年代又出现了分化的浪潮。

2. 重组导致管理成本不确定性增加。重组后企业规模增大，但相应的管理层级也增加，各种决策的执行和监督成本都随之增加。并且伴随着子公司的机会主义、"搭便车"行为出现，客观上反而增加了管理成本的不确定性。

3. 重组对于央企绩效影响不确定。在纵向一体化中，央企重组减少了下游供货方，缺少供货竞争，从而形成双边垄断格局，在未来的企业生产中可能会产生"敲竹杠"行为，反而增加生产成本；而在横向一体化中，由于重组减少了替代品和互补品，减少了市场竞争，可能导致央企创新动力不足，效率降低，并使整体社会福利下降。

三、产业结构的不确定性

"十二五"规划中明确提出："坚持走中国特色新型工业化道路，适应市场需求变化，根据科技进步新趋势，发挥我国产业在全球经济中的比较优势，发展结构优化、技术先进、清洁安全、附加值高、吸纳就业能力强的现代产业体系。"我国国有企业普遍缺少在市场竞争和发展的过程，不像西方的跨国公司经过长期的市场竞争，不断地或并购或分离，因而资源配置不合理问题突出，产业结构不合理，至今没有得到有效解决。所以，中央企业需要通过一系列重组，包括既有中央企业之间的重组，多家企业共同参与的行业性重组；也有为完善产业链的企业重组，促进国有资本进一步向重要行业和关键领域集中。央企在重组中产业结构的不确定性主要体现在：

1. 国际竞争合作，导致我国产业结构不确定性增加。面对越来越国际化的竞争环境，即使不出国门也会面临外企和跨国公司的竞争，外国企业实行全球化经营，对我国的产业结构难免产生冲击。另外，央企要实现"走出去"战略，参与国际竞争，通过重组（包括海外并购）形成大企业集团，这一过程都会受到国际产业结构的变化影响，而这也反过来影响到央企重组的对象和路径选择，增加了诸多不确定性。

2. 国内产业转移和升级，带来地区间产业结构变迁，不确定性增加。当前，我国东部地区制造产业向中西部转移，东部地区实施产业升级，发展高新技术产业，造成国内产业布局调整；另外，国家"十二五"大力实施战略新兴产业，国有企业也在逐步从衰退产业退出，这些都会造成地区间产业结构变迁，增加了央企重组的不确定性。

四、人力资本的不确定性

一般而言，人力资本是指以各种形式投资于人、所形成的能够为投资者带来额外收益的各种能力，包括依附于人身上的知识、技能、信息、健康、道德、信誉和社会关系等等。[①] 新古典经济学理论把企业视为一种委托代理模型，人力资本与实物资本一样都会影响委托人和代理人之间的谈判。在央企重组中人力资本的不确定性主要表现在以下几个方面：

1. 央企重组中人力资本投入不确定。这种不确定主观表现为"不作为"、"偷懒"、"消极怠工"，根源在于人力资本行为的难以观察。央企重组必然会涉及资产重新配置，当然也包括人力资本的配置，而无论在重组中，还是重组后，人力资本的行为都是难以测量的。正如周其仁（1996）所说："一块被没收的土地，可以立即转移到新主人手里而保持同样的面积和土壤肥力；但是一个被'没收'的人，即便交到奴隶主手里，他还可能不听使唤、又懒又笨，甚至宁死不从。"[②]

2. 央企重组中人力资本产出不确定。在委托代理模型中，委托人通

---

① 欧阳昌民，杨秋林. 基于人力资本不确定性的风险投资契约设计 [J]. 中国软科学，2004（4）：132.

② 转引自欧阳昌民，杨秋林. 基于人力资本不确定性的风险投资契约设计 [J]. 中国软科学，2004（4）：132.

过一系列的激励措施，刺激代理人努力工作。而当企业面临重组，治理机构都会发生或大或小的变化，原先的激励合约也会发生变化，进而对代理人的行为会发生影响；另外，重组造成的生产团队和管理团队的变化削弱了其生产力，这些都造成人力资本产出的不确定。如果说人力资本有何特殊的地方，那就是青木昌彦（1984）所说的团队的专用性，也就是说，一旦一些代理人在一起组成一个团队工作，经过一段时期的磨合，就会产生一种特殊的生产力，如果对其中一些成员做出更换，那么这种生产力就会受到破坏。①

3. 央企重组人力资本退出不确定。第一，央企的人力资本都是在"干中学"逐步成长，存在大量资产专用性，而重组会造成人力资本退出的不确定。对于人力资产来说，专用性就是雇员在某企业工作的过程中，通过学习和经验积累形成了一些特殊知识，这些特殊知识仅仅适用于该企业的特定环境，一旦拥有这些人力资本的雇员被解雇，其拥有的特定知识就会贬值，这对企业和雇员双方都是损失。② 因而，如何有效安置员工，将会对央企重组效率有重要影响。第二，市场中如果有竞争对手，央企重组会造成人力资本退出原有企业，产生"敲竹杠"现象，造成知识外溢，而这是重组企业所不愿看到的。第三，央企高管的调动产生不确定性。我国的央企主要领导既是企业的负责人，履行代理人职责，又是有一定级别的官员，这种双重身份在央企重组中往往产生不确定性。重组中央企高管会互相调动，另外，央企高管还有部分转任国家机关或地方担任领导职务，导致高管出现逐利思想，不愿从长远战略角度考虑企业发展，短期行为较多，出现"搭便车"思想，这些人力资本退出都会增强央企重组的不确定性，甚至增加重组风险。③

---

① 转引自欧阳昌民，杨秋林. 基于人力资本不确定性的风险投资契约设计［J］. 中国软科学，2004（4）：133.

② 周业安. 人力资本、不确定性与高新技术企业的治理［J］. 中国工业经济，2002（10）：58.

③ 徐传谌，邹俊. 中央企业战略重组的不确定性及其规制研究［J］. 经济体制改革，2012（3）：87－88.

第三节　中央企业战略重组的规模与垄断边界分析

近年来，随着中央企业战略重组的不断深入和经营业绩的逐年提高，"央企垄断论"应运而起，而央企重组中规模和垄断是两个无法回避的问题。如何合理界定央企的规模边界，对于央企重组的模式和路径选择是至关重要的；而对于央企垄断问题也是与央企规模紧密相连的，规模一定会带来垄断吗？垄断地位一定会带来垄断利润吗？这些问题的回答对于下一步央企重组的着眼点和突破点具有重要的意义。

一、中央企业战略重组的规模边界分析

企业的规模边界问题是一个复杂而深刻的问题，其与企业所处的行业、成本、技术以及企业目标都息息相关，而不能简单视之。在新古典经济学世界里，企业规模与企业生产要素是一组函数关系，也就是说在一定的要素约束下，大多企业为了追逐利润最大化，往往会扩大生产。中央企业战略重组实质上也是企业间要素的重组，而重组必然会涉及市场结构和规模经济两个无法回避的问题。

1. 市场结构与央企规模边界。按照产业组织理论中的"哈佛学派"的 SCP 分析框架，他们遵循"结构决定行为，行为决定绩效"的逻辑，提出了著名的"集中度—利润率"假说，他们主张政府应限制企业兼并等影响市场结构的行为，维护和保障市场竞争秩序。20 世纪 80 年代开始随着经济全球化的逐步深入，企业国际竞争日益激烈，这种结构主义逐渐受到质疑，"芝加哥学派"的自由主义经济思想受到追捧。然而，对于中央企业重组的规模边界问题，笔者认为在开放条件下，中央企业重组的动机和着眼点是提升国际竞争力，因而市场结构是央企重组的重要影响因素，因此在不同市场结构下央企重组规模要分别对待：

（1）完全竞争市场下的央企重组规模界定。在完全竞争市场状态下，生产者和消费者都是价格接受者，具有完全信息，不存在交易成本。因

此，企业的规模完全由成本和利润的关系来确定。当前我国中央企业存在大量业务涉足竞争性领域，而在这些领域央企重组往往涉及央企与民企、央企与地方国企、央企与外资企业以及央企内部重组等问题。因此，当前有些学者主张央企应完全退出竞争性领域，不"与民争利"，然而笔者认为从产业组织角度来说，在竞争性领域央企的"进退"以及重组规模大小应由市场来决定，因为在竞争性领域中任何企业的目标都是利润最大化，而任何人为的"推进"或"阻碍"都会导致市场无效率。假设企业利润 f (q) 为

$$f(q) = pq - C(q)$$

上式中 p 为价格，q 为产出量，C (q) 为总成本。如图 4.1，当企业面临市场价格 p_0 时，关于企业的生产规模决策，如果企业生产产量大于 q_0，那么 $p_0 < MC$，企业就会减小生产规模；而当产量小于 q_0 时，$p_0 > MC$，企业就会扩大生产规模，增加利润。当产量达到 q_0 时，$p_0 = MC$，企业实现利润最大化，图 4.1 中虚线阴影部分为企业利润。由此可见，在完全竞争市场中，企业规模的最优选择取决于市场价格和边际成本两个因素，而利润的增减则是企业规模扩大与缩小的决定性因素。因此，在完全竞争市场结构中，中央企业重组规模的边界也应取决于市场价格和边际成本，央企在竞争性领域业务的"进退"也应最终由利润水平来决定，充分发挥市场的调节作用。

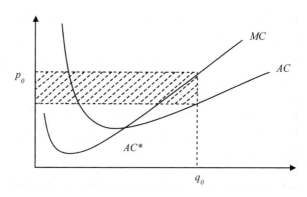

图 4.1 完全竞争条件下利润最大化产量

（2）垄断市场结构下央企重组的规模边界。目前中央企业重组涉及垄断因素的主要表现在两个方面：一是由涉及资源、军工、电力等自然垄断

行业的央企；二是由于在市场竞争中央企通过兼并重组获取市场势力，逐步取得垄断地位。按照新古典经济学理论，在垄断市场结构下，垄断厂商依然会以 $MR=MC$ 边界，追求利润最大化。垄断市场结构下，在短期既定的生产规模下垄断厂商可以通过调节产量与价格，实现最大化利润，而在长期垄断厂商可以通过调整生产规模，实现利润的最大化。因此，在垄断市场结构下，央企应着眼于全球市场竞争，在国内处于垄断地位，但在全球市场来看，可能还处于劣势，例如：中石化是亚洲最大的石油公司，但营业收入仅为壳牌公司的 66%；宝钢营业收入只为米塔尔钢铁公司的 44%；东风、上汽和一汽的营业收入总和仅为丰田的一半。[①] 因此，笔者认为在面对全球竞争背景下，中央企业的重组规模不能仅仅以边际成本和边际收益为衡量标准，而更应该引入交易成本为主要决定因素。企业与市场作为两种可以相互替代生产组织形式，当企业与其它企业交易的成本越高，企业自身的生产任务会越来越重，将会通过一体化形式来扩大规模。尽管企业会通过不断扩张来减少与其它企业之间交易的成本，但是随着企业的扩大，企业内部监督管理者与雇员的难度也会变得越大，组织成本也会越高。因而在垄断市场结构中，企业的最优规模实际上就是企业扩张带来的优势与劣势的对比权衡。那么针对中央企业来说，面对国际市场竞争，央企的重组规模边界应侧重考量交易成本与企业内部组织成本的关系，只要市场交易成本高于企业内部组织成本，并购重组就是企业理性选择。

（3）垄断竞争市场下中央企业重组规模边界分析。前文所述的完全竞争市场和垄断市场状态是在理论上比较极端的市场组织形式。在现实经济中，垄断竞争市场是更为符合经济组织演化的常态。在垄断竞争市场中，存在着大量企业生产有差异化的产品，垄断竞争厂商可以在一定程度通过控制产销量来控制产品价格，进而实现 $MR=MC$ 的均衡条件。在垄断竞争市场中中央企业重组面临最大的问题也就是如何实现理想化的生产规模和产量。首先，我们可以通过新古典经济学的垄断竞争模型来分析理想产

---

① 光明网—《光明日报》. 国企做强是垄断带来的吗 [EB/OL]. (2013−05−09). ht-tp://politics.gmw.cn/2013−05/09/content_7568331_2.htm

量问题，如图 4.2，d_m 是垄断竞争厂商的需求曲线，LAC 是长期平均成本曲线，在长期均衡中它们相交于 A 点，对应的产量是 Q_A；而在完全竞争市场中，厂商的需求曲线 d_p 与 LAC 必相切于 C 点，对应的产量是 Q_C，从图中可以看出 Q_A 小于 Q_C，这说明垄断竞争厂商的实际产量小于完全竞争厂商的理想产量。其次，通过前面模型的分析，我们发现在垄断竞争市场下，企业无法达到理想产量的原因在于企业没有充分利用资源，扩大生产规模，提高效率，使生产平均成本降到最低点 C。第三，通过上面分析我们发现垄断竞争市场下企业是可以通过扩大规模来追求理想产量的，然而现实中企业在规模问题上常常面临"规模刚性"和"规模瓶颈"问题。"规模刚性"是指企业规模达到一定程度，面对大量沉淀成本以及消费者差异化的需求，企业自身往往难以自由收缩以减少多余的生产能力，这时必须要依赖于外部力量，而并购重组是企业解决这一难题的有效途径，当前中央企业的"规模刚性"问题尤为突出，许多央企设备闲置，生产能力并没有完全发挥，必须要依靠重组来优化央企资产配置，提高效率。另外一方面，企业成长过程中还会常常遇到"规模瓶颈"问题，企业的扩张往往有两条途径，一是通过企业自身发展提升获取资源的能力，从而逐步扩张；另外一条途径就是通过外部并购重组其他企业获取自身缺乏的资源和能力，从而迅速促使企业扩张。中央企业在成长过程中也会面临"规模瓶颈"问题，国资委要求中央企业要做强做优，打造一批具有国际竞争力的中央企业，而在国际化发展中仅靠央企自身内部稳步发展是无法迅速提高竞争力的，而并购重组是央企获取国内外资源，实现跨国经营，迅速提升企业国际竞争力的必由之路。由此可见，在垄断市场结构下中央企业重组的规模边界应着眼于全球市场，充分利用国内外资源，提供效率，优化资产配置，降低生产成本，实现最优的生产规模和产量。

2. 央企重组的规模经济问题。如前文所述，在不同市场结构下中央企业规模界定是不同的。然而随之而来一个问题就是中央企业战略重组，规模扩张一定能带来规模经济吗？答案当然是否定的。企业存在的意义就是追求利润，然而规模大却不一定带来高利润，正所谓"大企业病"随处可见。企业重组扩张的根本动因在于追求规模经济，但是规模经济却不一定仅仅依赖于企业规模的扩张，正如林金忠（2001）指出的众多企业在局

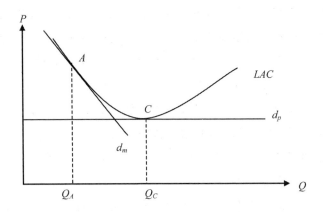

图 4.2 垄断竞争和理想的产量

部空间上的集中而可以产生聚集经济,中小企业也可以获取规模经济的好处。[①] 因此,中央企业重组能否实现规模经济就主要取决于两个方面:第一,通过重组能否突出主业,实现生产成本的规模经济;第二,央企重组能否实现内部交易成本的规模经济。这两方面问题又是互相联系的,两者都会对央企重组及其规模经济问题有重要影响。

（1）央企重组会带来生产成本的规模经济吗?亚当·斯密在《国富论》中就曾通过制针的工艺流程充分说明了社会分工与规模化生产对降低生产成本的重要性。中央企业重组强调围绕主业,本质上也就是突出专业化分工,从而有利于企业技术创新,提高生产效率,降低生产成本;从企业具有 U 形的长期平均成本曲线来看,在较小的产出水平上,具有较大的规模经济,而这正是央企重组突出主业提高规模化生产,提高产出水平带来的规模经济。从目前央企产出水平来看,尤其在钢铁、汽车、能源、化工等领域央企仍大大落后于国际跨国公司,提升空间仍然很大。

（2）央企重组会带来央企交易成本的规模经济吗?按照科斯的观点,企业是对市场替代的一种方式,而企业扩张的边界就是当企业组织内部进行一笔交易的成本等于在公开市场进行这一交易的成本之时。中央企业战略重组无论是纵向一体化还是横向一体化,抑或是剥离、资产重组等,其背后都会有交易成本这一"无形之手"来牵制。如前文所述中央企业在战

① 林金忠. 中小企业也能实现规模经济［J］. 经济学家,2001（2）.

略重组过程中会存在交易成本的不确定性问题，然而从央企重组的动因和目标来看交易成本的规模经济是可以在一定范围实现的。威廉姆森曾就联合大企业以及多部门公司的交易成本优势进行过深入的探讨。简而言之，在多部门联合大企业内部实行内在化，据称可能较之以市场为基础的资源配置具有两个优点：第一，节约了资本市场的交易成本；第二，使消耗股东财富的管理活动降低到最小限度；随着公司规模的扩大，这两个优点都有可能产生递减效应。[①] 并购重组是实现联合大企业的重要途径，从而变单个企业为联合大企业的各个部门，从而大大减少了企业的市场交易成本，尤其是合约谈判成本、信息搜寻成本以及合约执行和监督成本，通过并购重组实现各部门科层制管理，各部门执行各项生产活动指令，减少了各环节的讨价还价和机会主义行为，而这正是交易内部化的优势所在。由此可见，只要中央企业通过并购重组控制企业的合理规模，突出主业，优化治理机构，是可以实现交易成本的规模经济的。

二、中央企业战略重组与垄断问题分析

近年来，随着中央企业战略重组的不断深入推进，关于中央企业垄断问题的争论也就"不绝于耳"，尤其在金融危机后中央企业在国内外掀起一股兼并重组浪潮，更是使"国进民退"论成为社会热议话题。然而，中央企业战略重组一定会带来垄断吗？垄断地位一定会带来垄断利润吗？这些问题都必须认真思考，这对下一步的央企改革发展至关重要。

1. 央企重组与市场势力。人们通常认为企业可以没有损失地将价格设定在边际成本之上且有利可图时，企业就具有垄断力量或市场势力。[②] 重组活动会带来企业市场势力的变化，欧美国家对企业并购重组活动也有严格的监管，对市场集中度影响较大的并购重组，会带来一系列反托拉斯问题。因此，欧美国家也通过一系列考察指标来对反托拉斯执法进行定量评价和预测，其中最为常用的两个指标是赫芬达尔－赫希曼（Herfindahl-

① ［美］迈克尔·迪曲奇. 交易成本经济学——关于公司的新的经济意义 ［M］. 北京：经济科学出版社，1999：113—114.

② ［美］丹尼斯·W·卡尔顿，杰弗里·M·佩洛夫. 现代产业组织 ［M］. 北京：中国人民大学出版社，2009：92.

Hirschman，HH）指数和勒纳指数。其中赫芬达尔－赫希曼指数是指行业中每个公司的市场份额的平方之和，即：

$$HH = \sum_{i=1}^{n} S_i^2 \text{（其中 } S_i \text{ 为第 } i \text{ 个公司的市场份额）}$$

通过 HH 指数可以很容易评估两家或多家竞争企业并购重组会对市场集中度带来的影响。另一个考察企业市场势力的勒纳指数是用来衡量价格与边际成本的差值与价格的比例，即：勒纳指数＝（$P-MC$）/P（其中 P 是价格，MC 是边际成本）。通过这两个指数我们发现 HH 指数侧重于预测并购重组会对同行业市场集中度的影响，该指数的假设前提是并购前后两个企业的市场份额是不变的，而这在现实中往往并不容易达到；而勒纳指数侧重测量企业市场势力的大小，维持和制定价格的能力。因此，这两个指数各有优势和侧重，也成为欧美国家反托拉斯执法行动重要的评价依据和参考。

市场势力的获取往往取决于三个方面：产品产异化、进入壁垒和市场份额。通过横向并购重组，可以快速提高市场份额。央企战略重组是提升竞争力，提高央企市场份额的有效途径。那么问题就在于央企重组会带来市场势力增强，产业集中度变高，而这势必会削弱竞争，从而进一步产生社会福利损失吗？这些都是近年来社会对中央企业战略重组诟病最多的地方。然而从经济学角度来看，这些质疑能够成立吗？笔者认为，央企重组并不必然会因市场集中度的增强而削弱竞争，从而导致社会福利损失。原因主要有以下几方面：其一，央企横向并购重组带来的集中度和市场份额的提高，并不必然会使央企可以随意将价格设定在边际成本之上，如果企业产品缺乏明显的差别化或者产业无法设置进入壁垒，从长期来看，即使市场集中度提高，央企将价格定得高于边际成本，随之而来的是新的竞争者逐渐进入，最终价格也会降到与边际成本相当而只能获取竞争性利润，也就不会造成社会福利损失；第二，从国内外经验来看，在市场集中度高的产业中也存在大量竞争。仅仅是产业结构的集中程度提高并不一定意味着竞争程度会降低，最后的结果可能是一系列强势竞争者通过竞争性定价与差别化的产品参与更高层次的竞争。① 例如：美国汽车产业经历几十年

---

① ［美］帕特里克 A. 高根. 兼并、收购与公司重组［M］. 北京：机械工业出版社，2004：88.

的并购重组，到目前只剩下通用、克莱斯勒和福特三大汽车巨头，然而随着经济全球化发展，美国本土反而受到德国、日本等国外汽车厂商的激烈竞争，美国国内汽车产业的竞争激烈程度有增无减，导致汽车售价反而逐步降低。同样，在我国中央企业经历多次改组，许多企业规模和效益不断增强，但是在国际市场竞争中我们发现许多央企规模相对较小，产业组织结构松散，国际竞争力较弱。例如：在电信行业中，中国移动的营业收入仅为日本电报电话公司的65％；在钢铁业中，宝钢的营业收入仅为安赛乐米塔尔公司的50％；航运业中，中国远洋的营业收入约为马士基的48％；在汽车行业中，"一汽"和"上汽"的营业收入总和刚到丰田汽车的一半。①

2. 央企重组与垄断利润。近年来，关于央企垄断问题的质疑大都沿用这样一个逻辑：中央企业并购重组使市场集中度的变高，为其带来市场势力，进而可能形成央企的垄断或寡头垄断地位，从而使央企可以获取垄断利润，致使社会福利损失。然而这样一个逻辑在产业组织理论的"集中度-利润"假说中本身就是一个旷世之争，哈佛学派和芝加哥学派围绕这一假说进行了理论和实证分析，至今在不同产业不同经济发展时期，两个派别常常争锋相对，莫衷一是。以梅森、贝恩和谢勒为代表的哈佛学派开辟了"结构-行为-绩效"的SCP分析范式，强调市场结构影响市场行为及市场绩效，而市场结构的差异则取决于进入壁垒的高低，进入壁垒高低的影响因素主要有规模经济、必要的资本量、绝对成本优势以及产品产异化。以斯蒂格勒、佩兹曼、德姆塞茨、波斯纳等为代表的芝加哥学派抨击了哈佛学派的结构主义分析方法，强调自由主义传统，对市场结构、市场绩效等问题进行了全新的阐释。斯蒂格勒把进入壁垒认为是"一种生产成本，这种成本是准备进入一个产业的厂商必须承担而已在该产业内的厂商无须承担的"。② 因此，斯蒂格勒认为在长期市场竞争中，由于经济因素造成的进入壁垒是很少的，真正的壁垒往往来自于政府干预。可见，在关于"集中度-利润"假说的争论中，两派争论的核心就在于进入壁垒是

① 林刚，张晨. 关于进一步推进国有经济改革发展的一些意见 [J]. 经济理论与经济管理，2013 (2)：9.

② 韦伟，周耀东. 现代企业理论和产业组织理论 [M]. 北京：人民出版社，2003：244.

否存在，以及进入壁垒是否与集中度正相关。哈佛学派认为高集中度的市场结构可以为在位企业提供设置进入壁垒的有利条件，从而获取和维持垄断势力，最终获得垄断利润；而芝加哥学派却认为只要政府不人为设置进入壁垒，市场中存在的垄断势力或者不完全竞争状态也只是暂时的，因此，高集中度市场结构中企业获取高额利润也只是暂时现象，从长期来看也就不存在垄断利润问题。

关于中央企业战略重组是否会带来央企垄断利润，国内学者也是分歧很大，有的学者认为央企利润是来自垄断地位，有的则认为重组行为提高了央企效率从而促进了央企经营绩效提升。笔者认为从中央企业的发展历史和特殊企业性质考虑，关于中央企业战略重组是否会带来垄断利润的问题，应该从央企重组的动机、央企重组的客观市场效应两方面来探讨。

第一，从央企重组的动机来看，重组并非是追求垄断利润。一般企业并购重组往往或者是为了高的市场占有率或者是追求更高利润，而中央企业重组动机却并非如此，如前文所述，中央企业重组动因主要来自三大方面：中央企业自身发展、产业组织发展需要以及国家竞争，而这几方面能否有效实现关键就在于央企重组能否使央企内部交易成本大大降低。正因为如此，所以中央企业重组无论是围绕产业链展开纵向一体化还是为突出主业展开横向整合，都是为了提高效率，节约交易成本，为了国有资产保值增值，而并不是为了获取垄断势力，追求垄断利润。正如2010年9月发布的《国务院关于促进企业兼并重组的意见》中明确指出兼并重组的主要目标包括"加快国有经济布局和结构的战略性调整，健全国有资本有进有退的合理流动机制，鼓励和支持民营企业参与竞争性领域国有企业改革、改制和改组，促进非公有制经济和中小企业发展"。[①] 可见，中央企业重组给予了民营企业和中小企业发展的重要契机。

第二，从中央企业重组的客观市场效应来看，央企重组并未给企业带来垄断势力，也鲜见央企实施垄断的行为，央企的利润获得更多的是来自于效率而非垄断。所谓垄断就是企业在边际成本之上定价的能力，因此我

① 中央政府门户网站.国务院关于促进企业兼并重组的意见［EB/OL］.（2010－09－06）.http：//www.gov.cn/zwgk/2010－09/06/content_1696450.htm

们在市场中常常发现并不是获得利润的就是垄断者，也不是所有垄断者都能获得利润。企业要想获取和维持垄断地位可以有多种途径和方法，其中一个途径就是企业实施兼并重组，或者是企业联合行动；另一个途径就是在位企业采取战略行为阻止新企业进入。纵观近年来的中央企业战略重组不但没有使央企获得垄断势力，反而在很多行业打破行业垄断，引入竞争机制，即使不考虑国际市场竞争，单从国内市场来看，中央企业的垄断程度也是被有些人"一叶障目"过于夸大。除了带有自然垄断性质的军工、石油石化、电网、电信、铁路等行业垄断程度较强外，其它行业诸如煤炭、汽车、钢铁、机械制造、建筑等行业的央企大都处于竞争性领域，这些行业央企不仅没有获得垄断利润反而有些亏损，如：武钢、鞍钢等钢铁央企由于产能过剩亏损严重。另外，既使在一些传统自然垄断行业中的中央企业在重组过程中垄断地位不仅没有得到加强反而通过改革重组使垄断程度大大降低，比如：2008 年中国电信业重组，经过 5 年的市场竞争，现在已逐渐改变过去中国移动一家独大的局面，中国移动的市场份额在重组后不断下降，市场势力受到削弱，尤其在 3G 市场，截止 2012 年 8 月中国移动 3G 客户总数超过 6700 万，数据业务收入 760 亿元，比上年增长 17.3%，其中无线上网业务收入同比增长 51.6%；中国电信 3G 用户达到 5096 万户，移动数据业务收入为 192.67 亿元，同比增长 46.7%；中国联通 3G 客户达到 5753 万户，移动业务收入 622.7 亿元，同比增长 23.4%，[①] 由此可见移动、联通和电信在 3G 市场基本形成了三足鼎立的局面。

如前文所述，中央企业重组不仅没有增加央企的市场势力，反而在有些行业还大大降低了其垄断程度，促进了市场竞争，央企的利润得益于重组提升了内部效率而非垄断。再进一步说，既使当前如石油、电力等垄断行业，也不能轻言这些央企获取的是垄断利润。判断企业有没有获取垄断利润，垄断的市场结构并不是决定性因素，关键要看企业是否存在"滥用市场地位"的垄断行为。中央企业作为国有大型企业，政府作为出资人往

---

① 新浪科技．联通电信收入之和接近移动：渐形成三足鼎立 [EB/OL]．(2012-08-28)．http://tech.sina.com.cn/t/2012-08-28/00317551431.shtml

往对央企"滥用市场地位"的潜在行为进行规制，政府从整个宏观经济考虑，还会对涉及国计民生的产品价格进行调控。单就价格限制而言，国有垄断行业的价格形成以政府定价或政府指导价为主，通常价格水平较低，尤其是在考虑了宏观经济形势和社会经济状况等诸多因素后，政府往往会以造成相关垄断企业的政策性亏损为代价定出偏低的产品价格，从而产生更多的消费者剩余。① 比如：在 2008 年自然灾害以及金融危机时，中央企业积极履行社会责任，为保持国民经济平稳发展，许多央企压缩利润，甚至承担亏损，发挥了国民经济"稳定器"的作用。

3. 中央企业重组与可竞争市场构建。近年来，中央企业改革发展过程中一直伴随着"国进民退"和垄断质疑，然而他们却忽视了央企重组大大降低了进入壁垒，对构建可竞争市场的积极作用。在现实世界里，完全竞争市场是难以实现的，而可竞争市场更为现实。如果市场中的自由进入和退出是即时的（没有沉淀成本），那么只要价格超过平均成本，企业就存在进入的激励。② 这里就隐含了一个问题——政府管制。可竞争市场理论强调的就是市场的自由进入和退出，而政府管制却制造了一个进入保护市场，这正是国有企业改革中最为人诟病的行政垄断问题。长时间内，人们认为，一个具有不可忽视的递增收益的行业不能采取竞争行为，因此该行业应被国有化，至少应该被严格加以管制。③ 在政府管制的市场中，由于没有企业能够进入，价格会高于边际成本，在位企业很容易获取垄断利润。中央企业重组过程会触及政府管制，因为中央企业战略重组既有央企内部重组，又有央企与地方国企、央企与民企以及央企与外资企业重组，因此央企重组会涉及市场方方面面，对市场的影响和冲击也较大。中央企业重组对构建可竞争市场的作用主要体现在政府管制解除和市场竞争环境优化两个方面。

第一，中央企业重组促进政府管制在相关行业解除。中央企业重组是在国有经济战略性调整的背景下不断推进的，在改革过程中许多行业政府

---

① 廖红伟. 论国有企业战略重组与产权结构优化 [J]. 学习与探索，2013 (2)：114.

② ［美］丹尼斯·W·卡尔顿，杰弗里·M·佩洛夫. 现代产业组织 [M]. 北京：中国人民大学出版社，2009：74.

③ ［法］泰勒尔. 产业组织理论 [M]. 北京：中国人民大学出版社，1997：405.

管制不断解除,民营资本和外资大量进入钢铁、汽车、建筑、交通运输等行业。1998~2003 年,我国对大约 5000 多户经营困难的国有大中型企业实施了破产,有 900 多万员工下岗、失业并被重新安置。自国资委成立以来,我国一直大力实行国有资本集中方针,推进国有大中型企业战略调整与优化重组,促进国有资本向优势产业、战略产业、高新技术产业等产业集中,以实现控制国民经济命脉及国家战略新兴产业目标,并达到企业组织规模效益最大化。① 另外,近年来在国有企业改革发展中不断进行制度创新,从制度层面打破行业垄断,引入竞争机制。例如:2006 年 12 月国务院国资委发布《关于推进国有资本调整和国有企业重组指导意见》,对国有资本调整和国有企业重组的原则、目标和政策措施提出详细的指导意见;2010 年 9 月国务院发布了《国务院关于促进企业兼并重组的意见》,其中在消除企业兼并重组的制度障碍中明确要求"放宽民营资本的市场准入。切实向民营资本开放法律法规未禁入的行业和领域,并放宽在股权比例等方面的限制。加快垄断行业改革,鼓励民营资本通过兼并重组等方式进入垄断行业的竞争性业务领域,支持民营资本进入基础设施、公共事业、金融服务和社会事业相关领域"。② 2012 年 5 月国务院国资委发布《关于国有企业改制重组中积极引入民间投资的指导意见》,在该意见中对民间资本投资国有企业改制重组的原则、方式和途径等问题作出了 14 条详细的指导意见。由此可见,中央企业重组不仅优化了企业资源配置,提高了效率,也客观上促进了相关行业的政府管制逐步解除,促进了市场的可竞争性。

第二,中央企业重组有利于降低进入壁垒,促进市场自由进退。可竞争市场理论认为在市场可以自由进入和自由退出(没有沉淀成本)的条件下,潜在竞争可以使自然垄断均衡达到福利最大化。鲍莫尔等(1982)证明,对于不同的需求和成本函数,自然垄断可能是不可维持的。因此,寡头垄断也是具有完全竞争市场均衡特征的,兼并重组等市场行为也是很自然的。中央企业重组无论是纵向一体化、横向一体化,还是企业间重新组

---

① 潘石,李莹. 论中央企业深化改革与科学发展 [J]. 当代经济研究,2012 (11):3.

② 中央政府门户网站. 国务院关于促进企业兼并重组的意见 [EB/OL]. (2010−09−06). http://www.gov.cn/zwgk/2010−09/06/content_1696450.htm

合，并不降低市场的可竞争性，恰恰是市场竞争的有效体现，反而可以提高市场机制效率。一方面，中央企业重组促进了要素市场的自由流动。如前文所述，在国有经济战略调整背景下，中央企业重组促进了资金、技术和人员等要素自由流动，客观上促进了市场竞争，许多企业通过央企重组行为得以迅速进入某些原先壁垒较高的产业；另一方面，中央企业重组有利于降低沉淀成本，促进市场自由进退。由于沉淀成本的现实存在，企业要想进入和退出某个市场，沉淀成本是其考虑的重要因素。中央企业重组过程中突出主业、剥离副业以及淘汰落后产能都会涉及沉淀成本回收最大化问题，虽然沉淀成本并非是企业进入和退出不可逾越的障碍，但采取有效的方式降低沉淀成本却是企业的理性选择。在市场经济制度框架下，并购重组可能是降低沉淀成本的有效方式之一，也是在位企业和潜在企业普遍采用的市场行为。中央企业重组过程中有效的管理和降低沉淀成本，客观上有利于潜在企业的自由进退，营造一个良好的可竞争市场环境。

第五章　中央企业国际竞争力理论分析

第一节　中央企业国际化发展现状与问题

一、中央企业国际化的现状

1. 中央企业对外直接投资显著增加。近几年来，中央企业对外直接投资逐年增加，以资源类央企为代表的一批中央企业加快"走出去"的步伐，到海外开发矿产资源和承揽基础设施工程，对外投资额不断增加。如表5.1，2005年～2010年期间中国企业对外经济合作合同额和完成营业额逐年增加，并且80%的投资是来自于中央企业对外投资。据商务部的统计，有117家中央企业进行对外投资活动，截至到2008年底，中央企业在全球127个国家和地区共设立对外直接投资企业1791家，累计对外直接投资1165亿美元，占中国对外直接投资累计净额的63.3%。[①] 到2009年底，共有108家央企投资涉及境外单位5901户，央企境外资产超过4万亿元，当年利润占央企利润总额的37.7%。[②] 由此可见，伴随着中央企业对外直接投资不断增加，中央企业国际化也取得了初步成效。

---

① 中国发展观察. 中国大企业要加快推进国际化进程［EB/OL］. （2010－04－12）. http://news. xinhuanet. com/theory/2010－04/12/c＿1228328. htm

② 中国社会科学报. 央企海外投资尤须加强风险管理［EB/OL］. （2011－02－28）. http://news. xinhuanet. com/theory/2011－02/28/c＿121129236. htm

表 5.1　2005～2010 年中国企业对外经济合作情况汇总

年度	对外经济合作合同额 （亿美元）	对外经济合作完成营业额 （亿美元）	对外直接投资净额 （万美元）
2005 年	342.16	267.76	1226117
2006 年	716.48	356.95	2116396
2007 年	853.45	479	2650609
2008 年	1130.15	651.163	5590717
2009 年	1336.82	866.1725	5652899
2010 年	1430.9	1010.5	／

资料来源：本报表数据来自《1978—2007 年辉煌的三十年》《2010 中国统计年鉴》《2007 年中国贸易外经统计年鉴》《2011 中国统计摘要》《2010 中国金融年鉴》《2008 中国金融年鉴》等。

2. 中央企业股份制改造扩大。在全球竞争的背景下，企业国际化是市场竞争发展到一定阶段的必然要求。近几年中央企业改革取得了良好效果，管理体制和经营机制已经发生了显著的变化，综合实力明显提高，成为具有较强竞争力的市场主体，目前中央企业公司制股份制改制面已经达到 70%，控股的境内外上市公司 396 家，80% 优质资产已经进入上市公司。[①] 资本市场的发展为央企的发展提供了良好的平台和动力，而央企的发展也壮大了资本市场规模和质量。据统计，仅 2009 年，中央企业通过资产重组等方式，向上市公司注入净资产超过 1500 亿。共有 40 家中央企业，包括石油、石化、煤炭、通讯、民航、海运、冶金、建材、机械制造、建筑施工等优秀中央企业实现了主营业务整体上市，为中国证券市场的稳定、健康、持续发展注入了持久动力。[②]

3. 中央企业积极参与国际市场竞争，品牌知名度不断增强。中央企业积极参与国际市场竞争，积极开拓国内外市场，一批中央企业放眼全球市场，主动加快建立全球营销网络。有的中央企业探索在境外建立技术研发机构，积极引进国外先进技术，逐步缩小与同行业国际先进技术水平的差距，通过在国际市场竞争积极打造国际知名品牌，中央企业的品牌知名

---

① 中国经济网.邵宁：央企改制已达 70% 80% 优质资产已进入上市公司［EB/OL］.（2010—03—21）.http：//www.ce.cn/cysc/newmain/jdpd/zjxw/201003/21/t20100321_20299682.shtml

② 国际在线.国资委：大力推进央企股份制改革［EB/OL］.（2010—12—20）.http：//news.cntv.cn/20101220/106238.shtml

度不断增强。近年来，一批中央企业在国际市场上影响力和知名度不断增强，如中国石油、中国五矿集团、中远集团、中国移动、神华集团、中粮集团等中央企业，已经成为世界知名的企业。

二、中央企业国际化发展存在的问题

1. 中央企业对外投资风险控制机制欠缺。目前，中央企业对外投资逐步扩大，风险伴随着也在逐步增强。一方面，我国中央企业虽然拥有大量的国有资本，规模大，但这些资源的初始配置基本是政府主导，而不像西方的大型跨国公司是在长期市场竞争中不断壮大，我国央企从一开始就缺乏竞争环境，市场竞争经验不足，对外投资的经验更是缺乏，在企业内部更是缺乏风险评估和控制的专门机构和制度；另一方面，由于中央企业的国有产权性质，导致产生多层委托代理关系，企业管理者缺乏剩余索取权，管理者的道德风险问题随着企业的扩张越发凸显，加之监督制度的不完备，往往容易产生"内部人"控制现象，最终导致央企的对外投资决策与责任不对称，"公地悲剧"现象屡见不鲜。例如：近年来，中铝集团在澳大利亚亏损 3.4 亿元；中国铁建在沙特亏损 42 亿元；中化集团在阿联酋、阿曼等国亏损上亿元。这些都暴露了中央企业对外投资的风险控制机制的欠缺。

2. 中央企业跨国经营管理能力薄弱。从目前状况来看，中央企业国际化经营还处于刚刚起步的阶段，海外经营的整体规模偏小，而且中央企业在产业结构调整，跨国经营能力等方面，与国际跨国公司相比仍然存在着巨大的差距。

（1）部分中央企业在规模上居于世界同行业的前列，但是整体跨国投资数额偏少。比如：中石油居世界 500 强第 153 位，在世界同行业排名第八，但是跨国指数只有 2.7%，从跨国经营管理能力看，欧美国家跨国公司一直占据着对外直接投资的主导地位，早已实现在全球范围内进行资源整合，大大降低了企业成本，也拓展了海外市场，开发和培育企业新的竞争优势。而我国中央企业跨国经营水平普遍比较低，缺乏对世界各地不同的法律法规、宗教、文化、投资政策及环境等方面的了解，使中央企业境外生产经营面临一定风险问题。

（2）中央企业严重缺乏国际化经营管理人才。中央企业国际化发展需要高素质的人才队伍，而目前中央企业的外派人员多以外语人才为主，但这只是企业海外发展的最低要求，而在央企中既懂外语又会管理的高级人才并还不多，而高素质的领导人才更少。由于央企的特殊性，在招聘海外一流管理人才也受到不少限制，致使央企跨国经营管理人才短缺。

3. 中央企业海外并购障碍重重。海外并购是中央企业国际化的重要途径，尤其在金融危机后，国际有关资产价格回落，一些国际跨国公司资金紧张，而中央企业却拥有大量资金，这客观上为我国中央企业国际化提供了良机。但是在近年的海外并购中，中央企业却遇到了种种障碍。

(1) 央企性质障碍。由于央企的国有性质，央企在海外的投融资受到诸多限制，央企在海外并购中往往还受到不平等待遇，出于本国经济安全考虑而给予我国央企并购更为严格的审查，最终致使并购失败。

(2) 政治障碍。央企海外并购遇到的一个最大障碍可能就是政治障碍，央企"走出去"一直伴随着"中国经济威胁""威胁国家安全"等质疑和阻扰言论，非市场因素致使央企并购困难重重，例如：2005 年，中海油收购美国优尼科被美国国会否决的案例，就充分说明了这一点。而2009 年上半年的中铝注资力拓失败，尽管直接原因是力拓股东拒绝中铝的注资，但其背后也有深刻的政治原因。

(3) 商业文化障碍。央企海外投资并购，往往遇到与东道国商业文化不相融的难题。中央企业国际化过程中在不同的国家和地区，会遇到不同民族、不同宗教信仰、不同价值观、不同经营理念以及不同商业习惯等等，而这些商业文化往往与我国差别甚大。商业文化的差异往往导致企业目标难以统一，效率低下，管理费用提高以及员工凝聚力缺乏等，而这些会大大影响央企海外并购的绩效，甚至导致并购失败。正如美国学者戴维·利克斯所说："大凡跨国公司大的失败，几乎都是仅仅因为忽略了文化差异——基本的或微妙的理解所招致的结果。"[①]

4. 中央企业国际化相关法律制度建设落后。近年来，中央企业国际化步伐不断加大，而我国相关的法律制度建设落后，现已成为央企国际化的障碍。

(1) 央企在跨国经营和对外投资活动中，相关法律制度欠缺。随着中

---

① 冯磊 . 中国企业国际化路径选择的现状及建议 [J]. 国际经济合作，2011 (5)：22-26.

央企业主要资产和业务的下沉，央企国际化中更多是其子公司承担具体业务，因此子企业面临的法律风险无疑会逐渐加大，但是子企业的违法违规行为不仅会使母公司面临经济损失，在一定条件下还有可能使母公司最终承担法律责任，而这方面我国监管制度欠缺，2011年7月国资委颁布实施《境外资产监管办法》及《境外产权管理办法》，但这两个管理条例，主要侧重于境外企业的产权和存量资产的管理，而对央企的跨国经营和对外投资管理却缺乏具体监管措施；另外，央企在跨国经营活动中常常受到相关政策制约，大量时间和精力花在消除行政和人为的限制因素上，使央企跨国经营绩效大大降低。

（2）央企跨国经营缺乏相关金融保险制度支持。中央企业在境外生产经营需要大量外汇资金，而人民币并不是可自由兑换货币，而这些金融政策限制，往往影响到央企国际化的进程；另外，随着央企国际化程度的不断提高，跨国经营的风险也不断增强，央企海外投资规模快速扩张，但与之对应的海外投资保险的覆盖面仍然较低。我国保险业对央企跨国经营的保险业务相对落后，不能适应央企国际化的需要。例如，2011年的利比亚战争，中国信保是目前我国惟一承办政策性出口信用保险业务的金融机构。在利比亚的部分央企，向中国出口信用保险公司（简称"中国信保"）投了保，但赔付额度相对有限，且索赔困难，无法弥补企业的巨额损失。

（3）央企国际化的海外资产管理制度滞后。随着央企国际化程度的不断提高，一个突出的问题开始显现，即央企海外资产的管理问题。央企境外资产管理面对的法律环境、文化环境甚至突发政治事件等不可预测因素较大，且变化较大，而我国当前的海外资产管理制度明显滞后，往往问题出现却"无法可依，无章可循"。因而，对于央企境外资产的管理，对于进一步提高央企国际化水平有着重要影响。截至2009年底，共有108家央企投资涉及境外单位5901户，央企境外资产超过4万亿元，[①] 但目前这些资产监管仍缺乏具体的规范。

---

① 21世纪经济报道. 国资委堵漏4万亿海外资产 已曝亏损仅冰山一角［EB/OL］. （2010－12－08）. http://jingji.cntv.cn/20101208/103578.shtml

三、加快中央企业国际化发展的对策

1. 建立中央企业跨国投资风险监控机制。由于中央企业往往是大型企业集团，造成多层委托代理关系，而这往往在跨国投资时容易造成风险叠加效应。因此，为了有效控制风险，确保国有境外资产的保值增值，必须建立有针对性的中央企业跨国投资的风险监控机制。笔者认为针对我国央企的特殊情况，应建立三级风险监督和控制体系。如图 5.1 所示，作为央企的子公司在对外投资前应把相关投资项目的情况报告集团母公司，并提交相关项目风险评估报告；央企集团公司应结合子公司的经营状况以及集团公司整体状况作出综合风险评估，如果项目投资额度不大且符合主业要求，集团公司可根据情况决定是否投资；如果投资额大或与主业相关度不高，集团公司应给予子公司风险提示，并上报国务院国资委审查，国资委应综合各方面信息，决定央企集团公司是否投资；同时，如果项目投资巨大、涉及面广，风险不确定且对国家利益有重大影响，国资委应上报全国人大及其常委会进行决策，并进行备案。三级风险监督控制机制有利于监督中央企业及其子公司的对外投资活动，有利于控制风险。

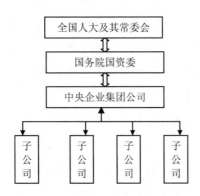

图 5.1　中央企业对外投资风险监督控制流程图

2. 建立健全相关法律和规章制度，坚持依法治企。随着中央企业国际化水平的不断提高，对于央企及其各级子公司的监管越来越复杂，而法律和规章制度是依法治企的根本。当前，国资委应尽快在实践中逐步完善和调整《境外资产监管办法》及《境外产权管理办法》，以尽快将管理办法上升为法律制度，为央企跨国投资和海外国有资产监管提供长久法律制

度保障。另外，笔者建议制定相关法律，为企业国际化提供配套法律支持，例如：制定《国有资本境外投资法》《对外直接投资保险法》等等。政府应该给予中央企业跨国经营更多政策性支持，尤其是在 WTO 规则下，国家要建立央企在财政、税收、金融保险以及外汇管理上的配套扶持政策，并逐步法制化、制度化。

3. 加快政府信息化工程建设，为央企提供信息服务。在现代化的国际竞争中，一个国家拥有的信息质量和数量越来越重要。对企业而言，信息具有克服惯性和预警的意义。[①] 当前，在央企国际化过程中，亟需加快政府信息化工程建设，积极为央企跨国经营提供各种政治、经济、产业发展、商业文化等各方面信息服务。国资委应成立专门信息综合分析部门，收集国际国内相关信息，会同国务院发改委、商务部、统计局等部门，定期或不定期发布国际竞争趋势、新兴产业发展、新技术、国际政治环境等等相关报告，给企业国际化提供参考。

4. 明确企业战略目标，有的放矢。在后金融危机时代，国际市场存在着诸多投资和并购机会，而这时中央企业尤其要明确自身国际化战略目标，在国际化经营中要围绕企业战略目标，坚持围绕主业，不一味追求企业规模扩张，避免盲目投资。当前，我国央企跨国投资和并购中往往出现机会导向，而非目标导向，而这往往容易陷入"并购陷阱"，最终致使并购失败，国有资产流失，这对中央企业进行跨国并购颇为重要。例如：2011 年 5 月中国五矿集团宣布放弃收购伊奎诺克斯，就是在明确了企业战略的前提下，遵循商业化运作模式，对海外并购量力而行。

5. 立足国内，放眼国际，多种途径国际化。中央企业国际化国际化是一个漫长的过程，无论在何种情况下，中央企业都不能只顾跨国经营，而忽视本国的经营管理水平的提高。当企业巩固了本国市场后，才能再向外竞争，跃升国际舞台。企业有了母国市场做基础，本身才具有一定的竞争优势。[②] 因此，一方面，中央企业要不断注重加强企业内部资源整合，规范企业内部治理结构，建立健全央企内部各项规章制度；另外一方面，

① ［美］迈克尔·波特. 国家竞争优势 ［M］. 北京：华夏出版社，2002：622.

② ［美］迈克尔·波特. 国家竞争优势 ［M］. 北京：华夏出版社，2002：56.

央企要实施多种途径国际化，促进企业本土化。为规避相关的政治等非商业风险，央企国际化过程中可以利用资本市场，既可进行实物投资、跨国并购，也可购买相关公司股票、债券等进行资本投资。总之，央企国际化途径可以多样化，央企海外投资项目还要努力吸引东道国企业和私人资本参与，增加与东道国的利益共享，从而创造有利的国际化经营环境。

6. 加强国际化人才队伍建设。中央企业国际化必须要有国际化人才队伍作支撑。建议今后央企从两个方面开展国际化人才队伍建设。一方面，要加强央企相关高层管理人员的培训，培养高层管理人员的国际视野，了解国外的商业文化和相关法律法规。央企也要进行员工培训，提高员工的国际化交流技能和工作技巧；另一方面，加大选聘外籍高级职业经理人的力度。现阶段，央企可以大力加强子公司的外籍管理人员的选聘，外籍高级职业经理人具有多年的跨国经营管理经验，这些对于央企国际化可以带来积极影响。

7. 建设国际化企业文化。企业文化对企业的长久发展至关重要。中央企业国际化发展必然要求一个国际化的企业文化相匹配。中央企业要认真反省自身企业文化建设的差距，积极学习世界跨国公司的先进经验，在建设国际化企业文化上大胆探索，勇于创新。中央企业在东道国实施"本土化"战略时，要越来越重视企业文化和当地文化的结合，有利于发挥企业文化的凝聚和导向功能。国际化的企业文化能帮助中央企业吸引国外高素质人才，还能促进央企融入当地社会的主流文化，增加当地国际市场对企业及产品的认同。①

第二节　中央企业国际竞争力现状与问题分析

一、中央企业国际竞争力现状

1. 中央企业技术创新能力得到提升。在全球市场竞争中，技术创新能

---

① 邹俊. 中央企业国际化的困境及其对策 [J]. 现代管理科学，2013（1）：61－63.

力是决定企业国际竞争力的重要因素之一。中央企业是行业的龙头企业，央企技术创新能力提升会带来整个产业链的创新能力提升。央企在近几年的国际化发展中技术创新能力的到大幅提升，国际竞争力也逐渐增强。如表 5.2 所示，从 2000 年到 2011 年，规模以上工业企业在 R&D 经费内部支出、R&D 经费内部支出与主营收入之比以及有效发明专利数都呈现出快速增长；而在引进国外技术经费支出上却增长幅度很小，有的年份还出现下降，如 2009 年引进国外技术经费支出比 2008 年减少了近 44 亿元。这些规模以上工业企业中，中央企业及其子公司占据了很大规模，这些数据说明我国大型企业逐渐变"技术引进"为"自主创新"，技术创新投入和产出得到了大幅提升，也促进了我国大型企业在国际市场竞争中从"资本输出"到"技术输出"的转变。"十一五"时期，中央企业自主创新硕果累累。《国家中长期科学和技术发展规划纲要（2006—2020 年）》部署的 16 个重大专项中，中央企业承担和参与了 14 项。截至 2009 年底，中央企业累计拥有有效专利 76138 项，其中有效发明专利 21266 项，占总量的 27.9%。"十一五"时期，中央企业加强创新责任考核，筹措科技专项基金，逐步建立起科技投入稳定增长的长效机制，科技投入水平连年提高。2009 年中央企业科技活动经费总额 2633 亿元，2006 年至 2009 年年均增长 28.5%；研究开发经费 1468 亿元，2006 年至 2009 年年均增长 27.9%，均高于同期销售收入、利润增幅；科技投入占销售收入比重达到 2.1%。[①] 由此可见，中央企业技术创新能力的提升是有目共睹的，技术创新能力的提升不仅提高了央企自身的国际竞争力，也带动了相关行业整个产业链的竞争力的提高，央企品牌的国际认知度不断提升，成为相关行业国际市场竞争的主力军。

表 5.2　规模以上工业企业的科技活动情况

项目 年份	2000 年	2004 年	2008 年	2009 年	2011 年
R&D 经费内部支出 （亿元）	489.7	1104.5	3073.1	3775.7	5993.8

---

① 李予阳. 中央企业：立足自主创新 发挥骨干作用 [EB/OL]. (2011—02—25). http://cpc. people. com. cn/GB/64093/64387/14003990. html

项目 年份	2000 年	2004 年	2008 年	2009 年	2011 年
R&D 经费内部支出与 主营业务收入之比 （%）	0.58	0.56	0.61	0.69	0.71
有效发明专利数（件）	15333	30315	80252	118245	201089
引进国外技术经费 支出（亿元）	304.9	397.4	466.9	422.2	449.0

注：数据来源于 2012 年《中国科技统计年鉴》

2. 中央企业经营业绩得到稳步提升。中央企业在我国国民经济中占据重要地位，是我国企业参与国际市场竞争的"国家队"，从国家竞争力角度来说，中央企业是代表了我国企业的国际竞争力的整体水平。从总体来说，近年来中央企业经营业绩稳步提升，并在国际市场得到认可，如表 5.3 中所示，《财富》世界 500 强排行榜中入选的中央企业从 2009 年的 24 家到 2013 年增加为 45 家，平均每年增加 4 家，并且排名逐步前移；从表 5.5 可以看出 2013 年中央企业进入世界 500 强的排名，除了 9 家央企排名下降外（黑体标注），其余中央企业比 2012 年排名都有所上升，这说明这些中央企业经营业绩整体在逐步提升；从表 5.4 很明显看出中央企业经营利润从 2009 年到 2013 年五年间稳定增长，从 2009 年 8151.2 亿元增到 2013 年 1.3 万亿，既使在美国金融危机和欧债危机的影响下，中央企业整体利润也实现了稳定增长。这些都说明中央企业经营业绩得到了提升，央企国际竞争力也不断增强。

表 5.3 中央企业入选《财富》世界 500 强数目

年份	2009 年	2010 年	2011 年	2012 年	2013 年
入选数目	24	30	38	42	45

资料来源：笔者自己整理所得

表 5.4 中央企业经营利润总额

年份	2009 年	2010 年	2011 年	2012 年	2013 年
利润总额 （亿元）	8151.2	8522.7	9173	1.3 万	1.3 万

资料来源：笔者自己整理所得

表 5.5 2013 年中央企业入选世界 500 强一览表

2013 年排名	2012 年排名	公司名称	营业收入（百万美元）
4	5	中国石油化工集团公司	428167.4
5	6	中国石油天然气集团公司	408630.0
7	7	国家电网公司	298448.8
71	81	中国移动通信集团公司	96874.5
80	100	中国建筑股份有限公司	90603.2
93	101	中国海洋石油总公司	83458.9
100	111	中国铁道建筑总公司	77164.7
102	112	中国中铁股份有限公司	76711.0
119	113	中国中化集团公司	71824.1
134	152	中国南方电网有限责任公司	66686.0
141	165	中国第一汽车集团公司	64886.0
146	142	东风汽车集团	61721.9
161	205	中国兵器工业集团公司	58027.8
178	234	神华集团	54517.9
182	221	中国电信集团公司	53378.6
187	233	中国华润总公司	52448.2
192	169	中国五矿集团公司	51807.0
209	238	中国南方工业集团公司	47967.4
212	250	中国航空工业集团公司	47351.2
213	216	中国交通建设集团有限公司	47332.6
222	197	宝钢集团有限公司	45682.7
231	246	中国华能集团公司	44343.9
258	333	中国联合网络通信股份有限公司	40617.1
273	298	中国铝业公司	38822.1
277	318	中国航空油料集团公司	38445.3
292	349	中国铁路物资股份有限公司	37172.1
299	341	中国国电集团公司	36848.4
302	280	中国冶金科工集团有限公司	36756.2
319	365	中国建筑材料集团有限公司	34462.2
326	367	中国机械工业集团有限公司	33952.3

2013 年排名	2012 年排名	公司名称	营业收入（百万美元）
328	321	武汉钢铁（集团）公司	33882.3
354	390	中国电力建设集团有限公司	31971.0
355	402	中国化工集团公司	31967.9
357	393	中粮集团有限公司	31751.5
376	369	中国大唐集团公司	30399.3
389	433	中国华电集团公司	29341.8
395	425	中国电子信息产业集团有限公司	29010.4
401	384	中国远洋运输（集团）总公司	28736.0
406	484	新兴际华集团	28579.0
408	451	中国电力投资集团公司	28558.4
412	498	招商银行	28039.5
417	434	中国船舶重工集团公司	27753.0
446	—	中国医药集团	26189.5
482	—	中国有色矿业集团有限公司	24146.2
493	462	鞍钢集团公司	23588.3

资料来源：笔者根据国资委网站资料整理所得

3. 中央企业能力不断提升。企业能力理论认为企业是一系列特殊资源和能力的集合体。所谓企业的能力是指企业在竞争性的环境中取得潜在竞争优势的能力。每个企业都有自身现有的和潜在的优势与劣势，企业的竞争优势应该建立在获得企业经济收益之上，而这种收益来自企业内部的效率优势。[①] 作为大型国有企业，中央企业效率问题一直备受质疑，然而随着央企改革重组不断深入推进，中央企业的效率得到了不断提升。李钢（2007）就发现"如果不考虑历史因素，仅考虑当期投入，目前国有企业效率高于非国有企业"。[②] 张晨和张宇（2011）考察了竞争性和垄断性行业国有企业的效率表现，发现在竞争性行业中，国有工业企业和非国有工业企业在财务效率和技术效率上没有明显差异；而在垄断性行业中，国有工业

① 温晓娟，马春光．企业国际竞争力相关概念辩析与影响因素探讨［J］．经济问题探索，2010（7）：85.

② 李钢．国有企业效率研究［J］．经济管理，2007（2）．

企业具有较高的技术效率，并保持着较快的技术进步速率，因此，他们主张片面认为"国有企业低效率"是不符合实际的。[①] 国有企业的现实表现也印证了国有企业效率的提升不容否认。2000 年至 2010 年，国有工业企业资产总额由 84014.94 亿元增长到 247759.86 亿元，累计增长 111.9%，年平均复合增长率为 11.4%；利润总额则由 2408.33 亿元增长到 14737.65 亿元，累计增长 511.9%，年平均复合增长率达 19.9%。代表我国国有企业较高水平的中央企业发展更为迅猛，"十一五"期间的资产总额、营业收入、上缴税金和税后净利润等主要经营指标均实现了翻番，年均国有资产保值增值率达到 115%。[②] 由此可见，中央企业通过持续的改革重组实现了内部效率的不断提高，也促进了企业能力的提升。在全球市场竞争中，企业的内外部资源配置、协调控制以及管理等能力，是企业能否获得竞争优势的关键因素，而这些能力中央企业都在不断的提高，客观上也促进了央企国际竞争力的提升。

二、中央企业国际竞争力进一步提升的瓶颈

1. 中央企业战略目标不明确。企业要想持续发展必须要有合适而明确的战略目标。中央企业作为国有大型企业，由于企业产权性质以及经济体制改革不断深入推进，央企在发展过程中往往出现目标"迷失"和"错位"等现象。中央企业战略目标不明确的原因主要来自以下几方面：

（1）从宏观上对国有企业的定位争议。近年来关于国有企业下一步改革发展成为学界和政府关注的热点议题。关于国有经济"进退"的问题成为争论的焦点，有的学者认为国有企业效率低下，形成"增长拖累"（刘瑞明、石磊，2010）[③]，下一步应该继续国有企业产权改革；有的学者主张国有企业应该从竞争性领域完全退出，甚至提出"国有企业私有化"（张维迎，2012）[④]；也有的学者主张国有企业应该继续深化改革，国有企业"必

① 张晨，张宇. 国有企业是低效率的吗 [J]. 经济学家，2011（2）.
② 张宇，张晨. 如何看待国有企业的效率 [J]. 先锋队，2013（2）：27.
③ 刘瑞明，石磊. 国有企业的双重效率损失与经济增长 [J]. 经济研究，2010（1）.
④ 张维迎在"中国发展高层论坛 2012 年会"上做的发言。

须向第二次定位目标推进"（金碚，2010）[1]，而中央企业改革发展的战略目标是"国际'一流'"企业"（潘石、董经纬，2013）[2]。这些对于国有企业的定位争议，客观上影响了国家宏观政策的制定和实施，也使国有企业的改革发展出现了停滞，从而导致中央企业发展目标难以明确定位，也难以从战略角度规划企业的产品、技术创新以及多元化和国际化发展，对于企业国际竞争力的提升无疑形成了障碍。

（2）中央企业的目标定位往往受制于政府监管。由于中央企业的特殊性质及其对国民经济的重要影响，中央企业的发展及其目标定位往往并非完全按照自身意愿进行，在很多方面央企还要受制于政府监管，尤其是受到国务院国资委的管理和指导。当政府管理部门与企业目标一致时，企业会得到良好的发展，但是当企业目标与管理部门目标不一致时，企业的发展就会出现障碍，甚至停滞不前乃至倒退。我国经过三十多年改革开放和发展市场经济，政府对国有企业的经营权已充分保证，但是中央企业对国民经济的影响力非同一般，政府部门往往出于整个国民经济的发展，从而对中央企业微观经营目标干预。比如：2008 年美国金融海啸波及全球，国家进行了 4 万亿的投资，中央企业成为投资项目的主要承担者，央企资金充裕产生了盲目扩张规模和投资，导致央企经营目标涣散；2013 年国资委对央企提出了"保增长"的要求，甚至提出了 10% 的整体利润增长的目标，许多央企为了完成此任务调整企业经营业务，疲于应付"保增长"目标。由此可见，央企的目标定位往往受制于政府相关部门的监管，甚至为了完成监管部门的"政治任务"而无暇顾及企业自身的战略目标，而这些从长远来看对于提升央企的国际竞争力都是不利的。

（3）中央企业发展形成路径依赖，忽视企业战略目标研究。在我国国有企业发展历史较长，许多中央企业就是从"共和国长子"逐步改革发展而来，而在这一过程中国有企业发展形成路径依赖。主要表现在：国有企业有热衷于规模扩张依赖，而不注重技术创新和管理能力提升；国有企业经营中"坐、等、靠"的思想根深蒂固，而缺乏主动思考企业发展；国有

---

① 金碚．论国有企业改革再定位 [J]．中国工业经济，2010（4）．

② 潘石，董经纬．中央企业改革发展目标：国际"一流"企业 [J]．吉林大学社会科学学报，2013（2）．

企业公共政策依赖，通过各种途径影响政府政策，获取政策"红利"，而忽视企业自身内部潜力的挖掘。正因为国有企业在长期发展过程中形成的路径依赖，国有企业在生产经营中一旦遇到难题往往寻找"老路子"，缺乏创新意识，也使得中央企业在经营发展中往往忽视对企业战略目标的研究，因此央企的经营活动往往短期行为较多，而对于大型企业来说要想在国际市场竞争中长期生存，不断提高国际竞争力，没有长远的战略目标研究和实施是不可想象的。

2. 中央企业国内竞争不充分，主业不突出。中央企业在国内大都属于行业优势企业或主导企业，在国内市场的竞争中往往占有优势，导致央企在国内竞争压力小。一个企业的发展最初是围绕满足国内需求而在国内开展竞争的，企业的投资、生产和营销活动都是围绕满足国内需求来考虑，国有企业在计划经济时代更是体现国内供需的计划调配性。因此，当国有企业为满足国内需求采取的生产组织方式、企业治理结构以及营销体系建设是否有利于国际竞争，将会在很大程度上影响企业的国际竞争力。如果本国国内竞争充分，企业会不断提高生产效率，进行产品创新和技术创新，不断满足国内市场需求的多样化，在这样的市场环境中成长起来的企业，国际竞争力会较强。另外，正如前文所阐述的中央企业主业不突出依然是央企面临的主要问题之一，虽然央企体量庞大，涉足产业多，但央企在国际市场知名品牌却很少。主业不突出还导致央企资源配置低效，企业的人员、资金以及产品线分散，主业产品或服务创新乏力，在国际市场竞争中容易受到竞争对手攻击，这些都是制约中央企业国际竞争力进一步提升的屏障。

3. 中央企业治理结构有待完善。公司治理就是一种竞争力，公司的持续经营与公司治理密切相关，正如 K·戴顿所言，公司经营与公司治理是"同一枚银币的两个侧面"。[①] 良好的公司治理结构是企业竞争力的根源，尤其对于大型企业更是如此。面对国内外市场竞争，大型集团公司的良好治理结构是其核心竞争力的重要体现。中央企业治理结构还存在诸多问题，

---

① 杨蓉.中国企业国际竞争力研究：基于公司治理视角［M］.上海：上海人民出版社，2009：191.

有待进一步完善。主要问题有以下几方面：

（1）中央企业多层次委托代理问题突出。在现代大企业中，企业通过各层级间实行委托代理，纵向授权经营和管理。由于国有企业的所有权与控制权分离，国有企业改革中关键问题之一就是促进国有企业"产权明晰、政企分开、政资分开"。对于中央企业，国务院国资委代表国家履行出资人职责，中央企业内部也有"母公司——子公司——孙公司"等多层委托代理关系，加之随着中央企业股份制改造使央企产权多元化，股权结构复杂，在央企的经营管理中委托代理问题突出。主要表现在：第一，管资产、管事与管人的结合尚未达成一致。出资人应享有的权利依然被一些党委、政府部门切割；国有企业高管人员实际上是作为政府官员来委派的，分属不同层级的党委及其部门管理，享受相应的级别待遇。[①] 第二，委托人常常干预企业日常经营活动。一方面，如前文所述，国资委常常干预央企经营活动；另一方面，央企母公司也常常为了集团公司整体利益干预旗下"子公司、孙公司"的日常经营管理。第三，代理人常常隐藏信息，短期行为突出。央企的高管常常把企业业绩当做"政绩"来做，导致央企经理人员隐藏信息，在企业经营上短期行为频现，不利于央企长远发展。

（2）经理人激励约束机制有待完善。在中央企业发展中经理人的激励约束机制是一个事关企业能否获取持续竞争优势的重要问题。如前文所述，在中央企业多层委托代理问题中，如何有效防范代理人的道德风险问题是国有企业改革的重要议题之一。经过三十多年的改革开放，国有企业改革中经理人的激励约束机制建设仍然有欠缺，面对国内外激烈的市场竞争亟需完善。当前中央企业经理人激励约束机制主要存在以下问题：第一，中央企业高管薪酬激励机制不完善。关于国有企业高管薪酬问题是国有企业改革的难点之一。2004年，国资委颁布了《中央企业负责人薪酬管理暂行办法》对现阶段中央企业负责人的薪酬构成做出规定；而2009年12月修订发布了《中央企业负责人经营业绩考核暂行办法》，对现阶段中央企业负责人的薪酬考核办法做了详细的规定。从现有诸多研究来看，市场化改革增强了国有企业经理薪酬之于企业业绩的敏感性，同时，相对于会计业绩而

---

① 陈齐芳. 国有企业公司治理结构存在的问题及其改进 [J]. 企业经济，2011 (12)：35.

言，市场业绩在薪酬契约中的作用有逐渐增加的迹象（辛清泉、谭伟强，2009）①。从近几年国有企业高管薪酬制度的改革实践来看，改革的思路始终没有达成共识，以至企业内部收入分配决定机制不完善，进而导致收入分配秩序混乱，破坏收入分配原则，薪酬的激励功能等也无法发挥。② 由此可见，央企高管的薪酬激励机制仍需进一步完善。第二，中央企业职业经理人市场不完善。一个完善而充满竞争的经理人市场，可以很好地激励和约束职业经理人。经理人的能力强弱应该由市场来评判，经理人的去留也应由市场来决定。作为经理人若想不断提高自身人力资本的价值，面对无时不在的市场竞争，经理人总会竭尽所能提高企业的经营绩效。然而，当前中央企业的经理人市场不完善，央企高管既是"官员"又是"经理人"，央企的高管往往由上级行政主管部门任命，并带有一定行政级别，导致央企经理人更关注上级"指令"而忽视企业长期经营绩效的追求，央企经理人的人力资本价值显示机制失效，也就无法有效的对其行为激励约束。第三，中央企业高管责任追究机制不健全。在中央企业面对"委托代理"难题中，高管责任追究约束机制是一个重要方面。如前文所述，央企高管的"双重身份"往往使得经营责任追究变得困难。由于当前中央企业股份制改革有待进一步深化，央企的产权约束不到位，往往容易出现"内部人控制"问题，因而也给央企高管责任追究带来障碍。

（3）中央企业现代企业制度建设欠缺。中央企业经过多年改革重组基本构建了现代企业治理框架，"政企不分"现象得到了很大的改观，但是中央企业的现代企业制度建设仍有欠缺。主要表现在：第一，中央企业董事会制度建设滞后。2004 年国资委向国务院提出在中央企业进行董事会试点工作，并得到国务院同意。2005 年 10 月宝钢集团依照《公司法》改建为规范的国有独资公司，成为第一家外部董事全部到位且超过董事会成员半数的中央企业，宝钢集团成为央企启动董事会试点工作的标志。截至 2010 年底，中央企业建立董事会户数已扩大到 30 家，五家企业探索了由外部董事担任董事长。然而大多数中央企业仍然实行的是总经理负责制，即"一把

---

① 辛清泉，谭伟强 . 市场化改革、企业业绩与国有企业经理薪酬［J］. 经济研究，2009（11）：68.

② 宋晶，孟德芳 . 国有企业高管薪酬制度改革路径研究［J］. 管理世界，2012（2）：181.

手"负责制,从公司治理结构来看从总经理负责制到董事会制是央企治理模式的重大变革。但是近年来央企董事会试点工作停滞不前,尤其在董事会的独立性、实权性和规范性上仍然需要不断探索和突破。第二,中央企业企业家培养和选拔机制落后。企业家是企业发展重要的资源,企业家对企业的成长有着不可替代的作用。由于央企的薪酬和激励机制的欠缺,央企管理人才流失严重,尤其是在跨国经营中具有国际化视野的企业家更是缺乏,而管理人才的欠缺已严重制约了央企的国际化发展。另外,由于央企高管大都是组织任命,导致央企企业家的培养和选拔机制落后,虽然近年来国资委开展了面向全球公开招聘高管的尝试,但是人数有限,影响力也有限。

4. 中央企业整体创新能力不足。如前文所述,中央企业技术创新能力近年来得到了长足进步,但是与许多世界跨国公司相比中央企业在整体创新能力上还有相当的差距。主要表现在以下几方面:第一,创新投入与收入不成比列。欧美跨国公司中创新投入占营业收入很大比列,企业收入增长往往也和研发投入增长成正比。根据博斯公司 2012 年发布的《2011 年全球创新 1000 强》调查报告,中国进入创新投入前 1000 强的企业数量不断增多。从 2008 年的 15 家,增加到 2011 年的 47 家,而且有中国企业进入前100 强(中国石油排名第 70 位)。这说明中国企业越来越重视研发的投入,意识到了创新的重要性,并不断加大预算。但值得关注的是,2011 年中国这 47 家企业的创新投入平均只占收入的 1.13%,而全球前 1000 强企业平均值为 3.43%,这也说明中国这些大型企业,在创新方面的投入远远落后于全球平均水平。[①] 在这 47 家中国企业中,三分之二都是大型国有企业,可见以中央企业为代表的大型国有企业在创新投入上还有很大提升空间。第二,相关产业链创新能力欠缺。一个企业的创新能力不仅仅取决于企业自身,还取决于企业所处产业的产业链的整体创新能力。目前中央企业大都处于产业链的上端,是行业内的龙头企业,产业链下游相关企业创新能力较弱,制约了央企创新能力的提升。比如石油产业,中石油要想进一步

---

① 谢祖墀,彭波.大型国企应提升创新能力[EB/OL].(2012—11—30).http://business.sohu.com/20121130/n359100693.shtml

提升国际竞争力，不仅要依靠自身技术创新，提高效率；更需要相关机械设备、勘探、储运、炼油、化工以及销售等整个产业链的创新能力的提高。第三，科技创新活动与市场结合不足。当前我国在科技创新活动中一个突出的问题是科技创新成果多，而科技成果转化率却很低，根本原因在于科技创新活动与市场脱节，从而导致或是不能满足市场需求，或是不能有效与企业对接。这不仅是中央企业面对的问题，也是我国现有科技体制的突出弊端。我国当前的科技创新主体主要是科研院所和高等院校，而这些创新主体却不了解企业和市场的需求，往往导致科技研发方向偏离市场需求，众多的"实验室科技成果"却不能转化为现实的生产力。从全国范围来看，高校及科研院所每年为国家科技创新贡献出丰富的成果，在自然科学基础创新方面也在追赶世界先进水平，但这些科技创新成果与经济建设的结合并不是很紧密，其专利的转化率普遍低于5%。[①] 中央企业在当前的科技体制下往往也难以"独善其身"，很多央企的研发活动主要是依托于科研院所和高等院校，将来如何把科技创新与市场和企业需求有效的的衔接是中央企业进一步提升创新能力必须要解决的问题。

第三节　中央企业国际竞争力评价指标体系构建

通过对中央企业国际化和国际竞争力的现状和存在的问题分析，我们发现中央企业的国际竞争力要想稳步提升必须构建科学有效的央企国际竞争力评价指标体系，这套评价指标体系既要吸收国外企业竞争力评价方面的有益经验，又要适应中央企业的改革发展的特点，从而为提升央企国际竞争力提供有效的参照指标。

一、国外有关企业竞争力指标体系

1. IMD 国际竞争力评价体系。瑞士国际管理发展学院的 IMD 国际竞争

---

①　吕本富，孙毅. 中央企业科技创新的问题与对策［J］. 企业文明，2012（5）：30.

力评价体系是以国际竞争力成长为基本目标，运用和借鉴经济、管理、社会等各方面的最新理论，对世界各国的国际竞争力发展及其趋势进行测量和估算，从而发现某国的国际竞争力的有适合劣势，进而提出提升该国国际竞争力的政策和战略。IMD 的国际竞争力评价体系已涵盖了 60 个国家或地区，是当前世界最负盛名的的评价体系之一。

瑞士国际管理发展学院从 2001 年开始提出了新的国际竞争力评价体系，包含四个的要素。这四个要素是：经济运行竞争力、政府效率竞争力、企业效率竞争力和基础设施竞争力。这些要素共包含 300 多个指标，根据统计方法和来源的不同，这些指标分为硬指标和软指标两大类，硬指标来源于国际、国家或地区的机构和非官方机构的统计数据，软指标来源于高级管理人员的问卷调查结果。其中硬指标约占总指标的 2/3，软指标约占总指标的 1/3。例如，2005 年 IMD 国际竞争力评价体系由 314 个指标组成，其中与经济运行竞争力相关的指标有 77 个，与政府效率竞争力相关的指标有 73 个，与企业效率竞争力相关的指标有 69 个，与基础设施竞争力相关的指标有 95 个。[①]

2. WEF 国际竞争力评价体系。从 20 世纪 80 年代，世界经济论坛开始逐渐关注国际竞争力问题，并在 1996 年开始出版《全球竞争力报告》。WEF 的国际竞争力评价体系以西方新古典经济理论、竞争优势理论以及经济增长理论等为分析工具，阐释了国际竞争力的来源、内涵以及评价指标体系。

WEF 评价指标体系的考察指数不断地在变化，从 2003 年开始，该指标体系分为增长竞争力指数和企业竞争力指数两大部分。增长竞争力指数包括技术指数、技术转让、信息和通信技术三个子指数，公共机构指数包括了合同与法律、腐败两个子指数，宏观经济指数包括了宏观经济稳定、国家信用排名、政府浪费两个子指数；企业竞争力指数由公司运行和策略指数、微观经营环境质量指数构成。[②]

3. UNIDO 工业竞争力评价体系。联合国工业发展组织（UNIDO）的各

---

① 王勤. 当代国际竞争力理论与评价体系综述 [J]. 国外社会科学，2006（6）：36.
② 刘文炳. 中央企业国际竞争力研究——并购重组的视角 [M]. 中国经济出版社，2011：207.

国工业竞争力指数（Competitive Industrial Performance Index，简称 CIP），反映的是一国生产工业制成品的竞争能力。2002 年，联合国工业发展组织发表了第一部《2002/2003 年工业发展报告：通过创新和学习参与竞争》，第一次公布了世界各国工业竞争力指数排行榜。2004 年，这个机构又分别发表了第二部工业发展报告，并公布了世界各国工业竞争力指数的最新排行榜。

UNIDO 工业竞争力评价体系由体现一国工业制成品生产和出口能力的指标所构成，综合反映一国生产工业制成品的竞争能力。在《2002/2003 年工业发展报告》中，CIP 由人均制造业增加值、人均制成品出口额、制造业增加值中高技术产品的比重、制成品出口中高技术产品的比重 4 个指标构成，涵盖 87 个国家和地区。2004 年，CIP 由人均制造业增加值、人均制成品出口额、制造业增加值占 GDP 的比重、制成品占总出口的比重、制造业增加值中高技术产品的比重、制成品出口中高技术产品的比重等 6 个指标构成，增加了制造业增加值占 GDP 的比重、制成品占总出口的比重两大指标，涵盖的国家和地区增至 155 个。在工业竞争力评价体系中，每个指标的取值范围都标准化为从 0（最差）到 1（最好），6 项基本指标值也没有特别的权重，综合指数就是它们的算术平均数。[①]

二、国内关于企业竞争力评价问题的研究

徐二明、高怀（2004）利用 DEA 方法和 Malmquist 指数，提出企业竞争力差异的根源是基于企业的技术资本、组织资本和社会资本有机结合基础之上的企业动态能力运用效果不同的观点。[②]

孙洛平（2004）采用边际分析方法分析了一个地区的竞争力与企业规模的相关关系，得出三点主要结论：不能简单地在经济整体竞争力与企业平均规模之间建立确定的对应关系；不能通过"超边际分析方法"比较何种模式具有更高的竞争力，从而认为它就是实际中的生产模式；科斯的交

① 王勤. 当代国际竞争力理论与评价体系综述 [J]. 国外社会科学，2006（6）：37.
② 徐二明，高怀. 中国钢铁企业竞争力评价及其动态演变规律分析 [J]. 中国工业经济，2004（11）.

易费用影响企业平均规模的观点只具有相对合理性。[①]

　　林汉川、管鸿禧（2004）基于江苏、浙江、广东、湖北、辽宁、云南等六省市 1512 家中小企业问卷调查数据库信息，运用层次分析法对我国东中西部中小企业的外部环境竞争力、短期生存实力、中期成长能力、长期发展潜力以及综合竞争力进行比较分析，揭示了东中西部中小企业竞争力差异的深层机理。[②]

　　丁伟斌、荣先恒等（2005）以苏州、杭州中小企业为例，采用主成分分析法选出 5 个核心竞争力要素（人力资源、市场营销、技术创新、企业文化、组织管理），研究表明，我国企业已日益重视对人力资源、技术创新、市场营销、组织管理能力等核心竞争力要素的培育，但对企业文化的塑造仍重视不够。[③]

　　王勤（2006）评述了国际竞争力理论中最具代表性的有竞争优势理论、核心竞争力理论、IMD 国际竞争力理论等，还评述了颇具影响的 IMD 国际竞争力评价体系、WEF 国际竞争力评价体系和 UNIDO 工业竞争力评价体系等。[④]

　　王东等（2006）采用单项指标评价法，分析比较了两国跨国公司的国际竞争力及其汽车制造行业企业竞争力的演变过程与原因，认为日本的汽车行业在很短时间里追赶并超越美国，不排除国际的外部环境因素，但更重要的是日本的企业制度和不断创新的精神等。[⑤]

　　李存芳、蒋业香等（2007）建立了企业核心竞争力指标体系，并构建了动态模糊评价模型对企业核心竞争力进行评价。[⑥]

　　杨梅英、熊飞等（2007）将 R&D 投入视为外生变量，利用偏相关分析方法揭示出 R&D 投入与企业竞争力存在相关关系及对企业竞争力有持续性

　　① 孙洛平．竞争力与企业规模无关的形成机制［J］．经济研究，2004（3）．

　　② 林汉川，管鸿禧．我国东中西部中小企业竞争力实证比较研究［J］．经济研究，2004（12）．

　　③ 丁伟斌等．我国中小企业核心竞争力要素选择的实证分析——以杭州、苏州中小企业为例［J］．科学学研究，2005（5）．

　　④ 王勤．当代国际竞争力理论与评价体系综述［J］．国外社会科学，2006（6）．

　　⑤ 王东等．企业国际竞争力单项指标评价法研究——以美国、日本两国 500 强跨国公司为例的分析［J］．经济评论，2006（3）．

　　⑥ 李存芳等．基于模糊集理论的企业核心竞争力系统评价［J］．工业工程，2007（4）．

的影响，当年与上一年度的投入对当年的企业竞争力有着显著的影响，上上年度的研发投入对当年的企业竞争力也有着持续的影响，但减弱至一般程度影响。与大多数学者采用的多指标综合评价法相比，单项指标评价法的优点是可以简化分析。[①]

庄思勇、冯英浚（2009）采用王毅（2002）设计的企业核心竞争力的指标体系，该指标体系分为 3 个层次，即战略核心竞争力、组织核心竞争力和技术核心竞争力，共 18 个维度，并采用多层次模糊综合评价方法对企业的核心竞争力进行评价，获得核心刚性与核心竞争力的综合评价值。[②]

徐鑫等（2010）在构造企业竞争力形成机理模型的基础上，从环境、资源、能力、知识四方面，选择 29 个具体指标构成了企业竞争力评价的指标体系。[③]

三、中央企业国际竞争力评价指标体系的构建

从以上国内外关于企业竞争力评价指标体系的研究来看，这些研究方法和评价指标大都围绕一般企业而展开，一、往往局限于企业自身能力和资源的挖掘；二、缺乏从国际化角度来考察企业竞争力指标问题；三、缺乏对国有企业特殊性的考量，提出的评价体系往往难以适用。笔者在中国知网（CNKI）搜索发现，直到目前还没有一篇专门关于国有企业国际竞争力评价指标体系的研究文献，因此，笔者试图从国有企业的一般性和特殊性角度考虑，构建一套适合考察中央企业国际竞争力发展的评价指标体系。

1. 中央企业国际竞争力评价指标的核心要素。笔者认为中央企业国际竞争力评价指标构建的核心要素主要包括资源、能力和创新三方面。首先，对于企业来说无论是一般企业还是国有企业，在市场竞争中资源水平是评价一个企业竞争力的重要依据，而作为我国企业"走出去"和跨国经营"排头兵"的中央企业对资源的占有和利用是决定其国际竞争力的关键要

① 杨梅英等.R&D 投入对北京市中小型高新技术企业竞争力的影响［J］. 科学学研究，2007（S2）.

② 庄思勇，冯英浚. 基于核心竞争力的核心刚性相对评价研究［J］. 中国软科学，2009（9）.

③ 徐鑫等. 企业竞争力评价指标体系研究——基于形成机理的视角［J］. 郑州航空工业管理学院学报，2010（3）.

素；其次，企业资源固然重要，但是使资源利用最大化发挥最大效益，并不是每个企业都能做到的，这需要企业具备一定的能力，这里的能力涵盖经营能力、管理能力、组织能力等多方面，而能力的获取和培养也是多方面的，这些企业能力是企业竞争力的内在体现；最后，企业要想持续保持或获取竞争优势，创新能力是最重要的决定因素。从企业竞争力的评价角度来说，创新能力无疑决定着企业的核心竞争力，当然也是评价指标的核心要素。笔者认为从中央企业国际竞争力的角度来看，技术创新和制度创新是最为重要的两个方面。技术决定着企业的产品质量和成本，决定着最终的市场竞争力；而制度决定着企业运营的成本高低，也决定着企业在国际竞争中能否内生的成长和提升，因此，制度创新能力也最终决定企业竞争力的内在要素。从以上分析来看这三个核心要素互相联系又互相促进，是央企国际竞争力的核心评价指标。

2. 中央企业国际竞争力评价指标体系的具体内容。围绕上文所述的三大核心要素，我们将中央企业国际竞争力评价指标体系从央企资源、跨国经营能力、技术创新以及组织制度创新四个方面来考察，并逐步细分为一级指标和二级指标两个方面。

(1) 央企资源评价指标。在对中央企业资源指标考察中我们分为企业内部资源、企业外部资源和企业资源挖掘能力三个一级指标。在二级指标中，我们在企业内部资源中主要考察：①企业的总资产，包括固定资产和无形资产等；②央企可控的国有资本总量。对于央企来说随着产权改革不断深入以及整体上市的不断推进，央企可控的国有资本将对竞争力影响很大；③人力资本。企业的人力资本是竞争力提升的有效保障；④劳动生产率也是企业重要的内部资源，它既是企业竞争的利器，又是节约资源的有效途径。

对于央企的外部资源指标主要考察：①所属产业发展状况。任何企业都是一个产业的组成部分，产业发展是处于什么阶段对于企业来说是外部资源稀缺程度的重要标志，因此央企所属产业的国际发展状况决定了央企的外部资源总体水平；②产业集中度。产业集中度越高说明优势企业市场势力越大，控制和占有的资源也就越多，因此产业集中度是央企市场机会和外部资源的多寡的直接表现；③政府支持力度与产业政策。对中央企业来说政府在资金、人员以及产业政策方面的支持是其外部资源的重要来源，也是区别于一般企业外部资源的重要方面。

企业资源挖掘能力指标主要考察：①潜在资源开发能力。企业的很多资源往往在于企业不断开发和挖掘，在既定资源约束下，不同的企业往往存在天壤之别，关键就在于不同企业的资源开发能力差别很多，而这却是竞争力的重要体现；②内外部资源整合能力。内外部资源能够有效整合才能发挥资源的协同效应，否则资源越多反而对竞争力提升有害无益；③海外资源开发和利用能力。央企参与国际市场竞争关键要看在海外的资源开发和利用能力，这一指标能直观考察央企国际竞争力的强弱。

（2）央企跨国经营能力评价指标。对央企跨国经营能力评价指标的考察分为国际市场控制能力、国际市场运营能力和国际市场投融资能力三个一级指标。在相关二级指标考察中，我们对国际市场控制能力主要考察：①产品国际市场定价能力。企业在市场中是价格的主导者还是追随者直观地反映了企业竞争力水平；②市场占有率。市场占有率直接反映企业对市场的控制能力，也是企业竞争力的有力证明；③国际市场销售渠道。跨国经营不仅要企业"走出去"，更要企业产品"走出去"，而产品在国际市场的销售渠道是企业对市场有无控制力的有力表现，控制了渠道也就控制了市场。

对于国际市场运营能力指标的考察主要有以下几个二级指标：①海外机构和人员数。人员和机构越多表明企业跨国经营能力越强；②品牌国际影响力。企业品牌能否获得国际市场的认可，市场影响力的大小直接反映企业的运营能力；③国际营销人数。跨国经营必须开展国际营销，其中的从业人数反映了市场的国际认可度；④海外公司管理能力。海外公司的管理是企业国际市场的运营能力的重要方面；⑤海外公司职业经理人数。海外公司的运营靠本国的经理人员往往难以胜任，而作为国际化企业央企的海外公司职业经理人数反映了企业国际市场运营能力的强弱。

对于国际市场投融资能力指标我们主要考察以下几个二级指标：①国际市场融资渠道和融资数额。央企跨国经营不能仅靠本国资金，还要尽可能的在国际市场融资，这既能分散风险，又是企业国际竞争力强弱的有效证明；②国际市场投资渠道和投资数额。央企跨国经营海外投资是必不可少的，而投资渠道的多寡和数额的大小都能直观反映企业的国际市场竞争力；③海外公司资信度。与投融资密切相关的是央企海外企公司的金融机构资信度，这一指标反映了公司在资本市场的声誉，也是竞争力的有力反映；④企业资产负债率。企业投融资活动会直接对企业资产产生重要影响，而资产负债率是反映企业投融资是否健康的有力证明。

（3）央企技术创新评价指标。央企技术创新指标主要分为技术创新资源和技术创新成果两个一级指标。在技术创新资源指标中分为以下几个二级指标考察：①企业技术人员数和创新平台。企业技术创新人员数和创新平台的多少是反映企业拥有的技术资源的直接数据，也间接反映了企业核心竞争力；②企业 R&D 经费投入额。R&D 投入额的大小直接反映企业对技术创新的重视程度；③政府技术创新支持。作为政府对技术创新的支持力度是中央企业的重要资源，尤其在重大科技攻关或技术创新活动中，政府的支持起到关键作用。

对于技术创新成果指标我们主要从以下几方面考察：①专利数。专利数是直接反映技术创新的效果；②新产品数及其上市速度。不断创新新产品是企业生存的根本，新产品的上市速度也是技术成果转化的有效证明；③技术成果交易数额。技术成果能否被市场接受关键看技术成果能否交易，通过交易或者授权使用的数额大小反映了技术创新成果的实际价值。

（4）央企组织制度创新评价指标。面对国内外经营环境差异以及央企自身改革发展的不断推进，央企自身的组织制度创新对央企国际竞争力提升至关重要。我们通过公司治理结构完善、企业运营管理制度创新以及企业组织创新能力三个一级指标来考察这一指标。在二级指标的指标细化分解中，我们评价央企公司治理结构的完善主要从以下几方面：①董事会制度创新。对于央企的未来发展，董事会制度的不断完善是央企持续发展的关键，必须加大制度创新力度才能提升企业核心竞争力；②监事会的职责完善。对中央企业的经营行为监督应该逐步由监事会来承担，监事会的职责的完善程度决定了监督作用的发挥程度；③经理层的权责明晰。中央企业的委托代理链条随着国际化发展将会不断延伸和拉长，那么经理层权责明晰、权责对等将会有效降低代理成本，央企经理层的权责明晰程度对企业的发展将会产生重要影响。

对于中央企业运营管理制度创新指标我们主要从以下几个二级指标来考察：①组织机构的设置和职权的划分界定。央企规模庞大，开展国际化经营没有良好的组织结构设置以及对各个组织机构职权的合理划分界定，对日常经营活动将会产生严重影响；②奖惩制度。这一制度对各机构和人员日常管理的有效工具，也是保障企业内各组织机构和人员努力工作，遵纪守规的有效约束；③企业高管薪酬与员工分配制度。央企高管薪酬一直是个争议话题，但不论如何高管薪酬与员工的分配制度对高管和员工的工作积极性和对企业忠诚度都会产生重要影响，因此分配制度的创新对调动员工积极性，促进企业竞争力提升具有重要意义；④企业财务、人事、资产等管理制度。这是属于企业日常管理制度，也是保证企业正常运转的制度，但是随着央企开展跨国经营和改革推进，这些日常管理制度也要不断创新以适应央企发展的需要，尤其是要适应投资东道国的法律和文化；⑤跨国企业文化培育制度。随着央企不断"走出去"发展，跨国企业文化的培育就越来越重要，必须加大跨国企业文化培育制度的建设，把它作为企业核心竞争力的一部分来看待；⑥企业社会责任的履行。要想打造国际跨国企业，央企必须注重企业社会责任的履行，尤其在东道国更要积极履行社会责任，提高央企在国际市场的认可度和美誉度。

在央企组织创新能力指标中我们围绕以下几个二级指标考察：①产权多元化改革推进能力。央企改革发展下一步产权多元化是重点，但是各家央企实现的产权多元化的方式、途径会大有区别，如何有效推进改革将考验央企组织的创新能力，也会对央企竞争力提升产生重要影响；②企业激励约束机制创新。伴随央企国际化经营的开展，央企内部的激励约束机制创新的重要性就会逐渐显现，完善激励约束机制将是保障央企长期健康发展的动力源；③国际市场环境融合能力。央企在跨国经营中必须要不断增强国际市场环境融合能力，包括利用国际贸易规则争取合理合法利益，也要融入东道国的政治、经济、文化生活中去，这些对央企能否长期在海外生存发展至关重要；④组织架构创新。央企的国际化发展必然伴随组织架构的国际化，因此我们要考察企业的国际竞争力，其组织架构是否适应国际市场竞争也是重要指标。

表 5.6　中央企业国际竞争力指标体系

核心指标	一级指标	二级指标
央企资源	企业内部资源	1. 总资产（固定资产、无形资产等） 2. 可控国有资本总量 3. 人力资本 4. 劳动生产率
	企业外部资源	1. 所属产业发展状况 2. 产业集中度 3. 政府支持力度以及产业政策
	企业资源挖掘能力	1. 潜在资源开发能力 2. 内外部资源整合能力 3. 海外资源开发和利用能力
央企跨国经营能力	国际市场控制能力	1. 产品国际市场定价能力 2. 市场占有率 3. 国际市场销售渠道
	国际市场运营能力	1. 海外机构、人员数 2. 品牌国际影响力 3. 国际营销人员数 4. 海外公司管理能力 5. 海外职业经理人数
	国际市场投融资能力	1. 国际市场融资渠道、融资数额 2. 国际市场投资渠道、投资数额 3. 海外公司资信度 4. 企业资产负债率
央企技术创新能力	技术创新资源	1. 企业技术人员数、创新平台 2. 企业 R&D 经费投入额 3. 政府技术创新支持
	技术创新成果	1. 专利数 2. 新产品数及其上市速度 3. 技术成果交易数额
央企组织制度创新能力	公司治理结构完善	1. 董事会制度创新 2. 监事会的职责完善 3. 经理层的权责明晰
	企业运营管理制度创新	1. 组织机构的设置、职权的划分界定 2. 奖惩制度 3. 企业高管薪酬与员工分配制度 4. 企业财务、人事、资产等管理制度 5. 跨国企业文化培育制度 6. 企业社会责任的履行
	企业组织创新能力	1. 产权多元化改革推进能力 2. 企业激励约束机制创新 3. 国际市场环境融合能力 4. 组织架构创新

第六章　中央企业战略重组与国际竞争力提升：一个交易成本的考察

如前一章所论述，中央企业国际竞争力进一步提升面临诸多问题，如何有效破解是一个需要不断探索的课题。当前关于国有企业改革的争论也颇多，按照十八届三中全会的要求："适应经济全球化新形势，必须推动对内对外开放相互促进、引进来和走出来更好结合，促进国际国内要素有序自由流动、资源高效配置、市场深度融合，加快培育参与和引领国际经济合作竞争新优势，以开放促改革。"本章将着重从交易成本视角来考察中央企业战略重组与国际竞争力提升的互动关系。

第一节　零交易成本下企业战略重组问题分析

正如前文所述，现代企业是一个生产、交易与合作相统一的人格化的组织。企业性质的这种演化，隐含了企业在产业发展的内外部活动中产生交易成本是不可忽视的重要问题，而这也是制约企业竞争力尤其是大型企业竞争力提升的重要因素。中央企业战略重组对市场具有重要的影响作用，央企的重组战略会带来其国际竞争力的提升吗？交易成本对重组战略又起到何种作用？笔者将从交易成本角度给以回答。

一、零交易成本下的市场模型

在零交易成本下，价格机制在市场活动中起着资源配置的基础性作用。新古典经济学认为通过价格这只"看不见的手"可以实现市场供给量与需求量达到均衡。在标准的竞争模型（如图6.1）供给曲线 S 与需求曲线 D 相交于一点，形成均衡价格 P_0 和均衡产量 Q_0。在竞争市场中，零交易成本状态下市场是出清的，即市场中的卖者与买者都是竞争价格的接受者，每个买者可以在市场中购买到需要的所有商品或服务。换句话说，在市场出清价格下买者需求量与卖者供给量正好相同。在新古典竞争模型中，隐含的重要假设是产品是同质的，需求是不变的，生产要素是充分流动的而且市场交易是没有成本的。因此，在这些假设下的新古典企业无需考虑企业内外部交易环节的问题，而只关注企业尽可能的扩大规模，提高产量。

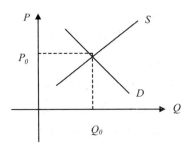

图 6.1　零交易成本下市场模型

二、零交易成本下企业对重组战略的选择

如前文所述，在竞争市场模型中市场出清价格等于边际成本，企业只能获得正常利润，企业为了获取最大化利润，往往追求不断革新技术，提高效率，降低成本。那么企业在重组战略行为选择的时候，往往受到两个重要因素的影响，即需求和成本。

1.需求对企业重组战略选择的影响。新古典经济学在考察企业规模选择问题时，往往假设需求是不变的且产品是无差异的，而且这一需求仅仅是指向市场消费者，即市场中的买者。然而从产业组织发展来看，企业面对的需求不仅仅有外部市场需求，而且包括企业内部市场需求，并且随着企业规模不断扩大内部市场需求将对企业发展影响越来越大。科斯在引入交易成本分析企业与市场的边界问题时，以交易成本高低为判别标准，当企业内部交易成本高于市场交易时就应交给市场解决，反之就应由企业来解决。然而，科斯及其追随者在这里忽视了一个重要的问题就是他们没有考虑需求变化对企业行为选择的影响。重组战略会带来企业内外部需求的变化，而在零交易成本下，需求对企业重组战略的态度会有何影响呢？下面我们从以下几个方面探讨这一问题：

第一，零交易成本下，企业内部需求可以市场化。企业的需求可以分为内生需求和外生需求。新古典经济学在研究企业规模问题时往往假设需求是外生给定的，但是从产业组织角度来看企业的经营行为往往对需求具有重要影响。交易成本分析框架沿用新古典价格理论着重从交易行为前后的成本来考量交易选择，而其背后的需求问题却被"交易"掩盖了。企业的内部需求是指企业为满足外部需求在进行的生产活动中产生的商品和服务需求，诸如：企业内部的员工管理、原材料的采购、销售网络管理以及资本需求等等。在零交易成本下，企业的内部需求可以充分市场化，主要原因在于：①合约的完备性。在契约理论看来，企业就是一系列契约的集合。企业的内部商品和服务需求也是通过一系列合约来体现，比如：企业与员工的劳资关系合约、企业与供货商的供货合约等等。在零交易成本下，由于信息是完全且对称的，合约双方可以就眼前和将来的权利义务作出详尽的预期，从而规避了交易双方的机会主义行为和道德风险问题，双方可以自愿达成完备性的合约。从而为企业内部需求充分市场化提供了稳定交易基础，企业可以把内部商品和服务需求通过市场交易来获取。②资源的充分流动性。资源是企业生产活动必不可少的，资源的流动性也是判断市场效率的重要标志。在竞争市场中，资源配置依靠价格调配给需求者，市场中买卖双方通过签订合约完成市场交易。然而在零交易成本下，合约具有完备性，价格就会充分发挥作用，资源可以实现充分流动。换句话说，企业内部需求的资源可以在市场交易中获得，企业内部的商品和服务需求的市场化倾向就会越明显。③资产的通用性。在零交易成本下，合约具有完备性，资源可以充分流动，进而长期会带来资产通用性大大增强。企业内部需求的满足会涉及大量资产的投入，主要包括物质资本和人力资本，物质资本主要包括企业生产设备、原材料等，人力资本主要包括企业技术和管理人才等，在零交易成本下，物质资本和人力资本可以通过完备合约约束买卖双方的长期关系，由于资源可充分流动，企业的沉淀成本将微乎其微，从而使企业资产通用性大为增强。简而言之，零交易成本下企业内部需求变化产生的资产变动可在市场交易中实现通用性的买卖。

　　第二，零交易成本下，企业规模经济不确定性加大。按照传统规模经济理论，企业面对一定市场需求在一定范围内通过扩大生产规模，可以降低平均成本，获取利润。规模经济理论主要讨论所有生产性服务合理组合的使用规模和企业产出率之间的关系。[①] 其实施蒂格勒指出了规模经济是一个相对的概念，而且规模经济理论也是假设市场需求是一定的，而实际上从产业组织角度来看，产业内企业的外部需求是变化的，尤其企业间兼并重组行为，更是会对外部需求产生重要影响。而在零交易成本下企业外部需求变化时，企业规模经济不确定性会大大增强。主要是因为：①进入壁垒大大降低。由于是零交易成本，市场信息充分而完全，产业内企业的外部需求变动将为其它企业知晓。规模经济往往被认为是进入壁垒，而背后实际真正反映的是需求不足是进入壁垒，在一个产业内企业规模应该是需求条件与规模经济共同决定的。如果说进入壁垒是新进入企业支付较高的成本，那么在零交易成本状态下，进入壁垒就会大大降低。②外部需求分散化。零交易成本下，从长期来看外部需求的增长或减少主要应该由企业数目同比例的增长或降低来满足，也就是说外部需求成分散化。企业战略重组本身既是适应外部需求变化的行为，同时反过来也影响着外部需求。当企业重组战略带来外部需求增加，其它企业就可以迅速进入；反之外部需求减少时，企业也可以自由退出。③企业最优规模不确定。关于一个产业内企业最优规模的测定本身就是一个难题，经济学家对这一问题也是莫衷一是，争辩很多。新古典经济学从长期平均成本和长期边际成本的关系判断企业最优规模，施蒂格勒则主张从生存技术来判断企业最优规

---

① ［美］乔治·J. 施蒂格勒. 产业组织［M］. 上海：上海人民版社，2006：92.

模，笔者也认可施蒂格勒的这一主张。生存技术既避免了资源的估价问题，又避免了技术研究的假说性质。它的基本假定为：不同规模企业的竞争筛选出了更具效率的企业。① 可见，最优规模的企业实际就是最有效率的企业，而与企业的大小无关。一个有效率的企业规模应该可以解决企业家所面临的所有问题：紧张的劳工关系、迅速的创新、政府规制、动荡的国外市场等等。② 而这些问题在企业实施重组战略时无论大小企业都不是容易解决的，更何况在零交易成本下，面对进入壁垒降低和外部需求分散化，企业的最优规模显然会充满不确定性。总之，企业战略重组会带来外部需求变化，而零交易成本情况在这三方面因素的影响下，企业规模经济的不确定性大大增强。

从以上的内外部需求变化两方面分析来看，在零交易成本下，企业重组战略选择并不能为企业带来稳定的外部需求扩张，内部需求也可以充分市场化。因此，从需求角度来说，企业对战略重组选择的积极性和主动性并不强烈。

2. 成本对企业重组战略的选择影响。如前文所述，零交易成本下需求并不能对企业在重组战略选择上产生积极性影响，那么战略重组会带来企业成本的大大降低吗？直到科斯发现交易成本之前，传统经济学企业理论把企业的成本主要分为生产成本和组织管理成本。而从现代企业发展和产业组织演化来看，生产成本、管理成本和交易成本三者之间也是互相融合的，然而对企业来说，既使在新古典经济学世界里买卖瞬间完成，没有交易成本，但是企业的生产成本和管理成本依然是无法回避的。因此，我们着重分析在零交易成本下，企业重组战略会对企业成本产生什么影响，进而会影响企业的行为选择。

第一，零交易成本下，企业重组收益难以预计。企业对重组战略的选择态度将取决于衡量满足外部市场需求重组扩大生产规模的收益（R）与应对内部需求增加而付出的组织管理成本之比（C），我们称之为企业重组收益成本比。当 R/C＞1 时，说明重组带来的收益（或利润）高于增加

① ［美］乔治·J. 施蒂格勒. 产业组织［M］. 上海：上海人民出版社，2006：94.
② ［美］乔治·J. 施蒂格勒. 产业组织［M］. 上海：上海人民出版社，2006：95.

的组织管理成本，企业重组战略带来了正收益，重组战略改善了企业的生存环境和经营业绩，企业往往倾向于重组；当 R/C＝1 时，说明重组战略并未为企业带来额外收益，这种状态下企业对重组战略视为"鸡肋"，企业对重组战略的积极性和主动性大打折扣；当 R/C＜1 时，说明企业重组战略带来的收益低于为此付出的组织成本，是负收益。企业不仅没有提高利润水平，反而降低了企业的经营业绩，此时企业明显不会选择重组战略。从前文分析来看，零交易成本下企业战略重组会带来规模经济不确定，而企业内部的商品和服务需求市场化倾向明显，这些都会导致企业对重组战略带来的收益预期不确定，也就是说重组战略并非一定会带来正收益，而企业在这种情况下往往选择规避重组战略。

第二，零交易成本下，企业组织管理成本刚性突出。相对于重组收益不确定来说，企业组织的管理成本却是刚性突出，即使在零交易成本状态下，企业的管理成本也是不可避免的，而且随着企业规模的变化而不断变化。企业战略重组中管理成本刚性突出主要体现在以下几方面：①重组带来企业规模变化，管理服务调整成本突出。企业重组会带来规模的变化，而相应的管理服务调整成本却很突出。如图 6.2，T_1 曲线是企业没有重组行为时生产规模与管理成本关系曲线，T_2 曲线是企业发生重组行为时生产规模与管理成本变化曲线，当生产规模从 q_1 增加到 q_2 时，管理成本会从 c_1 激增到 c_2，SD 这段曲线我们称之为企业重组管理服务调整成本。由此可见，企业战略重组带来的管理服务调整成本突出，并且难以克服。②重组带来企业生产销售管理成本加大。企业重组带来生产和销售规模扩大，而服务于这些生产和销售活动的管理成本也会加大。比如：员工队伍扩大的管理成本增加；销售产品种类和数量的扩大、广告的投入增加等导致销售管理成本的激增。③重组会带来企业管理层级增多，成本增加。企业重组战略对企业的治理结构也会产生重要影响，其中一个重要方面就是管理层级的增加和管理效率的损失。企业重组带来规模扩大，但与此同时管理层级也会相应增加，这就会导致管理人员增加，企业为管理人员的人力资本投入将大大提高。另外，企业管理层级的增加还会导致企业决策协调困难，管理人员主观不努力，导致企业内部管理 X 低效率出现，为此企业将会付出更大的生产成本。

通过分析零交易成本下企业重组战略带来的成本问题，我们发现企业重组的正收益难以保证，而管理成本却刚性突出。因此，零交易成本下从成本角度考虑企业重组对企业成长的作用并不明显，也非企业的理性选择。

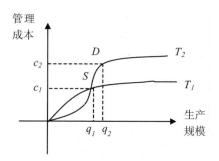

图 6.2　生产规模与管理成本关系图

综上所述，零交易成本下企业战略重组对企业的内外部需求和成本的影响很大，而这两点又反过来深深影响着企业对重组战略的选择态度。零交易成本下，从需求来看，企业战略重组可以导致外部需求分散化、内部需求市场和规模经济不确定性加大；从成本来看，企业战略重组可以导致企业重组收益难以预计，而管理成本却刚性突出。因此，从追求利润最大化来说，零交易成本下企业重组战略并非是企业的最优选择，企业也不会在有效需求增长不足和成本突增的状态下主动的选择战略重组。

第二节　正交易成本下企业战略重组问题分析

前文分析了零交易成本下战略重组对企业的影响及其对重组的选择问题，然而在现实世界里零交易成本的市场状态是极其少见的。新古典经济学理论是根植于零交易成本假设上的，把人看成完全理性且全知全能，而制度是中性的，一切都隐藏在企业"黑箱"之中。正如 Stigler（1972）

所说，"与没有摩擦力的物理世界一样，零交易费用世界是稀奇古怪的"。[①] 下面我们将分析在现实正交易成本世界中，战略重组行为对企业的影响及企业的理性选择。

一、正交易成本下的市场模型

如前文所述，在零交易成本的新古典模型中，价格机制被认为是唯一指引各项经济活动的工具。然而科斯（1937）发现，如果价格机制能有效的进行资源配置，那么为什么企业内部会有对资源配置的计划和指挥活动。他发现新古典的理论世界与现实世界相去甚远，以至于后来他一生都在质疑和批判传统经济学理论为"黑板经济学"。科斯指出交易成本主要来自两方面：一是发现价格的成本；二是谈判和签订合约的成本。交易成本的发现和研究可以说为我们打开了企业这一"黑箱"，让我们更加清晰地洞察企业内部的运作和治理成本问题。从企业角度来说，交易成本高低对企业的产量和最终产品价格会产生实质性的影响，因此，前文零交易成本下的市场模型中的均衡产量和均衡价格就会发生变化。假设在正交易成本下，已知单位产品的交易成本，且交易成本与达成的产品交易量成正比。通过图 6.3 我们可以看出交易成本的影响，和图 6.1 一样 P_0 是均衡价格，Q_0 是均衡产量。交易成本的现实存在使得买卖双方在市场完成交易时要付出一定的费用，当需求价格为 P_1 时，供给价格为 P_2，这说明产品购买者支付的价格高于均衡价格，而供给者获得的价格低于均衡价格，P_1P_2 则是购买者与供给者之间的价格差，它反映了现实市场中的交易成本，而在此时市场的交易量则从 Q_0 缩减为 Q_1。从图 6.3 我们可以清晰地发现交易成本的存在导致了市场"摩擦"的产生，从而扭曲了市场价格和市场交易量，随着交易成本越高，交易量反而越小，反映了交易成本的存在带来的社会福利损失，即图中 V_1 面积减去 V_2 面积（V_1-V_2），当交易成本越高两者差值越大，社会福利损失也就越大。因此，如何节约交易成本是作为市场竞争主体的企业必须正视的问题，也是企业成长和发展过程

[①] ［美］埃里克·弗鲁博顿，［德］鲁道夫·芮切特. 新制度经济学：一个交易费用分析范式［M］. 上海：上海三联书店、上海人民出版社，2006：13.

中必须突破的制约瓶颈。

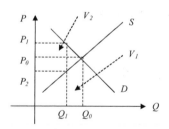

图 6.3　正交易成本下的市场模型

二、正交易成本下企业对重组战略的选择

如前文所述，交易成本对市场活动产生重要的影响，企业之所以存在就是因为可以节约交易成本。按照科斯的观点，企业与市场是一种替代关系，关键看哪一个交易成本更低，那么现代企业作为一个生产组织在其内外部都会有正交易成本的存在，另外产业中企业还会采取各种战略行为来节约和降低交易成本，其中重组战略是市场竞争中企业常常采取的策略。

1. 正交易成本在现代企业中的表现。打开企业"黑箱"观察企业的内部行为活动，我们就会发现企业并非新古典理论描述那样如精密机器一般运作，价格机制对市场活动调节也并非时时处处有效，交易成本往往成为制约和扭曲价格这只"无形之手"作用发挥的幕后推手。然而作为现代市场经济主体的企业，不仅企业外部市场活动存在大量交易成本，而且企业内部治理活动也会有交易成本，下面我们就从这两方面考察正交易成本在现代企业中的体现。

（1）企业外部市场交易成本表现。作为市场活动的主体之一的企业在生产组织和市场交易中会发生诸多费用，简单说可以分为利用市场的费用和企业内部科层管理的费用。埃里克·弗鲁博顿和鲁道夫·芮切特则将交易费用分为三种类型，即市场型、管理型和政治型交易费用。笔者从企业角度出发，简单地从企业外部市场交易活动和企业内部生产组织活动来考察交易成本的表现。从现代企业外部市场交易活动可能产生的费用来看主要包括三个方面：

第一，信息成本。新古典完全竞争理论的一个重要假设就是市场信息是完全的且毫无成本的，但是现实世界中信息并非无成本，甚至信息成本有时会高的阻碍交易发生。新古典竞争模型中市场交易是瞬间完成，没有时滞和摩擦，而在现实中市场交易活动的"摩擦"随时随处可见。因而，企业市场交易信息成本主要由以下几方面构成：①市场信息搜寻成本。市场中买者与卖者常常在互相搜寻，而非自然达成交易。比如：作为卖者的企业会通过上门推销、广告及商业推广等活动向买者传送产品信息；而买者为了获取产品全面信息会通过"货比三家"、学习产品知识甚至聘请专家指导等方式来甄别和搜寻产品市场信息，而这些买卖双方行为都是要付出大量搜寻费用。②谈判和签约成本。在信息搜寻后，买卖双方均找到合适的交易对象，然而双方就商品价格以及服务问题还会有讨价还价过程，甚至还会展开一系列谈判。尤其对于耐用产品，由于信息的不完全，为了有效约束买卖双方权利义务，企业与买者双方的谈判就越复杂，进而企业还会专门聘请法律专业人士就合约条款进行详细谈判，而这些繁杂的过程将耗费很大谈判和签约成本。正如 Kreps（1990）所言：在信息不对称的情形中（即谈判各方具有私人信息），无效率的结果就会出现。[①] ③市场波动成本。关于信息搜寻成本和谈判签约成本问题，科斯、威廉姆森等新制度经济学家已作了非常详尽的论述。然而，他们大都从买卖双方角度看待信息成本问题，是一种把市场信息看作固态化的，只是信息分属买卖双方而已。笔者认为这对于当前国内外市场剧烈变动是缺乏解释力的，换句话说市场信息并非是固定不变的，买卖信息也并非始终如一，更重要的是企业的行为会带来市场的波动，进而导致信息成本增加。比如：经济全球化已是世界潮流，而各国的经济联系越紧密互相之间市场波动的影响就越明显，一个经济、政治甚至企业波动都会对其它国家企业活动产生影响，期间最重要的影响是市场信息的骤变，美国债务危机引发的全球金融危机就是一个明显例子，期间市场波动给各国企业带来的信息成本难以估计；另外，开放的经济活动中，企业间的兼并重组行为既会对企业产生

---

① Kreps，D. M. 1990b. A Course in Microeconomic Theory. New York：Harvester，pp. 760.

影响也会给市场既定信息带来剧烈变化，市场交易活动中的卖家买家的信息成本会大大增加，甚至既定的交易也会停滞或撤销。因此，在国际经济一体化趋势下，市场波动（或者说市场不稳定）也是信息成本的重要构成。

第二，合约的不完全性。企业在市场活动中搜寻信息，通过谈判签订合约（包括口头合约），进而使交易达成，但是问题在于即使通过不断协商和讨价还价而达成的合约一定是完备的吗？理想世界中，买卖双方在完全信息完全理性条件下可以达成一个完全合约来约束双方的权利义务。然而如前文所述，在现实世界中信息是不完全的，买卖双方也并非完全理性而是有限理性的，因此合约具有现实的不完全性，而合约不完全性可以造成企业的外部市场交易成本提高。主要表现在以下几方面：①合约的执行和监督成本提高。不完全合约导致合约在执行过程中随时可能因为主客观状态的变化而使合约不能按规定履行。因此，买卖双方都会为保证合约履行而付出一定的执行和监督成本。比如：买者为保证产品符合合约规定的时间、质量和规格而进行检测，一旦发现问题要求卖者重新供货，而这中间会产生一系列诸如通讯费用、公关费用甚至诉诸法律的费用等等；而作为卖者的企业来说按合约规定收取货款，以及由于主客观原因产品不能按合约规定交付，这中间都会产生诸多沟通费用甚至法律费用等等。因此可见，一份合约要想得到履行中间必须付出一定的执行和监督成本。②道德风险加大交易成本。合约的不完全性还会带来交易双方的道德风险问题。如前文所述，信息不对称将会带来事前买卖双方都隐藏真实信息的动机，致使合约条款难以反映真实信息，为日后执行合约埋下了隐患；另外，买卖双方还会有事后"敲竹杠"行为，尤其在涉及像威廉姆森（1985）所说的关系型投资方面，买卖双方的"敲竹杠"行为将会增加企业市场交易成本。③不完全合约再谈判成本高昂。合约不完全性难以避免，而如果为了弥补不完全合约采取修补或重新签约都将耗费高昂成本。有些合约并非买卖双方主观故意，而是双方遗漏了某条款或者表述不清晰导致的不完全，Ayres 和 Gertner（1992）将这类合同称为"责任方面的不完全"。这类不完全合约的再谈判相对容易，修补成本也相对较低；而如果合同各方愿意附加状态依存条款，但却因受制于自然状态不能被证实（或者因为事前描述状态的成本非常高）的事实而不能实行，那么合同就是不完全的。[①]
Ayres 和 Gertner（1992）将这类合同称为"不充分状态依存"合同。对于这类合同的修补和再谈判成本将是非常高昂的，而在现实中这类合同是不完全合约的主要形式。

第三，制度成本。市场交易中买卖双方能够达成交易不仅依赖于双方买卖合意，而且还要依赖于一定的市场交易制度安排。企业在外部交易活动中的信息成本和不完全合约成本容易发现，而隐藏在交易活动背后的制度成本往往被忽视。企业的外部市场交易活动不仅受到制度安排的影响，同时还会促进制度本身发生变革。因此，企业外部交易的制度成本主要体现在以下几方面：①市场交易制度建立和运行成本。如前文所述，零交易成本世界信息是完全的，而在正交易成本的现实世界市场具有不完全性，加之买卖双方的有限理性，市场交易不确定性大大提高。而制度就是为了降低交易中买卖双方不确定性而存在的。一个交易要想达成除了买卖双方搜寻信息、谈判和签订合约等过程需要费用外，为保障市场交易顺利而制定和运行的一系列制度也是需要付出成本的。比如：制度的建立需要谈判、利益集团的博弈以及法律规定的程序等；制度的执行需要建立执行机构、人员配置以及经费拨付等，这些费用看似并非买卖双方直接支付，其实最终都会通过税费形式转嫁给卖者和买者。因此，交易制度结构是否有效率，对交易成本高低有着重要影响。②制度变迁成本。制度通过其对交换与生产成本的影响来影响经济绩效。与所用技术一起，制度决定了构成总成本的交易费用和转型（生产）成本。[②] 因此可见，制度框架规制了卖方和买方市场成本的大小，而无论卖方还是买方对外部环境和市场信息的认识都是逐步的，这就促使买卖双方都有动机改变现有制度结构，提高交易效率，而这时另一个问题就产生了——制度变迁也是有成本的。制度变迁的过程可以表述为：一种相对价格的变化使交换的一方或双方（不论是政治的还是经济的）感知到：改变协定或契约将能使一方甚至双方的处境

---

① 费方域，蒋士成主编、译. 不完全合同、产权和企业理论［C］. 上海：格致出版社、上海人民出版社，2011：242.

② ［美］道格拉斯·C. 诺思. 制度、制度变迁与经济绩效［M］. 上海：格致出版社，2008：7.

得到改善，因此，就契约进行再次协商的企图就出现了。① 而打破原先的这种市场制度均衡，各方会投入资源去争取在谈判过程中处于有利地位，尤其企业家会通过他们的知识和冒险精神搜寻一切可以获利的机会，并采取一系列直接或间接（如：游说、公关、行业协会施压）的措施以获取有利的制度安排。总之，在漫长的制度变迁过程中，经济组织尤其是企业将会付出高昂的成本，一是为获取有利的谈判定位，制定有利于自身获利的制度框架而付出的费用；二是制度变迁带来的交易规则调整，以及企业为适应规则调整而付出的成本。

（2）企业内部交易成本表现。企业外部市场交易成本结构复杂而且不确定性很大，而企业内部治理的交易成本同样不可小觑，许多企业在市场竞争中无法获取优势就是因为企业内部交易成本降低了企业效率，甚至导致企业陷入困境。在现代企业内部治理中的交易成本问题主要有以下几方面构成：

第一，机会主义行为。在市场交易买卖双方会有机会主义行为，同样在企业内部治理中机会主义行为也是企业面临的难题之一。企业内部治理中机会主义行为导致交易成本增加主要反映在以下几方面：①现代企业委托代理关系滋生机会主义行为。在现代企业中尤其在大型企业中委托代理成为科层管理的一种普遍现象，在委托代理关系中，代理人的行为应该是代表委托人的，而委托人对代理人的行为监督却存在困难，这就为代理人的机会主义行为创造了天然条件。正交易成本现实世界里委托代理问题是难以完全解决的，在现代企业治理中委托人和代理人难以签订一个完全代理合约。因此，在现代企业中如何防范委托代理带来的潜在机会主义动机是一个重要企业治理问题。比如：在企业中经理与销售人员的关系、股东与职业经理人关系以及国家与国有企业经理人的关系，在这些企业内部治理各层委托代理关系中委托人为了刺激代理人努力工作从而双方签订一份激励合约，而即使这样在信息不对称下作为委托人也只能对最终结果作出判断，而过程委托人却是无法观察的。代理人会有道德风险问题，同样作

---

① ［美］道格拉斯·C.诺思．制度、制度变迁与经济绩效［M］．上海：格致出版社，2008：119.

为委托人也会存在事后机会主义问题，最典型的就是委托人借口各种问题克扣经理人薪水，以至于如果经理人预测到委托人的这种机会主义行为，委托人就不会百分之百努力工作。在这一系列猜忌和博弈的过程中委托人和代理人实际上都付出了交易成本，企业效率也遭受损失。②现代企业治理结构复杂且外部性问题突出，导致机会主义思想浮现。在企业内部治理中不仅委托人和代理人会有机会主义行为动机，而且作为科层治理的各内设机构、部门乃至母子公司间也会存在机会主义行为。这主要有两方面原因构成：一方面是现代企业治理结构越来越复杂，尤其是大型企业，层级繁多，而各个部门又有着自己的利益，比如：部门考核、奖金、升迁等等，这就导致部门利益会与企业整体利益产生脱节，为了维护各自部门利益而产生机会主义倾向，而部门间的利益协调难度是很大的，企业将会为此付出大量的交易成本。另外，部门绩效的外部性问题也会诱发其它部门产生机会主义行为，企业是一个契约型组织，也是一个合作型组织，企业无论是生产活动还是交易活动都需要许多部门协作共同完成。而这时部门绩效的正外部性就会致使一些部门不主动作为，而"坐享其成"；而一旦某个部门因为工作失误而导致绩效下降产生负外部性，其它部门则可以轻松推脱责任，而在预见到这种机会主义行为后，各个部门机构都会慵懒，不积极主动，而为了刺激这些机构部门努力工作，企业的内部治理交易成本将增加。

第二，资产专用性。在企业内部治理中资产专用性是引起交易成本问题的一个重要方面。资产专用性是指一项资产投入用于某种特定用途后，很难再转作它用，即使用作它用也很难发挥其原有价值，甚至大大降低其使用价值。威廉姆森（1985）将专用性资产大致划分为为四类：场地专用性、物质资产专用性、人力资产专用性和特定用途的资产。① 而这四类专用性资产在企业内部治理中会对交易成本高低产生重要影响。①企业的场地专用性问题可以说在企业内部治理的基础性问题。企业在某地设厂或者企业销售网点的铺设，对于企业节约采购和运输成本至关重要，而一旦厂

_____

① 　Oliver E. Williamson，The Economic Institutions of Capitalism，New York：Free Press，1985.

址或销售网点设定，就不可挪作它用。因此，一旦企业专用性场地选择失误将会大大提高企业内部治理交易成本。②企业在进行物质资产投资尤其是耐用品投资时常常会受到物质资产专用性问题困扰，而企业治理中物质资产投资方面在资产负债表中往往占据重要地位。例如，某种设备和机器仅适用于某种产品的生产，在其它用途中会降低其价值甚至毫无价值。这实际上提高了企业在进行专用性物质资产投资时的交易成本。③人力资本专用性是企业内部治理中面临的突出问题。企业与员工的契约是不完全的，员工在没有得到企业的有效承诺前，员工一般不会积极主动进行人力资本投入，即使投入也很难观测；而企业对员工进行专用性投入会带来员工事后"敲竹杠"问题，导致企业技术外流或消极怠工，而为了激励约束双方企业为此将要付出大量交易成本。④在现代企业中定制应成为一个普遍的商业模式，而在这些定制都涉及特定的产品，企业专门为特定购买者所做的设备等专用性的投资，如果没有购买者的商业承诺，这种投资就很难盈利。而且由于这些都是特定用途的专用性资产，很难转作它用，转作生产其它产品的机会成本很小，甚至为零。因此，对于这类特殊用途的专用性投资具有相当的不确定性，而企业为了获取定制者有效承诺，降低风险，企业在内部生产管理以及专用性投资过程中将耗费大量交易成本。

第三，人格化组织成本。如前文所述，现实中的企业并非像新古典经济学刻画的古典企业模型那样，其既不是简单的生产函数集合也并非复杂的契约关系总和，而是有着人格化组织特征。企业随着规模不断扩张，人格化组织特征会越发突出，而这种人格化特征既会为企业带来诸如沟通经济、团队生产和知识扩散等有利于促进企业成长的独特优势，同样也会对企业内部组织的交易成本控制构成挑战。这种人格化组织治理成本主要表现在以下几方面：①非正式组织扰乱企业管理秩序。在企业日常治理中，正式组织的科层设置往往可以通过人事任免来监督相关人员服从相关规章制度，而对于非正式组织来说这种科层管理就无法有效实施。非正式组织在现代企业中普遍存在，员工在工作中由于情感接触、相同兴趣和偏好而自发凝聚在一起，非正式组织的管理是企业面临的难题。为了有效管理非正式组织，避免其扰乱企业管理秩序，企业要付出大量沟通、协调和监督成本。②企业文化限制企业成长路径。企业文化是企业成长过程中企业内部员工长期工作中形成的价值认同和利益偏好。而企业文化一旦形成将会对企业成长产生诸多影响，企业在日常管理中将会自觉不自觉的遵循既定的企业文化，但是如果企业文化对企业成长路径产生限制，要想突破企业文化的"软锁定"将会非常艰难，甚至要付出高昂的交易成本。③人格化组织波动性大。相对于企业内部治理的科层结构来说，现代企业的人格化组织重要特征就是波动性大，在企业内部人格化活动中人员的因素影响很大，而一旦某些人员出现问题将会对整个企业组织产生影响。比如：企业家或高管团队的变动对企业内部治理就会产生重要影响；技术人才的流动、员工间的人际关系等都会直接或间接对企业治理产生影响。企业为了降低波动性，将会投入大量资源维持人格化组织的相对稳定，而这些人际间的交易成本往往难以准确估计。

2. 正交易成本下战略重组对企业的效应分析。从前文分析来看，企业的外部市场交易和内部治理都会存在大量交易成本，现实世界的交易成本无法根除，那么如何最有效的节约交易成本成为企业纷纷追寻的目标。从各国企业以及不同所有制性质企业的历史发展来看，战略重组成为许多企业"不约而同"的理性选择之一。从欧美五次并购重组浪潮来看，并购重组对提升企业竞争力，获取竞争优势具有重要的作用。从历史经验来看，并购重组的方式、策略和重点有所不同，但其本质上可以归结为需求和成本两方面促进了企业竞争力提升，企业因此在发展中总是搜寻有利的市场并购重组机会。下面我们着重从这两方面分析企业的战略重组效应：

第一，正交易成本下，战略重组有利于产生降低企业经营成本效应。按照新古典经济学的追求利润最大化的假设，尽可能的降低经营成本也就成为企业的追求目标，成本的有效控制也是企业提升竞争力的根本途径。正交易成本下，战略重组对企业降低经营成本具有积极效应，主要体现在以下几方面：①战略重组有利于节约交易成本。如前文所述，在正交易成本现实世界企业在市场交易中会产生诸多摩擦，这些摩擦也就是交易成本产生的根源，主要表现为信息搜寻成本、签约成本和合约执行监督成本。这些市场交易成本在企业日常经营中难以回避，而战略重组却可以是企业许多市场活动内部化，从而大大降低企业的市场交易成本。正如威廉姆森阐述一体化三个肯定性理由：有利于防范道德风险、有利于防范外部性问题和有利于恢复有效率的要素组合，从而降低总成本。① 由此可见，战略重组是对企业对市场缺陷的一种弥补策略，战略重组节约了交易成本，最终降低了总成本。②战略重组有利于降低生产成本。企业生产说到底就是各种生产要素的组合，如何最优配置各种生产要素，成为控制生产成本的关键。正交易成本下，通过价格机制市场配置资源会产生各种扭曲，而通过战略重组来替代市场组织是明智选择。企业通过纵向一体化或横向一体化把资源配置内部化，而企业在内部确定各种资源要素的投入要比在市场中确定要素资源配置有效率的多。企业之所以能赢利，不是因为得到了生产率更高的资源，而是因为更准确地掌握了资源可能的用途和实际生产功能。② 因此可见战略重组行为对企业来说，一方面可以节约市场交易成本，另一方面可以实现生产要素的内部最优配置，从而降低生产成本，这两方面往往互相关联，互相影响，战略重组策略最终对企业总的经营成本的降低是有积极效应的。

第二，正交易成本下，战略重组有利于产生增加市场需求效应。新制度经济学在分析企业一体化问题时，大都从节约交易成本角度考察，其实从企业角度来看，最大化的降低成本是追求目标之一，而供求关系亦是企业考虑的基本问题，而在正交易成本下战略重组对扩大市场需求有着重要作用。主要表现在以下几方面：①战略重组有利于实现规模经济。如前文所述，企业采取战略重组策略有利于降低总体经营成本，单位成本的降低有利于产品在终端销售价格下降，按照供求关系的价格调节机制，价格下降从而有利于扩大需求，促进需求量增加，有利于实现企业规模经济。②战略重组有利于掠夺竞争对手客户。企业获取和扩大市场需求除了自身不断提高产品品质降低价格外，还可以通过并购重组竞争对手迅速提高市场占有率，也是扩大需求量的有效举措。在欧美五次并购浪潮中，许多并购重组活动发生在同行业内，从而迅速扩大了企业生产能力和市场占有率，缔造了许多大型跨国公司。另外，战略重组还是企业实现规模经济的有效

① ［美］奥利弗·E·威廉姆森. 反托拉斯经济学——兼并、协约和策略行为［M］. 北京：经济科学出版社，1999：36－38.

② ［美］哈罗德·德姆塞茨. 所有权、控制与企业——论经济活动的组织［M］. 北京：经济科学出版社，1999：169.

途径，一个企业要想靠自身发展实现规模经济可能需要较长时间且并非一定能成功，而战略重组策略可以大大提高资本效率，并且可迅速掠夺竞争对手的客户，扩大自身市场需求量。③战略重组追求外部市场需求扩张大于内部服务需求的增加。如前文所述，战略重组不仅会带来外部需求变化，而且企业内部需求也会发生变化。零交易成本下，战略重组引起的内部需求变动可以实现外部化，而在正交易成本下战略重组引起的内部需求变动是很难实现外部化的，即使外部化成本也是很高昂的。因此，企业在采取战略重组策略前会充分考虑重组带来的外部需求扩张是否大于由此带来的内部需求增加，如果大于内部服务需求的增加，企业就会采取战略重组策略，反之则可能不会。由此可见，一个企业采取战略重组行为就是预期在当前或将来外部需求扩张的边际收益会大于内部服务需求增长的边际成本。

综上所述，正交易成本下，战略重组对企业成长具有成本和需求两方面的积极效应。从成本效应来说，战略重组可以节约企业交易成本，降低企业生产经营成本；从需求效应来说，战略重组可以有利于实现规模经济、掠夺竞争对手客户以及追求外部需求扩张大于内部服务需求增加。因此，正交易成本下企业若要迅速提升竞争力，获取竞争优势，战略重组就会成为企业的理性选择，尽管这一选择亦是存在风险的。

第三节　正交易成本下央企战略重组与国际竞争力提升的机理分析

如前文论述，零交易成本在现实世界是很难发现的，作为经济组织的企业，在内外部活动中交易成本随处可见，随时可能会发生。前文主要以一般企业来分析，而作为大型国有企业的中央企业来说既有一般企业的共性，又有着自己的特殊性质，而在交易成本问题上，国有企业和一般企业没有区别，甚至国有企业的交易成本更为突出，那么问题在于战略重组策略能够降低中央企业交易成本吗？交易成本的降低是提升中央企业国际竞争力的有效"良方"吗？如果是，它在央企经营活动中发挥功效的机理又是如何呢？下面本文将着重对这些问题展开阐释。

一、战略重组对中央企业交易成本的影响

战略重组是企业一系列的业务活动，包括兼并、破产、财务重组、资产重组以及治理结构重组等等，战略重组可以说是一个复杂的系统工程。在中央企业经营活动中交易成本高往往成为拖累中央企业绩效提高的重要原因，而战略重组行为是解决国有企业资源配置低效，产权不清晰，交易成本高昂等问题的有效途径，三十几年的国有企业改革重组以及前文所述央企的重组历程都充分说明了战略重组可以对国有企业治理产生积极影响。

1. 交易成本在中央企业经营活动中的表现。从目前总体状况来看，中央企业规模大、人员众多、产业结构不合理、产业链较长，而且对国民经济影响较大。从中央企业近年来的改革发展来看，中央企业亟需解决央企内部交易成本突出问题，而且交易成本问题渗透到了央企经营活动的诸多环节和领域，这一问题能否有效解决不仅涉及央企"存在论""退出论""垄断论"等争论，而且关系到央企国际竞争力能否有效提升。中央企业经营活动中的交易成本问题纷繁复杂，下面我们主要分析央企治理中交易成本问题突出表现的几个问题：

（1）委托代理问题。委托代理问题在市场经济中是一个普遍现象，在企业经营活动中都会或多或少的存在，尤其在大型企业中更是如此，其本身并非产权和所有制所导致。然而，我国国有企业的委托代理问题既有历史根源又有现实原因，应该说国有企业改革在一定程度上缓解了委托代理问题，从而使以中央企业为代表的国有企业近年来逐步走出困境，经营绩效得到明显提升，但是在央企治理中委托代理问题产生的"土壤"依然存在，在央企近年来"做大做强"过程中委托代理问题反而越发突出，主要表现在以下几方面：

第一，中央企业多层委托代理现象突出。随着中央企业不断"做大做强"，中央企业多元化发展、国际化发展使得企业内部委托代理链条不断延伸，致使代理层次不断增加。从目前来看，作为国务院派出机构的国资

委履行出资人职责，是全民的委托人代表，而中央企业内部组织框架中母公司到子公司、孙公司形成至少三层以上委托代理关系，如果再考虑中央企业与其它企业间的交叉持股等投资行为，中央企业治理中的委托代理层级将是非常繁杂的，而委托代理层次越多带来的信息不对称问题、代理问题、监督问题等也会越发突出，进而导致交易成本激增。

第二，委托人与代理人经营目标不一致。委托人和代理人关系是基于契约的内部授权关系，依照契约代理人完成委托人委托的任务，而委托人则履行契约支付一定的报酬。当代理人和委托人目标一致时，代理问题就不会产生，但是现实中代理人和委托人往往目标不一致，他们的目标和偏好可能差别甚远，这时代理问题就出现了。中央企业作为国务院国资委直接监管的大型国有企业，其委托人和代理人目标不一致问题根源主要有以下几点：①信息不对称。如前文所述，中央企业的多层委托代理容易造成信息传递失真，加之委托人和代理人故意隐藏信息造成央企治理中信息不对称现象突出。为了获取真实信息，委托人将付出高昂的信息搜寻以及监督成本，而且为了激励代理人积极履行职责，委托人也要付出不菲的激励成本。②责任不对等。在信息不对称条件下，委托人和代理人的责任往往也是不对等的。央企代理人掌握企业控制权，却不承担责任；委托人不实际控制企业，却承担最终责任，这种状态下代理人往往会产生不负责任的决策，因为国有资产的盈亏不关系到其自身利益。国有企业经理人员明显具有风险中性或风险规避的态度，企业经营风险会通过风险转嫁机制至少部分或全部转嫁给履行出资人机构。[①] ③利益不一致。委托人与代理人目标不一致的根源之一是利益不一致，对于中央企业来说，委托人追求的是国有资产保值增值，而央企代理人的利益却是多元的，央企的绩效和国有资产保值增值只是一方面，代理人还会追求高档消费、大吃大喝等职务消费利益，代理人"道德风险"问题凸显。

第三，剩余索取权实际缺失。在现代公司的委托代理关系中，股东享有最终剩余索取权，董事会是公司的决策机构，经理层负责执行董事会的相关决策。在企业所有权和经营权分离的状态下，股东和董事、董事和经

---

① 徐传谌，闫俊伍. 国有企业委托代理问题研究［J］. 经济纵横，2011（1）：94.

理人员之间会存在多层委托代理问题。而在国有企业中，企业的剩余控制权掌握在政府委托的政府官员手中，剩余索取权依然归政府即全民所有，剩余索取权和剩余控制权的不对称必然造成官员手中的控制权演变成"廉价投票权"，拥有控制权的人并不对使用权力的后果负责，因而可能出现滥用权力。[①] 因此，在这种剩余索取权实际缺失的状态下，履行出资人职责的政府部门及其官员会为追求部门利益或个人利益，不惜损害国有企业利益，甚至权力寻租；另外，作为经理人员也会试图与政府部门或官员"合谋"，以实现内部人控制，侵吞国有资产。近年来，相关政府部门和个别中央企业的腐败案件充分说明的这一问题。

（2）资产专用性较高。威廉姆森认为资产专用性是企业的一种专用性投资，而这种投资具有"专用性"，不能转作它用，既使转作它用也将大大降低其价值。在市场交易中买卖双方或多或少都会涉及专用性投资，而随着专用性投资越大双方互相依赖关系就越强。因此在不完全合约条件下，资产专用性是影响交易成本高低的重要因素，尤其对于长期关系性投资更是如此。中央企业资产专用性问题是较为突出的，尤其对于一些特殊行业和资源性央企更是如此。从总体上看，中央企业资产专用性较高，主要表现在以下几方面：

第一，中央企业涉及的行业物质资产专用性较高。中央企业目前涉及的行业主要包括以下几类：涉及国家安全的行业，如军工、航天航空等；提供公共产品的行业，如邮政、电信、电力等；自然垄断行业，如石油、天然气、煤炭等；基础化工和制造行业，如钢铁、化工、重型装备制造等。这些行业普遍存在企业规模大、投资大、风险高、对国民经济影响大等特点，这些行业大多是私营企业无力也不愿进入的领域，物质资产专用性较高。物质资产专用性给中央企业治理带来的交易成本问题主要反映在两方面：一是专用性物质资产投资前的信息和谈判成本。央企在进行大量专用物质资产投资前会对市场信息进行搜寻和甄别，而央企所处的行业大都竞争不充分，也就导致信息匮乏，容易判断失误；另外央企还会与相关

---

① 张屹山，王广亮. 论国有企业改革的根本问题是解决委托代理关系 [J]. 中国工业经济，2001（11）：65.

买家进行谈判以期获取稳定的投资后利润回报，而这一谈判过程也将冗长而耗费颇多的。二是专用性物质资产投资后的合约监督与市场波动成本。不完全合约现实背景下，一旦交易关系锁定，形成双边垄断格局，"敲竹杠"行为动机就会大增，因此央企在专用性物质资产投资后对契约的监督执行也是耗费大量成本的；另外，既使没有主动的"敲竹杠"，市场波动也会带来难以预计的影响，而作为大型企业的中央企业对于市场波动影响的规避是乏力的，专用性资产很难转移或变卖的，因此，央企的物质资产专用性导致市场风险成本也较高。

第二，中央企业人力资本资产专用性较高。人力资本包括人的健康、体力、经验、生产知识、技能和其他精神存量，它与物质资本的根本差别在于其产权特征。① 物质资本通过交易可以属于任何组织或个人，而人力资本却有着天然的个人属性，交易可以获得人力资本的使用权却无法获得人力资本的终极产权。人力资本产权的这一天然属性，最终也导致了央企人力资本治理成本高昂，主要表现在以下两方面：一是央企人力资本"敲竹杠"。国有企业与企业员工之间也是一种交易关系，这种交易关系以一系列的劳动契约为纽带。中央企业是大型国有企业其管理层级、企业文化、技术水平以及行业特殊性等对企业员工都有一定的特殊要求，因此央企员工的人力资本并非通用性资产，具有较高的资产专用性。在不完全契约条件下，央企人力资本"敲竹杠"的可能性大大增加。二是央企人力资本难以转移。正因为央企人力资本具有一定的特殊性，除了会产生"敲竹杠"行为外，央企人力资本专用性较高导致央企员工难以转向其它人力资本市场，央企员工尤其一些特殊行业员工很难转移从事其它工作，他们的知识、技术和能力等各方面很难适应其它工作，这就导致央企在改革发展以及内部经营管理中，员工的转移安置成为一道难题，直到今天许多国有企业改革重组中的员工遗留问题依然很多。总之，中央企业为有效遏制人力资本的"敲竹杠"行为和转移安置员工会付出高昂的交易成本。

（3）公司治理结构不合理。在企业经营管理中，治理结构是否科学合

---

① 张立君. 不完全契约、资产专用性与最优企业所有权安排［J］. 经济评论，2000（4）：82.

理，能否有效运转对企业的交易成本具有重要影响。我国国有企业经过多年改革现已基本形成现代公司治理框架，而对中央企业来说尤其是 2003 年国务院国资委正式成立以来中央企业改革的一个重要方面就是积极推进建立现代企业制度，优化公司治理结构，应该说已经取得了显著成效。但是我们也要清醒地看到，中央企业在企业内部治理结构问题上改革空间依然很大，主要突出反映在两个问题上：

第一，现代企业制度建设不完善。现代企业制度建设是公司治理的最根本途径。不完善的企业内部制度会导致企业内部治理交易成本不确定性大大增强，也会使既有的公司治理结构形同虚设。公司治理应该通过企业制度予以稳定，而中央企业内部制度建设欠缺，导致中央企业在产权结构以及公司治理结构的优化问题上矛盾较多。企业治理涉及股东会、董事会和经理层之间的关系，其核心是企业控制权和激励约束制度设计。[①] 因此，中央企业应大力加强国有产权交易制度、董事会制度、非国有资本参与中央企业改革重组制度、中央企业上市公司信息披露制度、中央企业跨国投资制度以及中央企业薪酬管理制度等一系列现代企业制度建设。

第二，央企治理权责不对等。现代企业制度建设的不完善，加之中央企业的特殊性，还导致了中央企业治理权责不对等问题突出，既容易导致"拍脑袋"决策，又易引发消极怠工现象，最终导致央企内部交易成本上升。国务院国资委履行出资人职责，负责对中央企业进行监督管理，但是国资委对央企高管却没有任免权；再者央企高管责任追究制度欠缺，央企高管大都是有一定级别的官员，导致央企经营管理中常常不按企业发展规律经营，一味追求所谓"政绩"，而事后却很难追究责任。这些权责不对等现象在央企母公司及其子公司中很是常见，大大增加了央企内部治理的交易成本。

（4）政府监管制度不完善。前面论述的委托代理问题、资产专用性问题以及央企治理结构不合理问题都是从中央企业内部治理角度来考察，对于中央企业来说外部治理的政府监管是央企经营管理中不可回避的问题，而且政府监管问题往往耗费央企很大的精力，并且央企在处理与政府关系时交易成本难以准确估量，这主要由以下两方面引起：

---

① 金碚等．中国国有企业发展道路［M］．北京：经济科学出版社，2013：12.

第一，政企不分现象依然存在。我国国有企业是计划经济的产物，在我国经济发展中国有企业曾经起到了巨大的作用，正是这种强大的政府主导作用以及国有企业的单一产权性质，使得国有企业在决策效率和政策执行上具有明显优势，使得国有企业得以迅速成为国民经济的支柱。然而，随着我国市场经济体制的逐步建立，国有企业改革过程中一个重点要解决的问题就是政企分开，经过几轮国有企业改革政企分开问题已得到根本性的扭转，国有企业已经成为市场主体，企业的经营权和管理权得到了充分的保障。但是具体到中央企业层面来看，政企不分问题时常会出现，中央企业在监管上常常受到多头管理、政府直接干预企业经营甚至行政命令取代市场调节等问题，这些政企不分问题导致中央企业经营管理常常受到干扰，从而违背市场规律，使中央企业治理的交易成本大大增加。

第二，监管制度不完善。从目前现状来看，中央企业与政府的关系一边是政企不分政府越位现象依然存在，而另外一边又是政府监管缺位，监管制度不完善。中央企业委托代理关系中，作为国有资产的监督者的政府及其代表，换句话说就是作为委托人具体代表的政府官员监督激励不足，导致官员对国有资产监督乏力，央企经营好了官员会称自己"有功劳"，而如果经营不好则可以推卸责任给代理人。另外，中央企业的监管制度建设相对中央企业的快速扩张来说是滞后的，尤其近年在央企"走出去"发展战略下，政府相关部门对中央企业国际化经营的监管是落后的，也导致了诸多央企投资失败，损失巨大。由此可见，监管制度不完善会导致政府与企业边界不清，权责不明，央企在与政府关系处理上的交易成本增加。

2.战略重组对中央企业交易成本的影响。前文论述了交易成本问题在中央企业经营管理中的表现，可以说交易成本问题是困扰央企快速稳定健康发展一道难题。按照科斯的观点，企业与市场是一种相互替代的关系，关键看哪个交易成本更低。因此，当前有的学者信奉新自由主义，鼓吹推进国有企业"市场化""私有化"来提高效率，把市场经济与公有制对立，视为"水火不容"，从而从根本上否定国有企业。然而，这种把市场经济与私有制等同的经济逻辑是与事实不符的，众所周知西方资本主义国家国有企业从来就没有完全消除过，而且这种逻辑也是对市场经济制度的片面理解。市场经济是一种主要有竞争主体——个人和企业决定生产和消费的经济制度。国有企业能否与市场经济结合关键要看其能否成为参与市场竞争的主体。[①] 随着国有企业改革的不断深入推进，国有企业是我国社会主义市场经济的竞争主体已无可厚非，事实证明市场经济与国有企业是可以互相融合的，关键看国有企业改革如何进一步优化资源配置，提高经济效率。从前文分析来看，中央企业治理的交易成本仍然有很大的降低空间，中央企业的战略重组可以有效地推进改革深入和提高效率。

（1）央企战略重组有利于控制代理成本。如前文所述，在中央企业治理中委托代理问题是较为突出的，如何有效控制中央企业的代理成本是中央企业改革发展中必须解决的问题。从目前中央企业的发展状况来说，积极推进中央企业战略重组对控制代理成本具有不可替代的作用，主要表现在以下几方面：

第一，央企战略重组有利于突出主业，缩短委托代理链条。目前，中央企业主业在多元化发展中主业不突出问题日益明显，很多央企涉及产业过多，不仅分散了企业内部资源，也导致央企下属公司数目繁多，增加了管理层次，使得委托代理链条延长，增加了央企内部交易成本。通过战略重组可以剥离与央企主业的不相关的产业；可以通过破产重组使得长期亏损的企业按市场规律"停、转、并"；可以通过业务重组使得央企之间的重合业务得以优化，避免央企间恶性竞争；还可以通过战略重组实现企业内部组织精简。由此可见，央企战略重组是突出主业，优化央企内部与央企之间资源配置，提高效率的有效途径，前文分析央企近年的业绩发展也充分说明的这一点；另外央企战略重组突出主业过程中，许多子公司和孙公司得到有效的处置，既节约了资源，又客观上缩短了委托代理链条，大大地节约了代理成本。

第二，央企战略重组有利于打破信息屏障。信息不对称是代理成本产生的重要因素，作为大型企业的中央企业在内部存在大量信息屏障问题，而且这种信息屏障在一般状态下难以打破，即使获取了真实信息成本也是高昂的。而中央企业如果一旦启动战略重组策略，对于重组双方来说信息公开是必要的，重组涉及的人员、技术、资金、设备等等信息，双方将彼此公开以便进行重组谈判，而这一过程本身也就逐步打破了原先固化的结

---

① 金碚等.中国国有企业发展道路［M］.北京：经济科学出版社，2013：7.

构性的信息屏障。信息屏障的打破使得委托人和代理人信息不对称状况大大得到改善，从而降低了代理成本。

第三，央企战略重组有利于激励约束代理人。代理成本很重要的一部分就是激励约束代理人而产生的，比如：高薪酬、高职务消费以及监督成本。这种代理成本在静态市场下，代理人会通过种种途径逐步提高要求，甚至"敲竹杠"来提高自己的各种待遇，从而使代理成本不断提高。然而，战略重组可以有效构建代理人竞争市场，中央企业经营业绩决定经理人在重组中的话语权，这种外部市场重组的压力可以刺激央企经理人努力工作，对中央企业经理人形成有效的激励约束，并且还不需要付出额外的费用，从而节约了代理成本。

（2）央企战略重组有利于促进资产流动，降低资产专用性。如前文所述，中央企业资产专用性普遍较高，导致中央企业内部交易成本不确定性较强。而这种专用性资产投入对企业的发展是不可缺少的，在不完全契约的现实世界，资产专用性问题在任何企业都会或多或少的存在，关键是看企业如何最大化的降低"专用性"，提高"通用性"，而这也对提升企业竞争力大有裨益。国有企业改革发展中面临的一个重要难题就是专用性资产的处置问题，直到现在仍然有大量国有企业员工、固定资产等历史遗留问题没有完全解决。战略重组可以在一定程度上促进央企国有资产流动，降低央企资产专用性，主要表现在以下几方面：

第一，资产重组可以优化央企资源配置，提高资产利用效率。企业战略重组的一项重要内容就是资产重组，战略型重组以完善产业结构、培育核心竞争力和提升企业价值等作为重组目的，凭借重组注入的优质资产实现与现有资产产生协同效应，或者实现现有资产产业链的延伸，或者寻求与现有资产关联度不大的多元化发展，或者摆脱现有资产进入更有发展前景的业务领域等，使重组后的资产结构及组成更加符合企业长期发展战略的需要，保证企业未来业绩的持续增长。[1] 中央企业资产庞大且复杂，有些资产问题在一般情况下难以处置，战略重组可以说为央企资产重组提供了很好的契机。中央企业可以通过重组剥离不良资产，比如央企可以变卖

---

[1]　朱宝宪. 公司并购与重组［M］. 北京：清华大学出版社，2006：391.

一些落后生产设备，出售下属子公司，削减过剩产能等；央企还可以资产分立，把一些具有发展潜力的业务成立一家或多家公司，从而优化企业内部资产配置，提高资产的利用效率。

第二，战略重组可以促进资产流动，提高物质资产通用性。企业战略重组促进了资产优化配置，与此同时也促进了资产流动，中央企业内部治理中固定资产的处置是一个重要问题，企业围绕生产活动展开的物质资产投资是持续的，而在一般情况下企业的物质资产是缺乏流动性的，比如：厂房、设备、生产线等，随着企业生产规模的不断扩大，企业投资逐步增加，这些无法流动的物质资产的专用性将不断增强。中央企业物质资产庞大，有些机械设备技术落后，有些资产闲置，而战略重组对于促进央企资产流动具有明显的作用。中央企业通过兼并、收购、剥离等重组策略可以把自己的物质资产通过市场交易实现资产价值最大化，大大降低沉淀成本，而在重组过程中间接的提高了央企物质资产的通用性，从而也有利于节约交易成本。作为大型国有企业的中央企业，往往沉淀成本与交易成本是互相交织在一起的。没有沉淀成本，交易成本单独也不会产生无效率现象。因为任何不确定性冲击或机会主义行为，都不会给投资者带来投资损失，资源可以轻松地重新优化配置。① 由此可见，战略重组可以有力地促进央企资产流动，提高物质资产通用性，实现降低央企内部交易成本。

第三，战略重组可以带动人员流动，降低人力资本专用性。战略重组策略引发的央企资产流动和资产重组活动，不可避免地带动了人员流动。人员的流转安置问题是国有企业改革的重要议题，并且还决定着国有企业改革进程的快慢与成败，这里最重要的原因就在于国有企业人力资本专用性较强。目前，中央企业所处的军工、装备制造、钢铁、化工、航运、能源、电力等行业对员工都有一些特殊要求，这些行业中的央企员工成长与企业长年的培训密不可分，属于专用性资产投入，而这些员工的技能到别的企业可能毫无用处，而时间越长员工的流动性就越弱，形成企业与员工的双边垄断格局。而战略重组是打破这种格局的有力举措，人员重组是战

---

① 汤吉军，郭砚莉. 沉淀成本、交易成本与政府管制方式——兼论我国自然垄断行业改革的新方向 [J]. 中国工业经济，2012（12）：39.

略重组的重要内容，重组带动的人员流动将会刺激员工自己主动进行技能学习投入，从而实现"干中学"和"学中干"的有效结合，大大提高了人力资本的通用性，为降低交易成本提高了有利条件。

（3）央企战略重组有利于构建现代公司治理结构。企业治理结构是影响企业内部交易成本高低的重要因素。一个企业是否有一个科学高效的公司治理结构在一定程度上决定了这个企业的核心能力和市场竞争力。对于中央企业来说，优化公司治理结构的途径有很多，比如：行政指令、政府配置等，然而在信息不对称和有限理性条件下，这些途径在理论和实践上已被证明常常发生"行政扭曲"和"政府错配"等政府失灵现象。而战略重组这种市场化策略途径可以有效降低政府失灵的风险，通过市场化途径优化央企内部治理结构。

第一，战略重组会强制性打破原先治理结构，为构建现代公司治理结构创造条件。在企业科层制治理中，要想改变或撤并一个组织机构是非常不容易的，更何况中央企业内部组织机构的高管很多还是有一定行政级别的"官员"，"帕金森定律"在央企治理中逐渐显现，在一般情况下要想打破这种利益格局是比较困难的。然而，战略重组则会借助外力打破原先的治理结构，央企战略重组涉及资产、人员、组织等一系列问题，在重组过程中不免会涉及董事会、监事会、股东会以及经理层的结构变动和人员变动，这种重组带来的强制性变动会重新进行治理结构设置和人员整合，从而为中央企业构建现代公司治理结构创造了良好的条件。

第二，央企战略重组有利于深化产权改革，优化央企治理结构。战略重组可以为央企构建现代公司治理结构创造条件，而更为重要的是战略重组可以深化央企产权改革。十八届三中全会指出："要完善产权保护制度，积极发展混合所有制经济，推动国有企业完善现代企业制度，支持非公有制经济健康发展。"中央企业战略重组不仅要推动央企内部、央企间以及央企与地方国有企业之间的重组，更重要的是鼓励央企与民营企业的重组，通过不同形式的重组打破国有资本在央企治理中"一股独大"的局面，大力鼓励非国有资本以参股、相对控股等多种混合所有制形式参与中央企业战略重组，从而实现中央企业产权和投资主体多元化，在战略重组过程中把"引资"与"引智"相结合，把民营企业的优秀管理者引进央企治理中，从而通过中央企业优化产权结构，使得央企治理结构更加科学化和高效率，也有利于节约内部治理的交易成本，提高央企的市场竞争力。

（4）央企战略重组有利于促进政府监管制度完善。制度结构是影响交易成本高低的最根本的因素，一个完备的制度结构体系可以有效地规制不确定性和机会主义行为。中央企业作为大型国有企业，政府与企业的关系常常成为企业发展的关键，从目前的来开，中央企业的经营主体地位得到了充分肯定，政府也不直接插手企业日常的经营活动，但是对于涉及庞大国有资产的中央企业来说，政府监管职责是不可推卸的。如前文所述，当前关于中央企业的政府监管制度不完善，通过战略重组策略可以倒逼政府加快完善监管制度体系。

第一，战略重组可以促进政府完善监管制度，有利于节约交易成本。从 2003 年国务院国资委正式成立开始，关于中央企业的监督管理体制框架基本形成，具体的相关监管制度也是日臻完善。中央企业近年的业绩提升就充分证明央企的市场主体地位不断得到巩固，对于央企的监管也是有效的。但是随着中央企业不断扩张，央企监管制度的缺失便逐渐显现出来，尤其在跨国投资、国有股权交易、国有资产监管等方面的监管不到位导致央企也出现了巨额损失。然而制度的完善不可能依靠政府"一厢情愿"的去完成，市场经济运行制度总是市场、政府与企业协作完善。战略重组是中央企业的策略性行为，重组活动前后会有一系列涉及制度的废止、突破、完善和创新等活动，政府监管制度创新和完善既是促进央企战略重组制度保障，又是节约央企交易成本的制度基础。

第二，战略重组可以促进政府职能转变，明确政府边界。中央企业在经营管理过程中与政府有着千丝万缕的联系，常常发生政府直接插手央企经营管理，行政指令往往替代市场选择，进而导致央企价值取向和经营选择发生扭曲。国有企业深化改革的一个重要方面就是要正确处理好政府与市场的关系，战略重组既是中央企业深化改革的有效途径，也是国有企业深化改革的必经之路。中央企业战略重组应该坚持"市场主导、企业选择、政府监管"的原则，政府不应直接插手重组活动的具体事务。因此，中央企业战略重组过程也是推动政府职能转变，进一步明确政府边界的过程。对于具有特殊性质的中央企业来说，政府正确履行"监督者、服务

144

者、协调者"的角色，不干预央企经营管理事务，对于央企内部交易成本的降低是大有裨益的。

二、战略重组对中央企业国际竞争力提升的机理分析

前文通过分析交易成本在中央企业中表现形式，以及战略重组对中央企业交易成本的影响，我们发现交易成本问题是制约中央企业国际竞争力进一步提升的重要问题。那么正交易成本下战略重组如何发挥提升央企国际竞争力的作用，战略重组与国际竞争力提升又是如何互动的，它们之间的互动机理又是怎样的？本部分将这些问题进行探讨。

1. 当前中央企业战略重组的目标。中央企业战略重组的目标是复杂而涉及全局的，但是重组目标的确立对于企业改革发展是首要问题，重组目标决定了中央企业发展的路径和重组模式的选择。近年来，随着学界和政府对以中央企业为代表的国有企业进一步改革发展的理论和实践探索，对国有企业的改革的基本方向逐步达成共识。下面笔者从宏观和微观两个层面来阐述这一问题。

（1）中央企业战略重组的宏观目标。由于中央企业涉及的许多行业对于国民经济影响较大，因此中央企业战略重组必须站在中国经济改革发展的整体背景下去考量，从当前情况来看，中央企业战略重组的宏观目标主要有以下几方面：

第一，国有经济布局调整，产业布局调整。十八届三中全会指出："必须毫不动摇巩固和发展公有制经济，坚持公有制主体地位，发挥国有经济主导作用，不断增强国有经济活力、控制力、影响力。"中央企业战略重组要围绕国有经济整体布局而展开，当前中央企业涉及的产业过多，产业布局也不合理，必须总结国有经济战略调整的经验，进一步推进国有企业深化改革。现阶段国有经济布局调整的主要任务是：继续推进国有经济向关系国民经济命脉和国家安全重要行业和关键领域集中，向自然垄断行业集中，向基础设施和公共产品行业集中，向战略性新兴产业集中，发挥国有经济对国民经济的主导作用。因此，中央企业战略重组要围绕以上四个重点领域展开，央企要本着"有所为，有所不为"的原则把在这四个领域的企业搞好；另外，央企要围绕这四个领域展开产业布局调整，突出

主业，把一些非主营业务通过重组剥离，从而使央企围绕产业链和价值链展开重组，进而提高央企在行业内的控制力和影响力。

第二，国有经济与非公有制经济协同发展，大力发展混合所有制经济。2010年9月发布的《国务院关于促进企业兼并重组的意见》中指出："加快国有经济布局和结构的战略性调整，健全国有资本有进有退的合理流动机制，鼓励和支持民营企业参与竞争性领域国有企业改革、改制和改组，促进非公有制经济和中小企业发展。"2012年5月国务院国资委发布了《关于国有企业改制重组中积极引入民间投资的指导意见》，其中第二条明确指出："积极引入民间投资参与国有企业改制重组，发展混合所有制经济，建立现代产权制度，进一步推动国有企业转换经营机制、转变发展方式。"从这两个政策文件中我们可以明确看出中央企业战略重组必须与以民营企业为代表的非公有制经济协同发展，中央企业战略重组不仅局限于央企内部、央企与地方国企之间，还可以将重组对象拓展到央企与民营企业、外资企业等非公有制经济，从而促进混合所有制经济发展。

第三，促进国有资产保值增值，提升国有资本运营效率。当前，中央企业作为国有经济的中坚力量对国有资产的保值增值具有不可推卸的责任。2013年度中央企业累计实现营业收入24.2万亿元，同比增长8.4%；上交税费总额2万亿元，同比增长5.2%；累计实现利润总额1.3万亿元，同比增长3.8%。[①] 中央企业近年来的经营业绩总体保持平稳，但部分央企出现亏损，业绩下滑明显，这些都要通过战略重组不断提升国有资产保值增值能力。中央企业进行重组，就是要确保国有资产的保值增值能力的提高。体现在两个方面：一方面体现在国有资产质量的提高，包括企业不良债务减少、不良资产剥离、企业负担减轻等；另一方面则是中央企业资本总量要有增长。当然中央企业资本总量不是越大越好，而是区别不同行业对企业提出不同要求。[②] 另外，对于中央企业来说，随着资产不断增大，中央企业的规模并非越大越好，通过战略重组提高央企国有资本的运营效率也是一个重要的目标。

---

① 财务监督与考核评价局. 中央企业2013年度经营情况 [EB/OL]. (2014-01-22). http://www.sasac.gov.cn/n1180/n1566/n258203/n259490/15678914.html
② 陆俊华. 中央企业重组的目标和运行机制研究 [J]. 中国行政管理，2006 (6)：98.

（2）中央企业战略重组的微观目标。中央企业是国有经济的重要组成部分，对国民经济有着重要影响，因此，中央企业战略重组要放到中国经济体制改革的大环境来考察，而且作为市场主体之一的中央企业也有着自身的重组目标，这些企业的微观目标不仅涉及企业自身发展，也对中央企业战略重组的宏观目标实现有着重要影响。

第一，提升中央企业国际竞争力。十八大报告中明确指出："加快走出去步伐，增强企业国际化经营能力，培育一批世界水平的跨国公司。"近年来，我国企业走出去步伐不断加快，尤其在金融危机之后，国际市场并购重组机会大大增多，而在国际市场以中央企业为代表的国有企业是中国企业走出去的主力，在一些大型跨国并购重组活动中背后都有中央企业的身影，也引起了国际市场的普遍关注。但是通过近年走出去发展的经验和教训，我们发现与世界跨国公司巨头相比，我们的央企无论在规模、技术、品牌还是管理、企业制度、文化上都有着较大的差距，央企的国际竞争力还有很大的提升空间。在中央企业重组过程中，要按照主业突出、专业明确的原则，收缩战线，扶持重点，加快培育和发展一批技术先进、结构合理、机制灵活、有较强竞争力的大型企业、大型企业集团。[①] 中央企业战略重组的核心目标应该是大力推进央企产业布局战略调整，提升央企的国际竞争力。

第二，促进中央企业现代企业制度不断完善。要培育世界一流的具有较强国际竞争力的企业，没有规范高效的现代企业制度的支持是不可想象的。建立规范的现代企业制度是中央企业改革的目标方向，而通过中央企业产权重组，优化产权结构，并建立相应公司治理结构，是实现现代企业制度的核心。[②] 中央企业下一步要根据中央企业所属的行业和领域不同进行分类改革，推进产权重组，积极吸收非国有资本参与央企重组，从而优化央企治理结构，促进完善央企现代企业制度。

2. 中央企业战略重组与国际竞争力提升的互动关系

（1）央企战略重组过程与国际竞争力提升关系。中央企业战略重组的核心目标就是提高企业国际竞争力。近年来央企并购重组活动频繁，但是

---

① 邹海莉，孟俊婷. 中央企业重组：目标、模式及推进建议 [J]. 财会月刊，2010（17）：14.

② 陆俊华. 中央企业重组的目标和运行机制研究 [J]. 中国行政管理，2006（6）：99.

许多是为了短期效应"拼规模"而没有围绕企业国际竞争力提升的长期效应来进行谋划，这就导致在国内外市场央企并购重组活动"场面热闹"，而实际对促进企业持续成长收效甚微，甚至出现并购重组拖累企业发展的负效应现象。因此，央企战略重组过程必须围绕国际竞争力提升展开，在每一个环节都要围绕竞争力提升展开。从重组活动整个过程来看，央企战略重组可以分为重组前、重组中和重组后三个阶段，如图 6.4 所示。

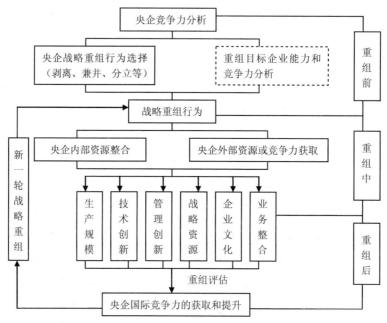

图 6.4　央企战略重组与国际竞争力提升的关系

在战略重组前，我们要做的就是"知己知彼"，"知己"指的是中央企业根据所处行业和领域充分分析竞争力状况，尤其要结合企业战略发展的需要，分析自身的竞争优势和劣势，进而对战略重组的具体方式进行分析选择，比如：战略重组是央企内部剥离、破产重组还是外部并购、股权转让等（图 6.4 虚线方框主要是指外部并购重组）。"知彼"指的是中央企业对行业内的竞争对手，尤其是国际竞争状况充分掌握，换句话说央企要清楚自身的差距所在；另外央企还要对重组目标企业进行系统分析，目标企业有哪些核心竞争力或者核心资源对于中央企业是缺乏的，换句话说就是要明确目标企业哪些竞争优势是吸引央企采取战略重组行为的。在重组过程中，我们需要做好目标企业尽职调查、重组方案设计以及重组实施等工

148

作，无论是央企内部重组还是外部并购重组，都要注意两个问题：一个是央企内部资源整合问题，另一个就是央企外部资源与竞争力获取问题。这两个问题的解决对于央企战略重组能否有效提升国际竞争力至关重要。在重组后这一阶段，除了重组后新企业的资源整合外，还有一项重要的环节就是重组绩效评估，对重组成本与重组效益进行分析，主要是评估重组对央企国际竞争力的影响，最终总结出这次重组行为的绩效以及企业国际竞争力的进一步提升的空间，为新一轮战略重组活动提供有力的参考。

（2）央企国际竞争力提升与战略重组关系。自从在经济活动中企业诞生之日起，战略重组与竞争力提升是一对互动关系，战略重组行为可以快速提升企业竞争力，而竞争力的提升又会刺激企业寻找新的并购重组机会。按照资源理论，资源过剩和资源稀缺都会导致企业并购重组行为的发生。资源过剩背景下的扩张行为表现为通过核心竞争力延伸和扩展，实现核心竞争能力转化为经济回报的最大化；资源稀缺背景下的购并行为则表现为通过获取战略性资产实现核心能力的构筑和培育。[1] 而具体到中央企业来说，国际竞争力的提升是央企战略重组的核心目标，当然中央企业的战略重组有的是资源过剩，有的是资源稀缺，有的则是出于国家战略发展考虑，有的则是历史原因造成，央企的并购重组行为的动因要比西方私人企业的复杂得多。

如图 6.5 所示，中央企业战略重组的可能是央企内部资产剥离、破产重组、业务重组以及资产划转等，也可能是与外部企业重组，因此在图中虚线方框是指中央企业与外部企业重组，但这并非央企战略重组唯一的方式，央企战略重组很多情况还是内部重组，当然无论重组活动是发生在内部还是外部，重组的核心都是围绕着资源和能力的提升而展开。为了挖掘内部过剩资源和能力的价值和获取自身稀缺而无法创造的资源和能力，战略重组是中央企业的理性选择。通过战略重组，新的中央企业有效的整合内外部资源，把央企国际竞争力提升到新的水平，在图 6.5 中阴影方框为央企国际竞争力新提升的部分，换句话说，这部分也就是战略重组行为的预期效应，当然国际竞争力新提升部分可能超过重组预期，也可能低于重组预期，这也就为新一轮战略重组埋下伏笔。

---

① 赵卿. 基于核心竞争力的企业并购 [J]. 经营与管理，2003（8）：25.

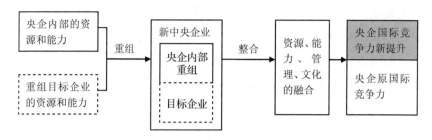

图6.5 央企战略重组与国际竞争力提升的关系

3. 战略重组提升中央企业国际竞争力的机理分析。企业竞争力提升是多因素的，提升途径也是多种多样的，然而为何在企业提升竞争力的路径选择中战略重组是众多企业的不二选择呢？关键就在于战略重组可以使企业在多方面迅速提升竞争力，下面我们主要分析这种提升的机理及其作用的路径。

（1）央企战略重组动因与重组战略。在前文第四章我们从交易成本角度分析了目前中央企业战略重组的动因主要来自三方面：中央企业自身、产业组织发展和国家竞争。这三方面的重组动因直接决定了央企采取的相关重组战略。如图6.6所示，中央企业重组自身的动因主要有自身扩张动机、交易成本和不完全合约构成，而这些影响了央企重组战略的选择，处于自身扩张动机央企会选择产品战略或投融资战略，为了应对现实中的不完全合约和降低交易成本央企会选择一体化战略。产业组织的演化发展也是央企战略重组的重要动因，随着社会分工深化以及产业分工合作深入会促使央企倾向选择成本战略或技术战略。当前世界国家竞争实质就是企业间竞争，从这个角度应对国际竞争也是央企战略重组的动因，国家竞争力主要体现在资源的调整能力和生产力水平，因此从国家竞争层面央企战略重组往往会采取国际化战略、品牌战略以及资源战略。

（2）央企重组战略与国际竞争力提升。如前文所述央企重组战略的选择与重组动因的来源息息相关，然而重组战略的选择又决定了央企国际竞争力提升的路径以及重组预期。

资源战略是指中央企业为了挖掘内部资源以及获取外部资源而展开并购重组活动。在中央企业内部组织机构资源、信息资源、人力资源以及物质资源等配置不合理现象广泛存在，央企内部重组可以促进内部资源优化配置，最大化地发挥企业资源效益，另外央企还可以通过并购重组其它企业来获取自身所不具备的资源，比如：资金、技术、管理、生产资源等。通过资源战略可以大大提高央企的资源水平和资源利用效率，从而形成内生的央企竞争力提升。

成本是企业并购重组考虑的核心问题。央企战略重组的成本战略主要从两方面考虑：一是生产成本，二是管理成本。央企通过战略重组追求规模经济，降低生产成本，从而提高产品市场竞争力；另外，央企重组突出主业，剥离一些落后产业以及亏损业务可以大大压缩管理成本，提高管理效率，从根本上也有利于降低总成本，提高央企在成本上的国际竞争力。

技术创新能力是企业的核心竞争力。当前中央企业技术创新能力与跨国公司还有一定差距，但是战略重组策略可以有效弥补这一差距。央企重组的技术战略可以通过并购重组其它企业获取自身不具备的技术，从而使央企技术能力快速提高，也有利于促进央企研发机制、创新机制和人才培养机制的建立，从而提高央企核心竞争力。

产品战略是指企业依据自身所处行业，对企业生产和经营的产品线的广度和深度作出的战略规划。中央企业战略重组的最终目的是企业产品市场竞争力强，提高企业利润。央企重组的产品战略要求央企从产品竞争力考虑，通过重组活动把与自己产品的设计、质量、成本、技术以及产品线的广度和深度都大大提高，从而在市场销售中有利于获得消费者认可，对提高市场占有率也是大有裨益，从而把产品在市场中竞争力有效地转化为企业核心竞争力。

品牌是企业竞争力的直接市场表现。在市场竞争中，消费者可能不知道某个生产商生产什么产品，但一定知道某个品牌是谁生产的。一个品牌的建立并非一朝一夕，是需要企业长期经营的。在国际市场上中央企业知名品牌很少，导致我们的产品难以快速拓展市场，打开销路。央企重组的品牌战略可以通过重组目标企业的相关品牌产品，迅速获取相关品牌资源，提高企业形象，获得市场认可和信任，进而提升企业的市场竞争力。

投融资战略是指中央企业通过战略重组提高企业投融资能力和水平，使国有资本运营效率得到提高。一个企业的投融资能力和水平是衡量企业是否具有国际竞争力的重要指标。央企战略重组活动中如何进行良好的投资组合，尤其在跨国投资中国有资本的高效运营，给予股东和投资者以稳定的重组预期，进而提高企业融资能力，优化企业财务，通过资本的杠杆效用快速提升央企的国际竞争力。

一体化战略是指把各自独立的生产环节，整合到一家企业进行生产，主要包括纵向一体化和横向一体化。纵向一体化可以节约交易成本，企业也可以有效控制内部资源和生产信息；而横向一体化可以迅速扩大生产规模，降低单位成本，企业可以有效控制市场。由此可见，央企重组的一体化战略可以促使生产能力提高，扩大企业规模，提高市场占有率，提升央企竞争力。

国际化经营是央企战略重组的重要目标。目前中央企业的国际化水平不高，而央企重组的国际化战略就是通过并购重组促进央企跨国投资，迅速扩大央企海外市场，加大央企海外设厂经营的范围和力度，提高央企的国际影响力，而这些都是提升央企国际竞争力的有效途径。

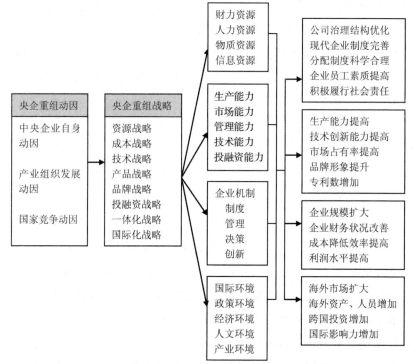

图 6.6　战略重组提升央企国际竞争力的机理①

---

① 本图示参考刘文炳《中央企业国际竞争力研究——并购重组的视角》第 43 页图，并作修改。

第四节　中央企业战略重组与国际竞争力
提升的博弈分析

正如前文分析，我们是从企业自身战略重组与国际竞争力提升的互动关系来考察，而在实际市场竞争中企业的重组战略选择不仅会出自自身的考虑，还会受到市场中其它企业行为的选择，因为在一个产业中企业间的策略行为是会互相影响的，竞争的过程实际就是企业间不同策略行为的博弈。下面我们从博弈论的角度来分析央企战略重组行为选择的企业间博弈过程。

一、央企战略重组的选择博弈分析

在我们的实际市场竞争过程中，为何很多企业对重组战略选择"乐此不疲"？下面通过博弈的观点加以分析，假设在市场上有企业 W_1 和企业 W_2，通过重组活动可以提高产品市场占有率，而且市场上有关生产信息双方均了解，市场对相关产品可能存在着高需求和低需求两种状态，且他们的行动选择只有一次，这就构成了一个完全信息静态博弈。那么各种战略组合的支付矩阵如表 6.1 所示，假设在市场高需求情况下，企业 W_1、W_2 都采取重组行为，W_1、W_2 利润各为 V；当 W_1 重组，W_2 不重组，W_1 利润为 $2V$，W_2 为 0；当 W_1 不重组，W_2 重组，W_1 的利润为 0，W_2 的利润为 $2V$；若两者都不重组，则利润均为 0。在市场低需求情况下，企业 W_1、W_2 都重组，W_1、W_2 利润各为 $-2V$；当 W_1 重组，W_2 不重组，W_1 利润为 V，W_2 为 0；当 W_1 不重组，W_2 重组，W_1 的利润为 0，W_2 的利润为 V；若两者都不重组，则利润均为 0。即在高需求情况下，（重组，重组）是一个纳什均衡；而低需求情况下，（不重组，不重组）也是一个纳什均衡。

表 6.1　央企重组战略选择博弈

企业 W_2

		市场高需求		市场高需求	
		重组	不重组	重组	不重组
企业	重组	(V, V)	$(2V, 0)$	$(-2V, -2V)$	$(V, 0)$
业 W_1	不重组	$(0, 2V)$	$(0, 0)$	$(0, V)$	$(0, 0)$

二、央企战略重组阻扰博弈分析

在一个产业组织发展中，既有市场的在位者，也会有许多市场的追随者。中小企业大都是市场跟随者，市场中一个或几个在位者往往是大型企业，而战略重组可以促进市场追随者成长为在位者。而在位者面对追随者可能的重组战略行为，他们也会采取不同的战略措施，因而他们相互之间会有影响。这里，我们假定市场上已有一个企业（称为"在位者"），另一个企业准备通过重组进入（称为"挑战者"）；那么在位者会有两个战略选择（斗争，默许），挑战者也有两个战略选择（进入，不进入），这就构成一个完全信息下的静态博弈。假定进入之前在位者利润为 V_1，进入之后利润为 V_2，进入成本为 C，且 $V_1 > V_2 > C$；那么各种战略组合下的支付矩阵如表 6.2 所示，给定挑战者进入，在位者最优战略是默许；给定在位者默许，挑战者最优战略是进入。这个博弈有两个纳什均衡（进入，默许）和（不进入，斗争），其中（进入，默许）是强纳什均衡，而（不进入，斗争）是弱纳什均衡，被剔除了，所以（进入，默许）是重复剔除的占优纳什均衡。

表 6.2　静态市场进入阻扰博弈

		在位者	
		默许	斗争
挑战者	进入	(V_2-C, V_2)	$(-C, 0)$
	不进入	$(0, V_1)$	$(0, V_1)$

三、中央企业战略重组的囚徒困境分析

在现实的企业重组战略选择中，往往会遇到的一个难题就是面对竞争对手的重组选择，企业自身如何选择战略组合，往往会形成"囚徒困境"。我们假设在市场中存在两家竞争性企业分别为 W_1 和 W_2，市场中存在着并购重组的机会，这时两家企业都明白如果积极采取重组战略，会增加利润 V_1；如果两家企业都不采取重组战略，利润增加为 0；如果只有一家企业采取重组战略，会增加利润 V_2；且 $V_2 > V_1$。通过表 6.3 的战略式表达，我们发现在这个博弈中，每家企业都有两种选择重组和不重组，然而不管竞争对手如何选择，两家企业的最优战略选择都是重组，因为如果企业 W_1 选择重组，则 W_2 选择重组的利润为 V_1，选择不重组的利润为 0，显然重组比不重组对企业更有利；如果企业 W_1 选择不重组，W_2 选择重组的利润为 V_2，选择不重组的利润为 0，可见重组比不重组对企业还是更有利。因此，我们可以发现对于两家企业来说，在激烈的市场竞争中面对外部重组机遇，重组战略的选择是它们共同的占优战略。既使两家企业在市场中是寡头竞争，它们可能通过串谋，形成联盟，但是在追求利润最大化和占优战略均衡下，这些协定"不堪一击"，没有哪家企业有积极性遵守联盟协定。

表 6.3　战略重组的囚徒困境

		企业 W_1	
		重组	不重组
企业 W_2	重组	(V_1, V_1)	$(0, V_2)$
	不重组	$(V_2, 0)$	$(0, 0)$

四、中央企业战略重组的动态博弈分析

前文我们主要是在静态视角下考察企业战略重组策的博弈，静态博弈中重组活动的参与人都是同时行动，而在现实市场重组活动中，参与人的活动是由先后次序的，而且后行动者是在观测到先行动者的行为之后而采取策略行为，下面我们来从动态博弈视角来考察央企重组战略选择问

题。假设在博弈开始之前市场中存在重组机会，并且这信息为各家企业知晓，然后我们假定企业 W_1 先决策，企业 W_2 在观察到 W_1 决策选择后再作出决策，那么这个完全信息的动态博弈的扩展式如图 6.7 所示。企业 W_1 只有一个信息集，两个可供选择的战略行动，即 S_{w1} ＝ {重组，不重组}，但是企业 W_2 有两个信息集，每个信息集有两个可供选择的战略行动，因此企业 W_2 会拥有四个纯战略：{重组，重组}，{重组，不重组}，{不重组，重组}，{不重组，不重组}。从表 6.4 的战略式表达来看，在这个动态博弈中存在三个纯战略纳什均衡，即（重组，{不重组，重组}），（重组，{不重组，不重组}）和（不重组，{重组，重组}）；在这三个均衡中前两个均衡的结果是 {重组，不重组}，即 W_1 采取重组战略时 W_2 不重组；第三个均衡结果是 {不重组，重组}，即 W_1 不采取重组战略时 W_2 则选择重组战略。这个动态博弈表明，在战略重组行为选择时，总是存在"先动者优势"，也就很好地验证了为何在现实市场竞争中各家企业总是不断寻找战略重组的机会并积极行动的这一现象。

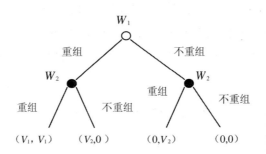

图 6.7　央企战略重组动态博弈

表 6.4　央企战略重组动态博弈战略式

| | | 企业 W_2 | | | |
		{重组，重组}	{重组，不重组}	{不重组，重组}	{不重组，不重组}
企业 W_1	重组	(V_1, V_1)	(V_1, V_1)	$(V_2, 0)$	$(V_2, 0)$
	不重组	$(0, V_2)$	$(0, 0)$	$(0, V_2)$	$(0, 0)$

通过对厂商的选择博弈分析，我们可知在市场高需求时，企业为了追求高利润和市场份额，会积极采取重组战略行为；而在低需求时，则对重

组战略兴趣不大，这就是为什么我们在市场需求较高的行业企业间的并购重组活动相对活跃；在央企战略重组阻扰博弈分析中我们发现，在位企业往往默许挑战者的进入，原因是阻扰挑战者进入的成本大于收益，因而在位者的最优战略是默许，这就告诉我们央企在国际竞争中应抓住市场重组机会，积极实施重组战略；央企战略重组的囚徒困境分析告诉我们，在市场中只要有通过重组提升企业市场势力的机会，重组战略就是每家企业的占优策略，即使存在协议联盟，也无法得到实际遵照履行；对央企战略重组的动态博弈分析中，我们发现对市场竞争对手来说，重组带来的收益使各家企业把重组战略看成零和博弈，因此，企业的战略选择往往是"与其被动挨打"，不如"主动出击"。

第七章　中央企业战略重组与国际竞争力
提升的案例分析

在前面章节里我们分析了中央企业战略重组与国际竞争力提升的相互关系及其作用机理，但是战略重组也是存在风险的，并非所有的重组活动都能达到重组预期。本章将选取正反两方面的案例来分析中央企业战略重组的关键点和着力点。

第一节　战略重组成功提升中央企业国际
竞争力的案例分析

一、中国建材集团简介

中国建筑材料集团有限公司（简称中国建材集团）成立于 1984 年，目前是集科研、制造、流通为一体，拥有产业、科技、成套装备、物流贸易四大业务板块的中国最大的综合性建材产业集团，进入《财富》世界 500 强。1980 年 3 月 18 日，中国新型建筑材料公司组建，1984 年 1 月 3 日公司经国务院批准正式成立，1998 年公司被列为中央直属管理的重点企业，1999 年 3 月 8 日公司更名为中国新型建筑材料（集团）公司。2002 年 7 月 16 日中新集团召开战略研讨会并宣布进行重大业务重组，重组后中新集团形成八大业务平台，并实施母子公司管理体制。2003 年 4

月 16 日更名为中国建筑材料集团公司（简称中国建材集团），当年被列为国务院国资委管理的大型企业集团。从此中国建材集团发展进入快车道，2005 年 1 月，中国建筑材料科学研究院和中国轻工业机械总公司两家央企重组进入中国建材集团，2006 年 3 月发起设立的中国建材股份有限公司在香港上市，2009 年 4 月更名为中国建筑材料集团有限公司，从 2011 年开始中国建材集团连续三年进入《财富》世界 500 强，并稳居世界第二大建材制造商。

中国建材集团目前有水泥、玻璃、新型建材、玻纤、复合材料等多种业务，是集建材制造、科研设计、装备开发、贸易流通四大业务平台为一体的我国最大的综合性创新型建材产业集团。近年来，中国建材集团的各项业务发展迅猛，核心业务取得了骄人的成绩。水泥产业拥有中国联合水泥集团有限公司、南方水泥有限公司、北方水泥有限公司以及西南水泥有限公司等，年产能超过 3 亿吨，位列世界第一；玻璃产业拥有国家级企业技术中心和重点实验室，拥有中国建材行业全部三大玻璃研究设计院，拥有近 20 条现代化浮法玻璃生产线，年产多种色调和规格的优质浮法玻璃 4000 多万重量箱，ITO 导电膜玻璃 2000 万片，是全国最大电熔锆生产商和供应商；轻质建材产业中墙体及吊顶系统、住宅部品及建材节能系统、外墙屋面及多层房屋三大业务规模均居行业领先地位。其中纸面石膏板年产能已达 10 亿平方米，居亚洲第一；新型房屋产业拥有轻钢墙体受力、轻钢框剪及钢木混合三大建筑体系的环保节能低碳新型房屋，产品和服务已遍布国内及亚、欧、非、拉美、大洋洲等多个国家和地区，完成建筑面积达 100 万平方米，产品节能水平最高达 90%，居行业领先地位；玻璃纤维产业是世界玻纤的领军企业，在规模、技术、研发、质量、市场等方面处于领先地位，总产能已达 100 万吨，位居世界第一；复合材料产业中风机叶片是国内最大、全球前三的兆瓦级风机叶片制造生产商，拥有连云港、沈阳、酒泉、包头叶片生产基地和德国海外研发中心，总产能达 1 万片，碳纤维拥有目前国内规模最大、技术最成熟的千吨级碳纤维生产线；耐火材料产业拥有全球最大的年生产能力近 4 万吨熔铸耐火材料专业生产基地，产品涵盖熔铸锆刚玉和熔铸氧化铝系列耐火材料，不定形、碱性、铝硅质及硅质耐火材料，综合实力、产品质量及服务水平均居行业领先地位。另外，中国建材集团科技、成套装备、物流贸易三个业务板块与产业业务板块协同发展，既提高了集团的产业核心技术水平，装备水平和国内外贸易水平，又各有特色"独树一帜"形成自己的品牌，形成了综合竞争力。[①]

2013 年中国建材集团在经济总体放缓的形势下收入逆势上扬，全年完成营业收入 2570 亿元，利润总额 123 亿元，增加值 433 亿元，超额完成了国资委要求的利润总额增长超 10%、增加值增长超 8% 的"保增长"目标。[②] 中国建材集团的经营业绩也得到了国务院国资委的肯定，业绩考核工作 2010～2013 年连续四年获得国资委授予的"中央企业经营业绩考核工作先进单位"称号。

二、中国建材集团的战略重组历程

中国建材集团的发展壮大与企业选择的重组战略息息相关，中国建材集团的重组战略和重组绩效得到了监管部门和国内外同行的一致好评，2011 年中国建材集团下属的核心企业中国建材股份有限公司旗下的南方水泥在联合重组和管理整合方面的成功经验，被列入哈佛商学院管理案例。近年来，中国建材集团的业绩和经营能力广获赞誉，但是集团从成立到现在的发展并非一帆风顺，期间也经历过老国有企业改革发展的阵痛和迷茫，集团从亏损负债到进入世界 500 强，其中一条成功经验就是走出一条适合自己的战略重组之路。下表 7.1 列举了从 2005 年以来中国建材集团的一些重大战略重组事件，从中我们可以清晰看出中国建材集团的成长史就是一部战略重组史。

表 7.1   2005 年以来中国建材集团战略重组重大事件一览表

时间	集团战略重组重大事件
2005 年 1 月	按照国务院国资委要求，中国建筑材料科学研究院和中国轻工业机械总公司两家央企重组进入中国建材集团
2005 年 11 月	中国建材集团公司董事会成立，标志集团治理结构发生根本转变

①　本部分根据中国建材集团官方网站资料整理。
②　中国建材集团网站. 中国建材集团 2014 年工作会议在京召开 [EB/OL]. （2014－01－17）. http：//www.cnbm.com.cn/wwwroot/c_000000020002/d_26873.html#tempSite

时间	集团战略重组重大事件
2006 年 3 月	发起设立的中国建材股份有限公司在香港联交所上市，搭建了资本运作平台
2006 年 7 月	我国建材行业两大巨头中国建材集团与安徽海螺集团建立战略合作伙伴关系，并进行了徐州公司交接
2006 年 12 月	中国建材集团与洛玻集团实施战略合作
2008 年 2 月	国资委批准华光集团和中联玻璃划转进入中国建材集团
2009 年 3 月	中国建材集团为推进行业重组设立北方水泥
2010 年 1 月	河南省中联玻璃有限公司 100％股权划转至中建材玻璃公司
2010 年 7 月	中国洛阳浮法玻璃集团有限公司 51.7％股权划转至中建材玻璃公司
2011 年 6 月	中国玻纤重组巨石集团 49％股权，实现 100％控股世界领先玻纤生产企业
2012 年 12 月	中国建材集团与安徽海螺集团签署战略合作协议
2013 年 1 月	收购台泥所属贵州六家公司权益及泰昌建材 70％股权
2013 年 5 月	中国建材集团投资 50 亿重组四川雅安四家水泥生产企业，至此西南水泥已成为该地区最大的水泥企业，并且西南地区水泥企业盈利实现增长

注：本表根据中国建材集团官方网站资料以及相关网络资料由作者整理而成。

1. 积极推进资产重组，整合集团主业。中国建材集团创建于 1984 年，主要发展新型建材，先后建起石膏板、岩棉、塑料地板、壁纸、卫生洁具等一批新型建材企业，为我国建筑行业发展做出了突出贡献。但随着改革开放和社会主义市场经济的不断发展，中国建材集团原先在计划经济体制下形成的产业格局越来越不适应市场的需要，从 2002 年开始集团转变战略定位，从原先单一发展新型建材向发展综合性建材产业转变，尤其在 2005 年中国建筑材料科学研究院和中国轻工业机械总公司两家央企重组进入中国建材集团，更是促使集团战略定位发生根本转变。随后中国建材集团大力发展水泥、玻璃、玻璃纤维和复合材料等四大建材主导产业，为此集团大力推进企业内部资产重组，剥离大量不良资产，围绕集团主业展开重组活动，在突出主业的基础上，中国建材集团还不断完善产业链来带动集团主导产业整体竞争力提升，经过多年资产重组中国建材集团逐步形成了建材生产、成套设备制造、科技、物流为一体的综合性大型建材生产商和贸易商，集团各产业板块形成了完整的产业链条，形成协同发展效应。

2. 创新行业重组模式，整合国内行业资源。中国建材集团在资产不断增长，突出主业过程中深切感受到建材行业"大而不强"和产能过剩两个问题相当突出，因此中国建材集团努力探索战略重组新模式，不断整合国内行业资源，实现行业、企业、市场以及政府之间"双赢"和"多赢"。比如：在水泥行业，针对行业集中度低，恶性竞争现象突出，中国建材集团通过旗下南方水泥、北方水泥、中联水泥为平台，大力推进淮海、东南、北方区域的水泥企业联合重组，在"十一五"期间共重组了180余家大小水泥企业，成为世界水泥产业重组整合的范例。在玻璃行业，中国建材集团积极重组洛玻集团，早在2006年与洛玻集团实施战略合作，2010年中国建材集团正式接收洛玻集团，洛阳浮法玻璃集团有限公司51.7%股权划转至中建材玻璃公司；与此同时，2008年中国建材集团还重组了华光集团和中联玻璃，2010年河南省中联玻璃有限公司100%股权划转至中建材玻璃公司，通过不断整合国内玻璃产业资源，集团成为全国玻璃行业的领头企业，玻璃产能也居世界第一。在玻璃纤维行业，2011年6月中国建材集团下属的中国玻纤股份有限公司重组巨石集团49%股份，从而实现对世界玻纤第一生产企业巨石集团100%控股，优化了集团资产，提升了集团在玻纤市场的竞争力。

3. 稳步推进国际化经营，提升国际影响力。中国建材集团在国内大刀阔斧进行行业重组的同时稳步推进国际化经营，比如：2007年1月6日，中国建材集团在钓鱼台国宾馆宣布正式并购欧洲（德国）大型风电叶片公司NOI Rotortechnik GmbH（简称NOI）。除了抓住机遇并购重组欧美海外公司外，集团还利用自身建材生产技术和成套设备制造的独特优势，积极在海外建立生产和加工基地，近年来集团在非洲、中东、土耳其、巴基斯坦等国家和地区建立或重组了水泥、玻璃等生产企业，集团海外投资经营业绩也取得了良好成绩，同时进一步提升了中国建材集团在国际建材市场的影响力。

三、重组战略对企业竞争力的影响

中国建材集团通过一系列境内外并购重组活动使企业业绩迅速增长，集团的战略定位也从单一的新型建材制造商向综合性的建材供应商和服务商转变，集团的竞争力不断增强，下面我们主要从竞争力排名、经营业绩和集团资源变化几个方面来考察战略重组的影响。

1. 企业竞争力排名变化。《财富》世界 500 强是衡量一个企业综合竞争力，是世界公认的最具代表性，最权威的榜单。中国建材集团通过大规模重组活动，快速提升企业竞争力，连续三年入围并且排名不断上升，2011 年首次入围名列 485 位，2012 年再次进入世界 500 强名列 365 位，2013 年位列 319 位，并且成为名副其实的世界第二大建材制造商。

在国内由中国企业联合会、中国企业家协会主办的每年发布一次的中国企业 500 强中，中国建材集团排名也不断提高，如表 7.2，集团从 2007 年中国 500 强排名第 160 位到 2013 年排名 46 位。另外，2013 中国制造业自主品牌价值评价结果在央视财经论坛上面向全球首次发布，中国建筑材料集团有限公司以品牌强度 82.80、品牌价值 291.7 亿元位列冶金与建材行业首位，南方水泥有限公司、中国联合水泥集团有限公司紧随之后，分列第二、第三位。① 中国建材集团蝉联“2013 年中国建材 500 强”榜首，集团旗下中国建材股份有限公司荣获“2013 中国最具成长性建材企业 100 强”状元。

从国内外竞争力排名的变化来看，战略重组活动促进了企业战略转型，对中国建材集团从一个负债累累的濒危国有企业快速成长为跨国经营的全球大型建材制造商具有不可估量的作用，对提升企业竞争力作用显著。

表 7.2　中国建材集团 2007～2013 年中国企业 500 强排名变化情况

	2007 年	2008 年	2009 年	2010 年	2011 年	2012 年	2013 年
位次	160	148	85	71	66	51	46

注：资料为笔者自行整理。

2. 企业经营业绩变化。竞争力排名变化只是最终结果，而实质在于企业的经营业绩的变化。一个企业有没有竞争力，经营业绩的好坏是最能反映问题的。而在经营业绩中营业收入和利润是核心指标，从这两个指标

---

① 中国建材集团网站 . 2013 中国制造业自主品牌价值评价结果首次全球发布［EB/OL］.（2013－12－16）. http：//www. cnbm. com. cn/wwwroot/c _ 000000020002/d _ 29019. html # tempSite

来看，中国建材集团的重组活动对经营业绩的快速提升起到了至关重要的作用。如表 7.3，集团营业收入从 2009 年的 836 亿元迅速增长到 2013 年的 2570 亿元，年均增长率达到 32.7%；而在利润上更是从 2009 年的 5 亿元增长到 2013 年的 123 亿元，年均增长率高达 122.7%；这种变化反映了集团超常规的大规模重组战略带来了企业经营业绩的高速增长，因此中国建材集团也连续多年被列为国务院国资委经营业绩考核 A 级企业。

表 7.3 　中国建材集团 2009～2013 年经营业绩变化情况

	2009 年	2010 年	2011 年	2012 年	2013 年	年均增长率
营业收入（亿元）	836	1346	1941	2174	2570	32.7%
利润（亿元）	5	66.7	119	86	123	122.7%

注：资料为笔者自行整理。

　　3. 企业资源变化。企业的资源挖掘和扩张能力是竞争力的内在表现。一个企业竞争力发生变化必然伴随着资源水平的变化，换句话说，企业竞争力与企业资源状况是相辅相成的，互相联系的。企业竞争力的提升是以资源扩张为前提的，同时企业资源水平提高又是竞争力提升的结果。在企业资源水平中总资产、净资产以及雇员数最能直观反映企业经营状况。我们通过整理中国建材集团下属的在香港上市的中国建材股份有限公司的从 2006 年到 2012 年的年度业绩报告发现，如表 7.4，这几项数据逐年剧增，比如：总资产从 2006 年的 13,990,314 千元上升到 2012 年的 246,433,747 千元，年均增长率达到 61.3%；净资产从 2006 年的 5,714,254 千元上升到 2012 年的 44,064,847 千元，年均增长率达到 40.5%；雇员人数从 2006 年的 13,824 人上升到 2012 年的 121,657 人，年均增长率达到 43.7%。这几项数据的快速增长说明，集团通过重组战略，不仅在资产上实现了保值增值，而且集团规模不断扩大，员工人数也不断快速增长，表明企业经营状况良好，市场竞争力不断加强。通过近年来的大规模战略重组，中国建材集团水泥、玻纤产能稳居全球第一，商混、石膏板产能跃居全球第一，风力叶片、碳纤维、熔铸耐火材料产能跃居全国第一。

表 7.4　中国建材股份有限公司 2006～2012 年资产变化情况

	2006 年	2007 年	2008 年	2009 年	2010 年	2011 年	2012 年	年均增长率
总资产（千元）	13,990,314	29,879,987	58,904,191	77,009,037	111,516,350	158,395,218	246,433,747	61.3%
净资产（千元）	5,714,254	9,752,978	12,133,224	17,515,428	27,898,386	37,611,162	44,064,847	40.5%
雇员人数（人）	13,824	22,653	39,090	54,121	67,972	82,352	121,657	43.7%

注：本表数据来源于中国建材股份有限公司网站年度业绩公告，笔者自行整理。

四、战略重组提升企业竞争力的原因分析

近年来，中国建材集团通过资本运营和联合重组两个轮子，采取区域内大规模重组，改变了企业原先经营模式，成果实现了企业战略转型。在一系列战略重组活动中，集团践行了"善用资源、服务建设"的核心理念，并在重组过程中形成了自己独特的企业经营之道。那么，战略重组为何对提高集团竞争力有如此奇效呢？主要有以下几方面原因：

1. 战略重组带来企业协同效应，节约了交易成本。战略重组如何能实现 $1+1>2$，关键看重组后的内部整合能否形成协同效应，协同效应的产生可以大大节约交易成本，提升企业竞争力。中国建材集团通过重组整合形成了几方面的协同效应。

（1）战略协同。战略协同是重组双方必须着重考虑的问题。所谓"心往一处想，劲往一处使"就是这个道理，重组后双方必须能够形成一致的战略定位，这将大大降低日后交易成本的不确定性。中国建材集团目前的战略定位就是在通过区域性的联合重组提高资源配置效率，增加市场集中度，减少恶性竞争。因此，集团联合重组前谈判一直也把这一战略认同作为主要目标，重组后双方也成为积极践行这一集团战略的主体，战略协同成为重组双方共同的意愿。

（2）经营协同。在战略协同的基础上，按照行业市场状况不同，重组双方经营业务重组是战略重组的重要内容。中国建材集团在战略重组中强调盘活存量，调整产业结构，淘汰落后产能，重组企业按照集团战略进行业务重组，提高了产量和规模，降低了经营成本。比如：重组后集团实行

集中规模采购，大大降低了原先企业的采购成本。江西、浙江区域（简称江浙区）煤炭形成每月集中招议标采购制，发挥规模采购优势，每吨煤可降低 20～30 元，仅江浙区域就能节约煤炭采购成本 1.5 亿元以上，其他物资集中采购直接节约成本 1800 万元以上。[①]

（3）管理协同。重组双方要想达成战略协同和经营协同，还必须关注双方间的管理协同。近年来，中国建材集团在重组过程中不断提升管理水平，对旗下所属企业加强管理的规范化和协同性，集团在企业内部大力推行以 KPI（关键经营指标）管理为核心的"三五"管理整合模式，同时在企业内部创新性的运用对标管理和辅导员制度等整合方法，促进集团内部逐步形成管理规范、统一协调的运营管理体系。

（4）文化协同。企业文化的整合是重组后双方难以解决的问题之一。尤其对于中国建材集团来说，集团的重组对象既有地方国企，又有科研院所，更多的还是民营企业，原先的企业文化相差甚远，融合难度之大可想而知。如何通过企业文化凝聚人心是集团在联合重组发展模式中必须解决的关键问题。集团也敏锐地发现这一问题，提出了文化一体化管理模式，集团秉持"创新、和谐、绩效、责任"的企业文化，大力倡导"三宽三力"（待人宽厚、处事宽容、环境宽松及向心力、亲和力、凝聚力）的思想原则，形成了"中建材一家"的和谐氛围。

2. 战略重组促进企业规模迅速扩大，资源利用效率提高。建材行业是一个资源类的建筑原材料制造行业，如果没有合理的组织结构、产业结构，没有一定的企业规模，将会对资源造成巨大浪费。中国建材集团在战略重组过程中的成功做法表现在以下几方面：

（1）促进企业的规模迅速扩大。建材行业尤其像水泥、玻璃、木材等产业规模经济效应非常明显，而重组战略是快速促进企业规模扩大的有效途径。集团为此制定了区域联合重组的战略，同时为了能快速推进联合重组，减少障碍，降低交易成本，集团明确了选择重组区域的三个原则：一是这些区域的政府和行业协会大力支持央企通过重组地方企业推动地方产

[①] 周放生.国进民进螺旋上升——中建股份南方水泥公司重组调查［N］.经济观察报，2012－04－16（44）.

业结构的调整；二是这些区域内均无领军企业，市场竞争激烈；三是这些区域恶性竞争的行业发展现状使得区域内企业联合重组的愿望非常迫切。[①] 按照这三个原则集团精心选取重组区域，获得了多方支持，使得集团规模在短时间内快速扩大，实现规模经济。

（2）避免恶性竞争，提高资源利用效率。重组战略不仅快速扩大了集团规模，而且在重组过程中有效的避免了行业恶性竞争，提高了资源利用效率。比如：集团为了推进南方水泥行业重组，在 2007 年成立南方水泥公司，在短短几年内南方水泥重组了 150 余家生产企业，产能超过 1 亿吨。这些企业在重组前各自为政，相互压价，恶性竞争现象严重，对资源和环境破坏也严重；而在重组后南方水泥公司对企业进行产业结构调整，利用自己的先进技术对企业进行技术改造，既避免了无序恶性竞争，又提高了资源的利用效率。

（3）战略联盟推进资源共享。中国建材集团在战略重组过程中始终把与竞争对手的合作作为重要策略，从而通过与行业中的大企业合作推动市场整合，加快产业结构调整，带动行业内并购重组活动的展开。早在 2006 年 7 月中国建材集团与安徽海螺集团建立战略合作伙伴关系，同时中国建材出资 9.6 亿元受让海螺集团所属徐州海螺水泥有限责任公司 100％股份及其他权益，从而开启了行业大企业间联合重组的序幕。2012 年 12 月，两个集团又签署"战略合作协议"，两家行业巨头通过战略联盟建立了优势互补资源共享的战略合作平台，从而深入推动产业升级，维护区域市场稳定，促进行业经济发展方式的转变。

3. 战略重组提升了企业技术创新能力。中国建材集团原先是一家建材制造企业，研发能力不强，而通过战略重组大大提高了集团技术创新能力，从而为打造具有国际竞争力的世界一流的建材产业集团奠定的坚实的基础。集团提升技术创新能力的成功经验有以下两方面：

（1）积极推进产研重组，壮大研发实力。中国建材集团一方面积极在市场推进联合重组，另一方面也积极推进产研重组，不断提高集团研发实

---

① 国企. 董事会的力量——中国建材集团巨变背后的治理之道 ［EB/OL］. （2011－06－08）. http：//bschool. hexun. com/2011－06－08/130338910 _ 1. html

力。2005 年 2 月，中国建材集团与中国建筑材料科学研究院成功重组，重组后集团以中国建材院为核心，整合集团原有 12 家科研院所于 2006 年 6 月 30 日正式成立中国建筑材料科学研究总院。通过集团内外两次重组，实现了集团科技资源深度整合，大大壮大了集团研发实力。

（2）搭建创新平台，推进产研融合发展。集团在产研重组完成之后，为了发挥科技与产业互相融合发展，积极搭建创新平台。集团为中国建材总院制定了六大创新平台定位：逐步建立国家级建材和新材料专业领域重大项目以及国防军工项目的研发平台、建材行业共性关键性前瞻性技术的研发服务平台、建材和新材料高科技成果的产业化平台、中国建材集团所属企业技术创新的支撑平台、建材行业高素质科研人才开发和培养的平台、国际建材和新材料学术与技术交流的平台。按照这六大平台定位，中国建材总院整合内部研发资源，围绕集团主营业务开展研发活动，逐步成为集科学研究、技术开发、标准制定与检验认证、设计与装备制造于一体的行业研发中心，成为我国建材行业最具规模和综合研究实力的大型研发机构。研究机构的不断发展完善了集团技术创新体系，为提升产业技术水平提供了有力的研发保障。①

4. 战略重组促进企业管理创新。战略重组活动并不是简单的企业扩张行为，重组中伴随着大量的管理活动，没有积极的管理创新是很难在短时间做到成功的大规模重组。中国建材集团的重组过程就是伴随着不断的管理创新，并赢得了多方认可。战略重组促进企业进行管理创新，而管理创新又能保持并扩大重组的成果。中国建材集团的管理创新成功经验主要有以下几方面：

（1）"央企市营"，调动多方积极性。中国建材集团在重组过程中大胆进行管理创新，承诺并践行"央企市营"，赢得了被重组企业的认可，也调动了被重组企业参与新企业的日常经营活动的积极性。所谓"央企市营"的核心内容有五方面：一是央企控股的多元化股份制；二是规范的法人治理结构；三是职业经理人制度，即董事与经理人要通过社会化、市场化方式选拔；四是公司内部机制市场化，即用人用工及分配机制等方面与

---

① 国企．董事会的力量—中国建材集团巨变背后的治理之道 [EB/OL]．(2011－06－08)．http：//bschool. hexun. com/2011－06－08/130338910 _ 1.html

市场接轨，使企业真正做到干部能上能下、人员能进能出、收入能升能降；五是依照市场规律开展企业运营，不仅产品与服务的经营与创新遵循市场规则进行，而且和民营、外资企业合作共生，追求包容性成长模式。① 中国建材集团在新企业中对被重组企业保留30％的股份，集团只收购70％的股份，另外，原企业的的负责人作为职业经理人继续在新企业任职，这样被重组企业的资本得到了保值增值，原企业负责人在新企业运营管理中具有话语权，参与新企业管理的积极性也就提高了。这种"央企市营"的市场化运营模式，充分调动了重组双方的积极性和主动性，保障了集团联合重组战略得以成功实施，激活了集团运营管理的活力。

（2）大力发展混合所有制，优化公司治理结构。国有企业的产权改革一直来是热议的话题，莫衷一是。中国建材集团在联合重组过程中的大力发展混合所有制，走出了一条国有企业产权改革的新途径。目前，中国建材集团净资产650亿元，其中440亿元是社会资本，210亿元是国有资本，国有资本只占三分之一，以650亿元的净资产控制一个3000多亿元总资产的企业，国有资本的撬动力更大，保值增值能力也更高。② 另外，通过发展混合所有制，不断完善董事会制度，集团下属各企业的公司治理结构得到了明显优化，权责明确，公司的决策和管理完全按市场规则，使公平与效率得到了有效的兼顾。

第二节　战略重组拖累中央企业国际竞争力 提升的失败案例分析

前文我们分析了中国建材集团通过战略重组成功提升企业竞争力的案例，但是在中央企业战略重组的实践中有些企业非但没有提升反而拖累竞

---

① 中国广播网.中国建材集团：观念创新成就"包容性成长"新模式［EB/OL］.（2011－05－29）.http：//finance.cnr.cn/yaowen/201105/t20110529_508046370.html

② 中国经济网.中国建材集团董事长宋志平：混合所有制经济引领进步［EB/OL］.（2014－01－01）.http：//www.ce.cn/xwzx/gnsz/gdxw/201401/01/t20140101_2030726.shtml

争力提升,致使企业陷入困境,下面我们通过中国中钢集团的案例来分析战略重组失策对企业竞争力的拖累效应。

一、中国中钢集团公司简介

中国中钢集团公司前身中国钢铁工贸集团公司在 1993 年 2 月经国务院经济贸易办公室批准成立,当时由中国冶金进出口总公司、中国钢铁炉料总公司、中国国际钢铁投资公司和中国冶金钢材加工公司组建而成。1998 年 12 月中国冶金设备总公司、中国冶金技术公司、冶钢经济技术开发总公司划入中钢集团。到 1999 年 1 月集团与国家冶金工业局脱钩,正式划归中央管理。2003 年 4 月国务院授权国务院国有资产监督管理委员会履行出资人职责,中钢集团正式成为国资委监管下的中央企业。2004 年 8 月集团由原名称"中国钢铁工贸集团公司"更名为"中国中钢集团公司"。

2005 年 2 月按照国资委批准的集团三大主业:冶金矿产资源开发与加工;冶金原料、产品贸易与物流;相关工程技术服务与设备制造,集团展开了一系列的并购重组和国际化经营,也曾取得了不俗的成绩。到目前为止中钢集团是一家为钢铁工业和钢铁生产企业及相关战略性新兴产业提供综合配套、系统集成服务的集资源开发、贸易物流、工程科技、设备制造、专业服务为一体的大型跨国企业集团。中钢集团是中国最早实施国际化经营的中央企业之一,在澳大利亚、南非、津巴布韦等地建有铁矿、铬矿资源基地,为我国国民经济可持续发展储备了丰富的矿产资源,同时集团拥有覆盖全球的营销网络和物流服务系统,是中国主要钢铁生产企业的原料供应商和产品代理商,与国内外多家企业建立了长期战略合作关系。铁矿石、铬矿、锰矿、镍矿、焦炭、萤石、铁合金、废钢、钢材、镁砂、稀土等贸易经营居于国内前列,在业界具有重要影响。[①]

二、中国中钢集团重组历程

中国中钢集团与许多其它中央企业一样,伴随着国有企业改革浪潮而逐步发展起来,其中重组活动成为其快速成长的"引擎"。从 2005 年开

---

① 本部分根据中国中钢集团公司官方网站资料整理。

始，中钢集团的重组活动逐步加大力度，并且中钢集团呈现国际国内两条主线特点，从表7.5我们可以清晰发现，一方面集团在国内加快行业内战略重组，另一方面快速推进"走出去"战略在国际市场加大了并购重组力度。但是正是由于中钢集团频繁重组活动虽然在短期提高了集团经营业绩的同时，但又对企业的发展埋下了隐患。

表7.5　2005年以来中国中钢集团公司战略重组重大事件一览表

时间	集团战略重组重大事件
2005 年 8 月	中钢集团投资控股西安冶金机械有限公司，更名为中钢集团西安重机有限公司
2005 年 9 月	中钢集团投资控股洛阳耐火材料集团有限公司，更名为中钢集团洛阳耐火材料有限公司
2005 年 10 月	中澳 Midwest 铁矿项目正式签约。中钢集团投资占 50% 股权比例。磁铁矿工业储量 4.5 亿吨，赤铁矿已探明资源量 1.32 亿吨，预计远景储量 5～10 亿吨
2006 年 6 月	中钢集团重组衡阳有色冶金机械总厂，成立中钢集团衡阳重机有限公司
2006 年 7 月	中钢集团重组吉林炭素股份有限公司，更名为中钢集团吉林炭素股份有限公司 中钢集团重组邢台机械轧辊集团有限公司，更名为中钢集团邢台机械轧辊有限公司
2006 年 8 月	中钢集团重组吉林新冶设备有限责任公司，更名为中钢集团吉林机电设备有限公司
2006 年 11 月	与 Samancor 公司签署系列协议，年产铬矿 100 万吨，铬铁 31 万吨
2007 年 4 月	与澳大利亚 PepinNini 矿业有限公司签署合资企业协议，共同开发澳大利亚铀矿资源
2007 年 5 月	中钢集团重组吉林铁合金股份有限公司，更名为中钢集团吉林铁合金股份有限公司
2007 年 9 月	收购津巴布韦 Zimasco 控股公司 ZCE 股权项目（铬矿）协议正式签署
2007 年 12 月	中国冶金矿业总公司、中国国际热能工程公司、日出投资集团公司、中经实业开发公司、经翔房建开发公司由国务院国资委机关服务中心无偿划转给中钢集团管理
2008 年 9 月	中钢集团正式完成收购 Midwest 公司股权项目，共获得 98.52% 的股权，成功控股该公司。这标志着中钢集团自 2008 年 3 月 14 日向 Midwest 公司发起的全面要约收购宣告结束
2009 年 8 月	中钢集团重组广西八一铁合金（集团）有限责任公司，更名为中钢集团广西铁合金有限公司

注：本表根据中国中钢集团官方网站资料以及相关网络资料由作者整理而成。

1. 加快国内行业内战略重组。2005 年 8 月中钢集团投资控股西安冶金机械有限公司，并对西冶进行重组更名为中钢集团西安重机有限公司。根据协议，中钢集团将通过现金增资扩股的方式实现对西冶的绝对控股，并着手对西冶进行整体异地搬迁改造。西冶是国家大型一类企业，主要从事冶金设备、矿山机械及其它大型机械设备的设计和制造。厂区占地面积 43.7 万平方米，厂区建筑面积 25 万平方米，固定资产总值 4.9 亿元。下设冶金设备研究所、技术中心以及机加工、热加工、结构、动力、运输等生产车间和经营性分厂 12 个。2004 年，西冶公司实现工业生产总值 6.06 亿元，产品销售收入 4.74 亿元，利润总额 2523 万元，利税总额 5425 万元。同年 9 月中钢集团投资控股洛阳耐火材料集团有限公司，更名为中钢集团洛阳耐火材料有限公司。

2006 年 6 月中钢集团重组衡阳有色冶金机械总厂，中钢集团公司与衡阳有色冶金机械总厂签署破产资产重组协议，中钢集团拟以重组后的"衡冶"为平台，将其打造成为国内一流的冶金、矿山装备研发生产企业。成立中钢集团衡阳重机有限公司。2006 年 7 月中钢集团正式重组吉林炭素股份有限公司，更名为中钢集团吉林炭素股份有限公司。早在 2004 年中钢集团就与吉炭集团洽谈重组事宜；2005 年 12 月中钢集团与吉林省国资委、吉炭集团公司正式签署《吉林省国资委、中钢集团重组吉林炭素集团有限责任公司协议》《股权转让协议》；2006 年 4 月 25 日，吉林炭素股改方案以股东大会 98.17％的赞同比率获得高票通过，其中流通股股东表决赞成率达到 89.55％，标志中钢重组获得成功。同月，中钢集团还重组了邢台机械轧辊集团有限公司，更名为中钢集团邢台机械轧辊有限公司。中钢与邢机产业关联度较高，两家企业重组后将立足于轧辊和冶金设备主业，打造企业知名品牌，做专做精做强邢台轧辊和冶金机械装备，不断增强为我国钢铁工业服务的能力和水平。中钢与邢机的重组使新邢机将依托中钢集团的资金、市场、资源、技术研发等优势，充分发挥邢机的产品、技术、装备、品牌优势，实现在战略、管理、技术、资本、装备、成本等方面的协同发展。2006 年 8 月，中钢集团重组吉林新冶设备有限责任公司，更名为中钢集团吉林机电设备有限公司，新公司是集电工、机械制造、电控及仪表于一体的专业设备制造厂，矿热炉机电成套设备等主导产品工艺纯熟，技术水平国内领先，市场竞争优势明显。

2007 年 5 月中钢集团重组吉林铁合金股份有限公司，并更名为中钢集团吉林铁合金股份有限公司，标志着中国最大的铁合金生产企业正式被纳入中钢集团旗下。从 2004 年底开始，中钢集团就与吉林省国资委、吉铁有限公司就重组合作事宜进行交流和探讨研究，并于 2006 年 12 月 29 日签订了重组吉林铁合金有限责任公司框架协议。中钢集团重组吉铁，既为吉铁的发展提供了更高的平台，也有利于增强中钢集团的整体实力，对提高我国铁合金产业的国际竞争力具有重要意义。2007 年 12 月中钢集团与国务院国资委机关服务中心签署《国有产权无偿划转协议》。根据协议，国务院国资委机关服务中心将中国冶金矿业总公司、中国国际热能工程公司、日出投资集团公司、中经实业开发公司、经翔房建开发公司无偿划转给中钢集团管理。

2009 年 8 月中钢集团重组广西八一铁合金（集团）有限责任公司，并更名为中钢集团广西铁合金有限公司，从 2006 年开始，中钢集团与来宾市政府就参与广西八一铁合金（集团）公司重组事宜进行接触和考察，2009 年 5 月 6 日正式签署重组协议书。通过双方重组，中钢集团进一步扩大了集团在钢铁工业的原材料的控制能力，中钢集团将推动中钢广西铁合金公司在原料采购、产品销售、科技研发、技术改造等方面实现跨越式发展，打造具有国际竞争力的大型铁合金研发和制造企业。

2. 积极"走出去"加大国际市场并购重组力度。中钢集团在国内大举战略重组的同时也是我国最早实施"走出去"战略的企业，早在 20 世纪 80 年代就在国外开发矿产资源，从 2004 年之后，中钢集团加快集团国际化经营步伐，在国际市场频繁并购重组各种矿产资源。

2005 年 10 月中钢集团在澳大利亚的 Midwest 铁矿项目正式签约，中钢集团投资比例占 50% 股权。Midwest 铁矿项目主要包括位于澳大利亚西澳洲的库连努卡磁铁矿项目和午尔得山脉赤铁矿项目以及相关的基础设施，其中磁铁矿工业储量 4.5 亿吨。赤铁矿已探明资源量 1.32 亿吨，预计远景储量 5 亿～10 亿吨。从这个项目开始中国集团拉开了收购重组 Midwest 公司的序幕。

2006 年 11 月中钢集团与南非 Samancor 铬矿签署了资源开发系列协

议，中钢出资约 2.5 亿美元，创建 Tubatse 铬业公司，双方各持股 50％，年产铬矿 100 余万吨，铬铁 30 余万吨。

2007 年 4 月中钢集团公司与澳大利亚 PepinNini 矿业有限公司合资企业签署合资企业协议，共同开发澳大利亚铀矿资源。澳大利亚矿产资源丰富，铀储量占世界总储量的三分之一以上，居世界第一。澳大利亚 PNN 矿业有限公司是一家在澳上市的中型矿业开发公司，主要从事铀、镍和铜等矿产资源的勘探与开发，中钢集团与 PepinNini 公司正式签署合资企业协议后，合资企业的产品将由中钢集团全部销往中国。2007 年 9 月《中钢集团收购津巴布韦 Zimasco 之控股公司 ZCE 股权项目》协议正式签署。Zimasco 公司是津巴布韦最大的高碳铬铁生产企业，拥有津巴布韦国内最大的优良铬矿资源。

2008 年 9 月经过不懈努力中钢集团终于正式完成收购 Midwest 公司股权项目，共获得 98.52％的股权，成功完成绝对控股该公司。这标志着自 2008 年 3 月 14 日中钢集团向 Midwest 公司发起的全面要约收购落下帷幕。在此次收购中，中钢集团获得了澳大利亚政府和中国政府有关部门的批准，并且在收购过程中，严格遵守澳大利亚当地并购重组的法律法规，遵循国际惯例和市场规则，提升了中国国有企业的国际竞争力和影响力。这次成功收购案例获得国际市场的赞誉，2009 年 1 月 15 日，亚洲主流英文金融与投资专业杂志《财资》主办的 2008 年度 3A 奖项颁奖典礼在香港成功举行，中钢集团成功要约收购 Midwest 公司股权项目获得"最佳中国交易奖"及"最佳跨境并购奖"。

三、重组对中钢集团竞争力的影响

通过对中钢集团近年来的重组活动的梳理，我们发现重组战略对于中钢集团这些年的发展来说可谓是"主旋律"，尤其是从 2005 年到 2008 年更是密集，有时一个月内发生好几起并购重组活动。但是重组对于中钢集团竞争力的影响犹如"过山车"般，变化之大令业界惊叹。

1. 企业竞争力排名变化。中钢集团通过战略性并购重组对企业竞争力产生了巨大的影响作用。中钢集团是最早"走出去"的中央企业之一，中钢集团曾被国资委评选为国有企业典型，中钢集团的发展战略曾被誉为

"中钢模式"大力推广。2009 年中钢集团就进入《财富》世界 500 强，列 372 位，那年中国企业才仅有 30 家进入；2010 年中钢集团在世界 500 强中列第 352 位，而到 2011 年退至 354 位。随着重组后内部整合不当以及当年并购重组中的一些隐患不断显现，中钢集团业绩一落千丈，从 2012 年开始中钢集团直接被淘汰出了世界 500 强名单。

世界 500 强的的跌宕起伏并非是中钢集团竞争力下降的唯一佐证，国内企业的 500 强排名变化也几乎与世界 500 强的排名成同步趋势。如表 7.6 所示，2005 年中钢集团在中国 500 强企业中排第 131 位，经过几年重组战略的实施，到 2009 年达到业绩顶峰位列中国 500 强企业第 24 位，而从 2010 年开始随着重组后企业经营管理问题的不断暴露，业绩也逐年下滑，到 2012 年中钢集团连中国 500 强企业也没能进入，作为一家曾经风光无限的中央企业，短短几年的国内外竞争力排名变化很是说明重组战略是一把"双刃剑"。

表 7.6　中钢集团公司 2005～2013 年中国企业 500 强排名变化情况

	2005 年	2006 年	2007 年	2008 年	2009 年	2010 年	2011 年	2012 年	2013 年
位次	131	88	60	33	24	32	40	无	无

注：资料为笔者自行整理。

2. 企业经营情况变化。中钢集团的重组战略不仅对企业竞争力排名影响显著，而且对企业的经营影响更是深远。从中国企业联合会、中国企业家协会主办的中国企业 500 强评选公布的营业收入变化来看，重组战略对中钢集团经营的影响也是可谓"冰火两重天"。2006 年中钢集团营业收入只有近 327 亿元，2007 年增长到近 608 亿，2008 年营业收入再次翻番增长到 1235 多亿，这三年营业收入每年近乎增长一倍多，可谓是重组带来的业绩"暴涨期"。但是从 2009 年开始中国集团业绩逐步进入"徘徊期"，2009 年集团公司营业收入近 1684 亿元，到 2010 年下滑到 1640 亿元，而在 2011 年又上升到近 1846 亿元。然而，即使营业收入徘徊不定，而中钢集团实际从 2010 年就开始实际亏损，2010 年就亏损高达 14.7 亿，而截至 2012 年底，中钢已经连续 3 年亏损，2012 年亏损近 20 亿，以至于在 2012 年国资委中央企业考核中中钢集团被列为 D 档，属于不及格。

3. 企业资源变化情况。战略重组对企业来说，最重要的是企业资源的挖掘和获取，但同时资源的利用也是非常关键的。即使拥有资源，但是经营不善资源也会流失，甚至还会成为企业负担。战略重组曾经快速提升了中钢的资源水平，但是从 2008 年开始中钢集团伴随着经营问题的不断出现，集团公司的资产流失日益突出。我们选取中钢集团公司下属的上市公司中钢吉炭的公开资料从 2008 年到 2012 年的总资产和净资产的变化情况来说明这一问题。如表 7.7 所示，中钢吉炭从 2008 年总资产258，047.45 千元下降到 2012 的 244,937.51 千元，年均增长率为－1％；而中钢吉炭的净资产 2008 年为 93,724.81 千元下降到 80,113.15 千元，年均增长率为－4％；由此可以看出，中钢吉炭从 2008 年到 2012 年的负债总额是不断上升的，从上市公司中钢吉炭的资产变化也证实了中钢集团公司从 2010 年到 2012 年连续三年资产负债率超过 90％。从 2013 年开始中钢集团开始加速处置不良资产，拟以 7205.77 万元转让中钢集团江城碳纤维有限公司 70％股权，隶属中钢集团的中钢集团滨海实业有限公司拟以 7900 万元转让中晟矿业有限公司 40％股权，两个项目转让金额合计1.51 亿元。由此可见，中钢集团为了扭亏为盈会进一步剥离不良资产，集团的资源水平也会不断下降。

表 7.7　中钢吉炭股份有限公司 2008～2012 年资产变化情况

	2008 年	2009 年	2010 年	2011 年	2012 年	年均增长率
总资产（千元）	258,047.45	249,256.41	241,585.03	247,614.28	244,937.51	－1％
净资产（千元）	93,724.81	101,862.77	95,906.30	93,730.73	80,113.15	－4％

注：资料为笔者自行整理。

四、战略重组拖累中钢集团竞争力提升的原因分析

通过对中钢集团公司近年来的战略重组过程和影响的分析，我们不难发现，重组活动对于"做大"企业可谓"立竿见影"，而对于"做强"企业重组活动只是第一步，重组后的内部整合是一道必须迈过的"坎"，而重组活动对于中钢集团真可谓"成也萧何败萧何"。那么，战略重组活动为何成了拖累中钢竞争力提升的"罪魁祸首"了呢？

1. 管理混乱，内部交易成本剧增。中钢集团在并购重组过程中企业的规模不断扩大，而内部管理能力和管理创新却明显滞后，以至于企业内

部的交易成本高昂。企业管理甚至一度陷入混乱，决策混乱、虚报利润、财务漏洞等现象频发。

（1）内部财务管理混乱。对于一个大型的国有企业来说，内部财务管理混乱往往影响是重大的。中钢集团在大举并购重组过程中，集团的财务管理却漏洞百出，导致后来中钢陷入财务困境而拖累企业正常经营活动。中钢最典型的"财务黑洞"问题就表现中钢集团与山西中宇的所谓"合作"，山西中宇有高达52亿元、涉及1600多家债权人的债务，濒临倒闭，但是中钢竟然同意以20亿元的预付货款换取每年100多亿元的销售收入，根本无视垫付资金所伴随的高财务风险。另外，后来发现在与山西中宇"合作"中，屡屡绕过中钢内部财务管理规定，按集团财务规定超过5000万元以上支出需要集团总裁黄天文本人签字认可，但与中宇相关的不少单笔支出均卡位在4900多万元。由此可见，中钢在内部财务管理上的混乱可见一斑。

（2）重组后管理整合乏力，对下属公司监控失效。集团财务管理混乱只是集团管理能力和水平的部分表现，中钢一味追求规模和速度，而对重组后的管理整合乏善可陈，尤其出现对下属公司监管失效，导致集团出现被下属公司"牵着鼻子走"的现象。在与山西中宇的"合作"过程充分反映了这一问题，中钢陷入中宇困境后一度寻求"自我救赎"，中钢最终接收了山西中宇并委托河北唐山国丰钢铁有限公司（简称国丰钢铁）进行代管，而实际控制人是中钢集团，既是在这种状态下中钢依然没能有效监管中宇的生产经营，反倒被中宇原老板王兴江"敲竹杠"，一旦中钢有意停止继续预付货款，就威胁"前面的钱也甭想再回来了"，中钢为了捂住"疮疤"越陷越深，最终被山西中宇套取40亿元。另外，中钢集团下的其它企业也屡屡出现各自为政、虚假销售、偷逃税款、虚报利润等现象。可见，随着集团规模迅速扩张，集团的管理严重缺失，对下属公司的监管只是流于形式。

2.盲目扩张，企业战略目标短浅。中钢集团的境内外一系列并购重组活动声势浩大，但事后看来中钢的许多并购重组质量并不高，一味追求"做大"盲目追求速度和规模，而在重组活动中根本看不出企业的战略目标。

（1）中钢集团在国内并购重组不谨慎。中钢集团在国内实施重组战略时盲目性很大，往往不论目标企业经营业绩状况，以及重组成本与收益比较，也不管与本集团生产、销售和管理等方面是否能形成优势互补等，甚至在重组前对目标企业的尽职调查也不详尽，对重组活动的不谨慎态度致使事后遗患无穷。比如：2005 年，中钢买入宁波杭州湾大桥发展有限公司 23.06% 股份。根据国资委掌握材料，这项投资成本 11.4 亿元，2009 年当期账面投资收益 1709 万元。[①] 另外，除了与山西中宇采取预付货款外，中钢还与邯郸纵横钢铁采取了类似合作模式。纵横钢铁在沧州黄骅港开发区新建的钢铁项目，2007 年开始筹建，总投资 160 亿元，其中重要工程都由中钢集团负责承建。和山西中宇、纵横钢铁等中小钢企的合作，最终使中钢集团的 88.07 亿元资金难以抽身，令整个集团焦头烂额。[②]

（2）中钢集团盲目海外投资的。虽然中钢集团是我国较早"走出去"的大型企业，在国际市场也曾名噪一时，但是中钢的海外项目投资后期运营问题不断，亏损严重。究其原因很大一部分是因为作为资源型央企的中钢在海外投资上仅仅考虑资源所有权的获取而对资源的长期开发经营缺乏长期的战略考量，很多投资属于短期行为。比如：2008 年中钢斥资 14 亿美元敌意收购澳大利亚中西部矿业公司 100% 股权，原计划年产铁矿石3000 万吨以上；但直到 2009 年这一项目还处于前期勘探阶段，当期亏损9281 万元。[③] 更重要的是中钢拿到了矿山，却丢失了对更具战略意义的港口、码头和铁路等基础设施，这些基础设施项目直接制约着企业矿石的生产和运输，而这些基础设施的投资将耗资巨大。2011 年 6 月中钢集团不得不宣布暂停在西澳洲中西部铁矿石的开发项目。除此之外，中钢在非洲喀麦隆的矿山开采项目也受制于基础设施问题，项目进展缓慢；2011 年中钢在南非 ASA 项目也面临失去控制权的困境。中钢在海外投资项目摊子铺的大，收益却甚小，反而拖累了中钢集团的发展。

---

① 中国钢铁现货网. 中钢 2009 年业绩涉嫌虚报利润 实际亏损 3.8 亿 [EB/OL]. （2010－08－31）. http：//news.gtxh.com/news/2010/08/31/117994768.html

② 中国经济网. 黄天文"非光荣"退场 折射中钢扩张之痛 [EB/OL]. （2011－05－27）. http：//www.ce.cn/macro/more/201105/27/t20110527_22444179.shtml

③ 财新网. 中钢疯狂扩张之鉴 [EB/OL]. （2011－05－16）. http：//www.caing.com/2011－05－16/100259421.html

3. 监督失效，公司治理结构不完善。中钢集团在战略重组过程中以及重组后经营管理问题频发，其中一个重要原因是集团内部监督失控，无法有效防控集团的并购重组中的风险问题，导致集团危机此起彼伏。

（1）中钢集团公司内部监督机制失效。作为一个大型中央企业其日常经营管理应有严格的内部决策和监督机制，而在中钢集团这一机制形同虚设。中钢在经营活动中很多并非主营业务，依然能够在集团决策实施。比如：中钢涉足房地产开发，曾被国资委点名批评，中钢天津响螺湾项目耗费 2 亿元进行基建后，因中钢无法提供后续资金而停工，2011 年 11 月开始对外招商合作仍无人问津。另外，中钢集团的决策监督机制明显滞后。作为大型企业仅靠一两个人决策拍板，没有一个良好的决策监督机制保障，风险自然可想而知。比如：中钢在收购澳大利亚中西部矿业公司过程中，曾有多位高管提出异议，而当时集团总裁黄天文没有采纳而是强硬继续收购；在与山西中宇相关交易中甚至没有通过董事会批准。由此可见，中钢集团内部监督机制根本没有发挥作用，导致公司盲目决策和盲目投资。

（2）公司治理结构不完善。在中钢集团的快速扩张中，公司治理结构问题始终没有引起重视。对于一个大型企业来说，完善的公司治理结构是企业规范高效运转的基础，也是企业获取良好经营业绩的组织保障。然而，中钢在大举战略重组活动时却把公司治理问题抛于脑后，致使重组带给中钢的只是表面的"欣欣向荣"，而实际上中钢的管理能力和核心竞争力毫无提升。按照中钢的现有组织架构来看，中钢由董事会、监事会以及管理层等几部分组成，然而在中钢关于山西中宇、邯郸纵横钢铁以及澳大利亚中西部矿业公司等项目运作案例中，中钢常常出现管理层越过董事会，监事会毫无作用的奇怪现象，其根本原因在于公司治理结构不完善，相互监督制衡机制荡然无存。比如：按照公司治理结构的合理设置来看，企业内审部门应该向企业的专业审计委员会报告并负责，但是从中钢官网的组织机构图我们看到，中钢内设审计监察部，但是其只是管理层下属的一个部门而且对管理层报告工作，这让中钢内部的审计监察部的作用甚微。更为有趣的是，如此的不完善的公司治理结构下，中钢还曾一度积极推进上市工作。

第三节　案例比较与启示

通过对中国建材集团和中国中钢集团两家中央企业近年来的战略重组案例分析，我们发现战略重组对两家企业的竞争力提升的影响"天壤之别"，通过对比分析我们可以得出以下几点启示：

1. 战略重组要围绕企业主业开展。在两个案例中，中国建材在战略重组中始终把突出主业放在首位，积极围绕产业链展开并购重组，逐步形成了从产品研发到生产、销售、物流以及贸易为一体的国际化的建材生产商和服务商，从而从整体上提升了中国建材的国际竞争力。而中钢集团却在一系列重组和投资活动中偏离主业，"哪挣钱就往哪投资"，不仅没有增强主业的竞争力，反而这些投资活动使集团资产负债率大大提高，拖累集团主业的发展，到最后中钢还不不得不变卖这些非主业资产。通过这两个案例对比再次为我们中央企业敲响警钟，无论在国内外市场有多么好的并购重组机会，是否符合主业需求始终应该是我们首要考虑的。

2. 要注重重组后的整合。在这两个案例中，我们发现重组战略要想获得成功重组后的整合是至关重要的。中国建材集团在重组后通过各种途径整合双方的人员、技术、产品、市场以及管理等各方面，集团始终保持了对被重组企业的有力控制，使得重组双方很快形成战略、经营、文化和管理等多方面协同效应，从而有利于提高企业竞争力。而中钢集团则忽视重组后的整合，中钢一味追求速度和规模，重组前对目标企业选择不谨慎，重组后又对被重组企业整合乏力，最终造成中钢在重组后双方不但没有形成协同效应，许多被重组企业各自为政，想方设法套取和占用中钢资金，中钢反而被"敲竹杠"，重组虽然使中钢拥有了更多资源和更大规模，却没有发挥应有的效益，反而使竞争力不断被削弱。

3. 处理好国内重组与跨国并购的关系。在全球经济一体化浪潮中，对于中央企业战略重组来说，如何处理好国内重组与跨国并购的关系是一个新课题。从这两个案例对比，我们应该清醒的认识到就目前中央企业的管理水平和能力来看，首先应把重点放在国内战略重组上，然后再适度的跨国投资经营，而不宜国内和国际同时出击。中国建材集团的战略重组虽然也是规模庞大，但其大多是围绕国内行业重组，战略目标明确，对国内行业重组可谓"精耕细作"，而在跨国投资中中国建材大多也围绕主业海外设厂，输出的不仅是资本，更多的是技术和成套制造设备，因此也取得了良好效益，提升了企业的国际竞争力；反观中钢集团在国内的战略重组中急于求成，许多并购重组脱离主业，风险意识淡薄，而在跨国投资中也是冒进，只是一味追求"拿资源"，而缺少对整个产业链的考量，因此，中钢海外投资中更多的是依靠资本，而不是依靠技术和管理，所以"中钢模式"是很难持续的。

4. 处理好外部重组与内部创新的关系。战略重组可以快速提高企业的规模、资源、技术以及管理水平等，而这些都是提升国际竞争力的必备要素，企业对并购重组的热衷也就缘于此。然而，通过这两个案例我们发现，重组虽然是一条快速提升竞争力的捷径，但是企业依然要处理好外部并购重组与内部创新的关系。中国建材主动积极重组整合下属的科研院所，为企业的发展搭建了良好的技术创新平台，而且中国建材在大规模重组中创新重组方式，大举"联合重组"实现重组利益相关方的"多赢"，在重组后的管理上大胆创新提出"央企市营"，调动了多方积极性，大大降低了内部交易成本，从而使得外部重组与内部创新相得益彰，从根本上提升了企业国际竞争力。但是在这些方面中钢集团乏善可陈，一味的并购重组只是带来暂时表面的繁荣，而企业运营真正需要的技术、管理等"内功"严重缺失，致使中钢后来乱象不断也就不足为奇了。因此，央企国际竞争力的提升战略重组只是一种策略，必须要通过"苦练内功"才能消化和解决重组带来的一系列变化，毕竟"苦练内功"是提高重组收益率的核心，也是提高国际竞争力的根本。

5. 处理好重组与股权多元化改革的关系。战略重组的途径和方式可谓多种多样，但是重组会涉及新公司的股权配置问题，进而为影响公司治理结构的改变。中央企业战略重组必须要处理好股权多元化问题，一个良好的股权结构配置，可以促进公司治理结构不断完善，从而促进央企内生发展。中国建材集团在战略重组中大力推进混合所有制，不追求绝对控控股，给予原先企业老板和管理层一定股权，激励他们投入到新公司的管理和运营中去，既大大降低了重组成本，又优化了新公司的股权结构，完善了治理结构，从而保障了企业决策的多方博弈，避免了盲目决策。中钢集团公司在股权多元化方面明显滞后，也没有利用重组机会完善公司治理结构，导致公司治理中漏洞百出，内部交易成本剧增，最终无法驾驭重组带来的一系列问题，反而拖累了企业的发展。因此，中央企业必须要利用战略重组的机遇，积极推进股权多元化，尤其是母公司的股权多元化，从而完善公司治理结构，为央企建立现代产权制度，提升国际竞争力打下坚实基础。

第八章 深入推进中央企业战略重组及其国际竞争力提升的对策建议

从前面章节的理论研究和案例分析来看，战略重组是快速提升中央企业国际竞争力的有效途径，但是我们也要清醒认识到重组的一系列风险问题，从目前中央企业重组的成效来看，仍然有许多方面需要配套改革，进行系统的体制和机制创新，从而有效推进中央企业战略重组，打造一批具有国际竞争力的世界一流的跨国企业。

第一节 中央企业战略重组模式创新

从理论上看，企业战略重组一般分为纵向重组、横向重组以及混合重组，不同的重组模式对市场竞争格局影响不同，重组后对企业竞争力的提升也不同。从实践来看，如前文论述，中央企业改革重组近年来经历了"诚通模式""国开投模式"以及"国新模式"，这些重组模式在一定程度上推进了中央企业的战略重组进程，但是这些重组模式背后都有强烈的政府主导色彩，资源错配现象不断出现，导致许多央企"治好旧疾带来新病"，在下一步中央企业战略重组中应该坚持走市场化道路，让市场对重组对象选择、重组方式、途径等起决定作用。而这不免要求我们在重组模式上大胆创新，而且我们必须把交易成本和分类改革作为重组模式创新的出发点和落脚点。

一、交易成本与央企战略重组市场化模式创新

从前文分析我们发现，在零交易成本下企业重组本山会有成本问题，而收益却难以保证，因此企业并不会主动选择重组战略。然而，在正交易成本的现实世界，战略重组是企业迅速提升竞争力的有效途径，企业因而热衷于寻求各种战略重组的市场机会。但是从前文章节的分析来看，中央企业在下一步的改革重组中应逐步从政府主导推动的重组模式转变为为市场主导模式，而在这重组模式创新上如何节约交易成本和促进分类改革应该是考量的重中之重。

1. 市场化重组模式有利于降低重组中的交易成本。通过前文分析，我们发现重组中的交易成本问题不容小觑，不仅决定了重组的绩效，也决定了重组对企业竞争力的影响。对于中央企业来说如何创新重组模式有效降低交易成本是一个现实问题，威廉姆森把交易成本分为事前和事后交易费用，事前交易费用主要包括搜寻、谈判、签约和履约等费用。当前央企重组中的政府主导模式，通过行政指令虽然使事前交易成本得到大大降低，然而这只是把交易的不确定性"行政隐藏"，使事后成本变得复杂而高昂，为央企重组后的发展埋下大量隐患。坚持市场化主导模式，通过市场机制选择，避免"拉郎配"，可以最大化的降低交易不确定性。国有企业重组要以资源重新配置为纽带，主要是指国有企业（或资产所有者）将其内部资产按优化组合的原则，进行重新调整和配置，期望充分发挥现有资产的部分和整体收益，从而为国有企业带来最大的经济收益。[①] 由此可见，中央企业战略重组核心是资源的重新调整和配置，而在重组中通过市场选择可以有效降低资源配置扭曲现象，因此，创新市场化重组模式是央企的理性选择。

2. 市场化重组模式有利于降低重组后的重组整合成本。由于人的有限理性和信息不对称，战略重组不可能通过一个完全契约来解决所有问题。因此，在一项重组交易中，重组后的整合起到十分关键的作用，一个

---

① 汤吉军.收益递增、市场竞争与经济危机新解释——兼论我国大型国有企业重组的逻辑[J].吉林大学社会科学学报，2013（6）：18.

高效有力的企业内部整合活动可以使一个不完美的重组交易得到有效弥补；反之，一个低效滞后的内部整合可能会毁了一个不错的重组交易。然而，就像重组前的交易成本一样重组后的整合交易成本也是复杂多变的。这里整合成本主要包括重组双方战略、业务、管理、文化、组织、人员等整合成本，这些方面的整合将决定重组双方能否形成协同效应。过去在政府主导下的央企重组模式往往在这些整合上矛盾突出，症结就在于政府直接干预企业重组过多，央企在几轮战略重组中政府管理部门往往通过无偿划拨、主副剥离等形式完成，表面上解决了一些国有企业生产和发展问题，而实质问题并没有根本解决，甚至出现了国有企业重组的"轮回"现象（孙少岩，2008）。我们认为，应当以市场化原则规范推进重组。企业之间能否重组，关键要充分尊重企业意愿，按照市场规律进行运作；重组的目的就是利用各自在资金、产品、技术、市场、管理、政策等方面的比较优势，实现互利共赢。[①] 因此，我们必须推进市场化重组模式，从而有效降低重组后的整合成本，实现重组双方的优势互补，从而实现提升央企国际竞争力。

二、央企分类改革与央企战略重组市场化模式创新

市场化重组模式不仅有利于节约重组的交易成本和整合成本，而且也能够契合央企分类改革，从而把战略重组与分类改革协同推进，既有利于央企实现资源整合提升核心竞争力，又有利于市场化重组模式得以因地制宜、因企制宜。

1. 国有企业分类改革和监管的主要观点。目前，国内学术界和政府管理部门对国有企业分类改革和监管基本形成了共识，但是对于具体如何分类观点还不是很一致。近年来，国内许多学者提出了国有企业分类改革的意见，高文燕、杜国功（2013）主张将国有企业分为国家安全类、公共保障类和市场引导类；[②] 杨瑞龙（2013）认为根据国有企业提供的产品性质及所处行业的差别，可大体上把它们分为竞争性和非竞争性企业，非竞

---

① 孙少岩. 浅析东北国有企业重组"轮回"现象及治理机制 [J]. 税务与经济，2008
（6）：58.

② 高文燕，杜国功. 国有企业分类改革研究 [J]. 发展研究，2013（10）.

争性国有企业又可分为提供公共产品的企业和从事基础工业、基础设施的垄断性企业两大类;[①] 曹东旭等（2013）提出将国有企业从竞争意义和保障意义角度分为纯粹的保障性国有企业、保障意义大于竞争意义的国有企业、竞争意义大于保障意义的国有企业和完全竞争的国有企业四类;[②] 张政军（2013）在借鉴国际经验的基础上提出将我国国有企业划分为三类：完全商业化或市场化的国有企业；商业化运营但有一定战略利益的国有企业；以产业、社会、文化、公共政策等目标为主的有特殊职能的国有企业;[③] 黄群慧（2013）则将国有企业划分为"公共政策性""特定功能性"和"一般商业性"三类;[④] 上海国有资本运营研究院国有企业分类监管研究课题组（2013）通过 CFP 三维模型将国有企业分为公益型、市场型和介于两者之间的"混合型"三类。[⑤] 这些学者的观点见仁见智，对我们深入研究中央企业的分类改革提供了很好的借鉴。

2. 央企分类改革是提升战略重组绩效的前提。近年来，关于国有企业分类改革问题的讨论越发热烈。分类改革、分类管理也是西方国家进行国有企业改革的主要策略，取得了许多成功的经验，对我们的中央企业改革重组具有重要的借鉴意义。从目前中央企业的产业布局和企业竞争力水平来看，不论央企如何分类，战略重组在未来一段时间内仍然是一个主要任务和目标。但是央企下一步战略重组必须与分类改革相互协调，共同推进央企改革重组的深化。从 2003 年国资委成立以来的几轮央企战略重组来看，重组绩效不尽如人意，有些重组反而拖累了企业竞争力的提升。一个重要的原因在于重组往往只注重规模，而不注重重组质量，没有按照不同央企的性质、定位来差异化战略重组。因此，从这个角度来说分类改革是提升央企战略重组绩效的前提，对央企有效的分类和定位可以促进央企按照市场化模式进行战略重组活动，有利于节约央企重组前后的交易成本，有利于提升央企重组绩效。

① 杨瑞龙. 国有企业的重新定位及分类改革战略的实施 [J]. 国企，2013 (7)：23.

② 曹东旭等. 国有企业应分类监管 [J]. 现代国企研究，2013 (5).

③ 张政军. 推进国有企业分类管理可借鉴国际经验 [J]. 先锋队，2013 (17)：29.

④ 黄群慧. 论国有企业的战略性调整与分类改革 [J]. 人民论坛·学术前沿，2013 (22).

⑤ 上海国有资本运营研究院国有企业分类监管研究课题组. 国有企业分类监管法则 [J]. 上海国资，2013 (4).

3. 央企分类改革是市场化重组模式的必要内容。分类改革和监管是下一步中央企业改革的重要内容，也是构建不同类别央企市场化重组模式的必要内容。中央企业的历史发展复杂，不同央企的定位与发展水平也差异很大，有些央企相继进入世界 500 强，而有些央企却年年亏损，虽然市场化重组是未来要坚持的方向，但是对于不同类别的央企，市场化重组的具体模式和侧重点是有所区别的。因此，央企分类改革对于市场化重组的推进具有重要影响，面对纷繁复杂的中央企业状况，既不能搞"一刀切"的重组模式，也不能放任自由无边界扩张，围绕建设世界一流具有国际竞争力企业的目标，央企通过市场化战略重组要努力提升企业效率的同时，还要保证国有资本运营的安全，按照央企分类改革的不同要求把央企的经济目标与社会目标内化到战略重组过程中，从而有利于提高重组效率。

三、央企战略重组的市场化模式构建

从央企目前整体状况以及今后改革重组方向来看，笔者比较赞同上海国有资本运营研究院的观点把中央企业可以分为公益型、市场型和混合型三类。下面笔者试图通过这种分类方法，构建不同类型央企市场化重组模式的原则、内容和侧重点。

1. 公益型中央企业市场化重组模式。公益型中央企业主要是指那些提供公共产品和服务的企业，这类企业不以盈利为主要目标，主要起到承担政府公共服务职能的作用。典型的这类央企如：十大国防军工企业、电力公司、核电、中储粮总公司、中储棉总公司、国家电网和南方电网等。对于这类中央企业应该坚持国有独资或绝对控股，采取国有国营的方式，主要是弥补市场失灵。而在这类中央企业重组中应适度市场化，这类央企主要采取央企之间、央企内部以及央企与地方国企重组的模式为主，民营资本和外资进入为辅的方式推进战略重组活动，我们简称为"国资内部市场重组模式"。这类央企重组应该遵循"政府主导、市场运作"的原则，战略重组主要侧重于行业内资产优化配置，实现规模经济，围绕产业链和价值链展开纵向一体化重组，通过重组大大降低企业交易成本，进而大大提高这类中央企业的社会公共服务能力和水平以及对国民经济命脉的控制力和影响力。

2. 市场型中央企业市场化重组模式。市场型中央企业主要是指那些由市场定价，提供竞争性产品或服务的企业，这类央企往往与一般企业一样追求利润最大化，围绕经济目标展开经营活动。目前中央企业中市场型仍然是大多数，其中包括 22 家工业制造企业、17 家综合贸易服务企业、7 家建筑工程企业、12 家科研企业和 20 家资产规模在 500 亿以下的其他中小企业。[①] 对于这类中央企业产权多元化改革应该是下一步战略重组的主要目标，按照市场化要求积极吸引民资和外资参与这类央企改革重组，国有资本保持相对控股，经营方式多样化。因此，这类央企在战略重组中将严格遵循市场规律，采取多元化重组方式，打破所有制限制，逐步对民资外资放开，对不符合主业以及不良资产可以剥离或转卖，我们称之为"多元化市场重组模式"。这类央企重组中应遵循"市场主导、效率优先"的原则，战略重组主要侧重于突出主业，提高企业生产效率和资源配置效率，完善公司治理结构，降低企业内部交易成本，提高企业经济效益，进而提升这类中央企业的国际竞争力。

3. 混合型中央企业市场化重组模式。混合型中央企业是指既具有公益型又具有市场型特点的企业，在这类央企提供的产品和服务中有些具有公共产品性质，有些则是竞争性产品，因此，这类企业的经营目标往往兼具"社会性"和"经济性"特点。典型的这类中央企业有：三大石油公司、三大电信公司、三大航空公司，中远集团、中国海运以及一些基础设施建设企业等。由于这类央企大都存在与基础设施、基础产业领域，具有一定的自然垄断性质，因此，对于这类企业国有资本也要保持绝对控股或国有独资，这类企业的经营目标也并非纯粹以盈利性为标准，而且要兼顾社会服务和国民经济安全稳定，所以这类企业也不宜完全市场化，但是这类企业在一定业务领域仍然可以适度市场化，在企业经营上也可以采取多种方式以激发企业活力。因此，这类中央企业战略重组中要坚持以业务为界限，以资本为纽带，以市场为中心，大力推行混合所有制的重组模式，我们称之为"业务市场战略重组模式"。这类央企应按照"业务分类、市

---

① 黄群慧．论国有企业的战略性调整与分类改革［J］．人民论坛·学术前沿，2013（22）：52.

场主导、产权多元"的原则推进战略重组，主要侧重于进一步厘清政府与企业关系，打破行政垄断，按照业务性质分类以及市场状况推进重组，有些业务市场化较强的领域可以积极推进混合所有制，在这类央企中积极引入竞争机制，鼓励企业参与国内外市场竞争，积极开拓国际市场，提高利用国际国内两种资源的能力和水平，围绕国际产业链的发展变化展开战略重组活动，打造具有国际竞争力的世界一流跨国企业。

第二节　中央企业战略重组与公司治理结构完善

完善的公司治理结构是提升企业竞争力的组织和制度保障。公司治理结构本身也是体现企业有无竞争力，竞争力强弱的重要方面，我们对比世界著名的跨国公司就会发现，它们不仅具有科学合理的治理结构，也有企业的各自特色。反观我们的中央企业治理结构却很不完善，而战略重组也是完善央企治理结构的重要契机，我们应该在重组中动态的不断调整形成适合中央企业发展的完善的治理结构。目前，我们需要着重做好以下几方面：

一、加快完善中央企业的公司治理结构

按照西方公司治理理论，公司治理结构主要分为股东会、董事会、监事会以及经理层四个主要组织机构，各机构间互相联系又互相制约，从而保证所有权、决策权、经营权和监督权互相独立，有力地保证了公司高效合理有序的运营。中央企业规模大，委托代理层级多，没有一个完善的公司治理结构，企业的交易成本、生产成本和管理成本都会居高不下，也会严重影响央企的稳定成长以及竞争力的提升。因此，中央企业战略重组中还有一个重要使命就是通过重组打破原先央企的治理结构，构建更加完善更加适应市场竞争的公司治理结构，笔者认为今后应着重做好以下几方面工作：

1. 转变政府职能，通过战略重组促进央企经营权力结构重组。由于

国有企业的特殊性，政府监管部门与企业管理者之间存在委托代理关系，而当前中央企业在经营过程中一方面有行政垄断的路径依赖，往往追求政府给予政策支持；而另一方面由于央企与政府千丝万缕的联系，央企经营决策往往也受到行政干预。因此，一方面政府应该积极促进政府转变职能，打破行政垄断，进一步规范监管部门与央企的关系，真正把企业经营权赋予央企经理层。另外，更为关键的是在战略重组中中央企业要打破现有的经营权力结构，重新规范划分监管部门、股东会、董事会、监事会和经理层的权利义务，尤其要打破央企高管"双重身份"①，逐步推行央企管理人员公务员制与职业经理人分类管理，促进央企经理人市场化招聘，从而打破央企高管的权力寻租空间，降低代理成本，从而使央企的经营权力分配合理，权责一致。

2. 通过重组完善产权结构。中央企业治理结构权力配置不合理的一个重要根源来自于产权结构不合理，目前大多数央企基本是国有资本"一股独大"，在113家国资委监管的中央企业中母公司层面实现产权多元化的只有8家，而在这8家产权多元化中大都是金融机构以及地方政府，也都是国资背景，民营资本和社会资本还是难以涉足央企产权改革。然而，随着中央企业国际化经营不断深入，产权多元化是央企绕不开的"坎"，而战略重组是央企完善产权结构的良好契机。战略重组就会涉及资本的流动，既有原有资本的重组又有新注资本的需求，在未来的央企重组中只要有条件就应该逐步对民营资本、社会资本乃至外资和风险投资放开，在重组中通过市场机制调节和完善央企产权结构，从而为完善公司治理结构打下坚实的产权基础。

3. 在重组中完善和提升股东大会作用。从某种意义上说，股东大会是企业的最高议事和决策机构，是企业的最高权力机构。可以说，股东应该是企业的真正所有者，拥有企业的剩余索取权。但是在现实生活中，尤其对大企业来说，股东的权力往往受到诸多限制，具体对于中央企业来说，很多央企的股东大会往往流于形式，没有真正的权力。因此，我们应

---

① 这里的"双重身份"是指央企很多管理人员既是带有一定级别的官员，又享受企业高管的薪水，并且还经常在政府与央企之间调动。

该着力在央企战略重组中，通过资产重组以及股本的调整，不断完善和提升股东大会的作用，真正使央企的股东大会具有企业重大事项的决定权、人事任免权以及企业运营的监督权等等，使得经理层真正对股东负责，从而有效弥补中央企业的所有者缺位现象，促进央企成为规范的市场化企业，有利于保障央企所有者与代理人的目标协调一致，从而降低企业内部交易成本，提高竞争力。

二、加快推进中央企业董事会制度建设

董事会是由股东大会选举产生的，对股东大会负责，是股东大会闭幕期间常设的权力机构，董事会需要定期向股东大会汇报公司经营情况以及重大事项等。由此可见，股东大会与董事会也是一种委托代理关系，董事会行使的是公司代理人职责，对公司日常经营事务进行管理。对于大型企业来说，董事会相当于企业的"大脑"，负责决策和指挥企业运营的各个环节。从目前已试行董事会制度的中央企业来看，取得了很好的效果，但是央企董事会建设仍需进一步完善。

1. 赋予董事会在央企治理结构中核心地位。中央企业的经营活动，尤其是重大投资决策往往受到多种因素影响，董事会的决定作用往往被弱化，甚至产生"内部人"控制现象。而作为一个国际化的大型公司，董事会是理所当然企业的经营活动核心。在今后的央企重组中，要不断赋予和强化央企董事会的核心地位，由董事会制定和引导央企的经营发展方向，但是董事会不直接参与企业的日常经营管理，而把主要注意力放在研究和制定企业发展战略以及公司运营的规章制度上。

2. 完善董事会的成员结构，明确权责。当前要想发挥董事会在央企经营活动中的核心作用，还必须通过战略重组完善央企董事会的成员结构，央企董事会要真正履行股东代理人的职责，就必须逐步加大外部董事的配置力度，使董事会成为围绕提升企业竞争力而制定经营战略和经营政策的核心。新加坡淡马锡的成功很大程度就是得益于其合理的董事会结构，除一两名执行董事外，其余董事都是独立董事和外部董事。另外，董事会要想对企业能够有效掌控，还要赋予董事会应有的权力，股东大会作为央企管理的最高权力机构，一般只对对重大事项，如：企业并购重组、

上市以及一些重大投融资活动等进行表决和管理。一般日常经营活动中，对于中央企业而言，股东大会以及国资委应该给予央企董事会以充分的权力，并且明确权责，逐步将企业的经营权、投资决策权、经理层任免权、高管薪酬决定权等权力"下放"给董事会。

3. 提高外部董事在董事会中的作用。2009 年 10 月，国资委发布了《董事会试点中央企业专职外部董事管理办法（试行）》（以下简称《办法》）。目前中央企业董事会的外部董事作用发挥很有限，往往成为董事会的"摆设"而已。因此，我们首先要完善外部董事的聘任制度，当前央企外部董事往往由董事长或总经理聘任，缺乏"独立性"，今后改革重组中应该逐步推行外部董事按照市场化的选聘方式来加强中央企业外部董事选拔，完善对外部董事的行为监督和责任追究制度，并且加大外部董事在央企董事会中的人员比例，增加外部董事的话语权，逐步提高外部董事在中央企业董事会中的作用。

三、完善央企经理层的激励约束机制

企业的经理层是直接从事企业经营管理活动的人员，由于国有企业所有权与经营权分离，形成委托代理关系。由于改革中的路径依赖性，代理人的激励与监督机制基本上沿袭了改制前的模式：软激励与软监督并存。[①] 因此必须要有一套行之有效的激励约束机制来充分保证代理人积极履行职责，维护委托人的利益。

1. 不断强化央企经理层的激励机制。在当前国有产权主体虚置，股权多元化改革有待进一步推进的状况下，中央企业经理层一方面很容易推脱经营责任，另一方面又容易形成经理层内部人控制，追求代理人利益，置委托人利益不顾，致使央企经营管理徘徊不前。今后应该利用战略重组机遇，大力强化央企经理层的激励机制，可以从以下几方面着手：

第一，通过重组，完善央企经理层的薪酬激励机制。在市场化重组中，重组双方会对彼此企业资源作出详尽评估和调查，企业经理人员的价值也会由市场定价，在重组中企业家才能的价值将会通过薪酬得到充分体

① 杨水利. 国有企业经营者激励与监督机制［M］. 北京：科学出版社，2011：39.

现。在重组过程中，要打破原有的薪酬体系，积极构建市场化的薪酬激励机制，构建基本薪酬、企业绩效薪酬以及股权激励等多种薪酬方式相结合，把经理人员的长期激励与短期激励相结合，从而促使经理层合理价值诉求得到保障。

第二，不断丰富央企经理层的精神激励措施。对于央企经理人员来说，物质激励只是一方面，作为企业家他们的精神激励是否有效也是决定其经营行为的重要方面。在今后的中央企业改革重组中，要尊重和保障经理层的控制权，经理层要能够享有企业的剩余控制权，从而激励经理人员努力工作，实现自我价值，使他们感受都对企业经营具有有效控制，同时也负有责任。另外，要创造良好的经营管理制度环境，对央企经理人员的选拔任用要公平合理，对经理人员的经营决策要充分尊重，使企业家精神的发挥具有良好制度保障，从而逐步提高经理人员对央企改革发展的主人翁意识，提高对央企的的满意度和忠诚度。

2. 不断完善央企经理层的约束机制。现代大型企业治理中委托代理是一种普遍现象，在中央企业更是存在多层委托代理关系，由于信息不对称和经营活动的复杂，经理层的很多行为委托人是很难观察到的，经理层的利益追求往往与委托人相偏离。因此，作为现代企业如何设计和构建一套委托人利益与代理人利益相互融合的约束机制是关系企业成长重要问题。当前，中央企业经理层的约束机制构建应着重从以下几方面展开：

第一，逐步完善央企董事会、监事会和股东大会的监督职能。央企董事会不仅对公司重大战略和管理活动具有决策权力，还对经理层具有监督职能。董事会对经理层违背公司决策，侵犯股东利益的行为具有制止权力，可以解聘不称职的经理人员。与此同时，要逐步完善央企监事会的监督职能，保障监事会的独立性，不仅对董事会和经理人员实施监督，而且对不称职监事可以通过股东大会予以罢免。央企要在战略重组中，打破原先企业内部权力结构，构建新型的符合现代企业制度要求的互相监督制约的权力结构，并且逐步完善"三会"对经理层的监督约束机制。

第二，引入市场竞争，构建经理人市场。对经理人员的内部约束机制虽然有效但并不能从根本上激活企业活力，最关键的还是要引入市场竞争。一方面，通过市场化重组，由市场决定重组中谁更有主动权，这样就会给予企业经理层无形的外部市场竞争约束，企业被市场竞争淘汰，经理人员的职位也会不保；另一方面，着力构建经理人市场，打破央企经理人员职位的"双重身份"，积极引部外部职业经理人甚至海外职业经理人，构建"能者上，庸者下"的经理人竞争市场，从而使央企经理人员注重自己的声誉，否则其未来的就业和收入将会受到影响。

第三节　中央企业跨国经营制度创新

国务院国资委给中央企业的发展目标定位是打造一批具有国际竞争力的世界一流跨国企业，因此并购重组、跨国经营是中央企业快速发展的两个轮子。尽管中央企业在国际市场并购重组活动中遭遇了起伏，有些央企损失还比较严重，但是跨国经营应该是央企成长的必由之路。那么，就目前央企跨国经营中的突出问题是交易成本较高，如何通过一系列的制度创新降低交易成本，将是提升中央企业跨国经营能力的关键。下面我们着重从央企的内部和外部考察跨国经营的制度创新问题。

一、中央企业跨国经营内部治理制度创新

资源跨国界配置，首当其冲遇到的问题就是制度背景不同而表现出的制度落差。因为这种制度落差，中国企业在走出国门后，承载相当大的交易成本。因此，制度的兼容性至关重要。[①] 对于中央企业来说，制度的兼容就是要加大内部治理制度创新，创造与国际跨国公司相匹配的内部经营制度环境。虽然当前央企在跨国经营中常常遭遇企业性质、政治风险等障碍，不确定性问题突出，但是通过央企内部公司治理制度创新缩小跨国经营的制度落差，有利于降低交易成本，依然可以拓展央企的国际发展空间。笔者认为当前应该从以下几方面推进央企内部治理制度创新：

---

① 周建等．制度落差、内部治理与中国企业的跨国经营——交易成本的视角［J］．中央财经大学学报，2009（3）：47．

1. 中央企业海外公司治理制度创新。在跨国经营中由于投资目的国的政策、融资方式、环保、劳工等与国内大不相同，甚至在同一国联邦政府与各州的规定都不尽相同，因此，在不完全契约的现实世界，央企在跨国经营中交易成本往往较高。对于任何国家的跨国公司来说这类问题都是相同的，因此这并不代表中央企业跨国经营无竞争力或没有"文章"可做，中央企业海外子公司的治理制度创新是可以有效控制和降低交易成本的，笔者认为今后我们应该做好这几方面治理创新：第一，赋予海外子公司董事会更多权力，调动子公司董事会积极性。制度落差越大，当地的敌意团体的压力和利益相关者的诉求就越难以预测。子公司董事会需要采取积极的行动去处理这种不确定性。建立一个主动的董事会，而不是作为形象的"傀儡"和"形式"的董事会，并改进董事会活动的质量和范围，将是一个有价值的投资。[①] 第二，海外子公司积极聘任目的国人员担任高管，并将子公司的剩余索取权重新配置。央企要获取竞争优势，就必须不断促使企业资源扩张和升级，因此央企跨国经营中一个重要课题就是把企业内部国内外资源重新配置。海外子公司要创新思路积极聘用目的国人员加入经理层，吸引他们参与海外公司治理，并使他们享有海外公司的剩余索取权，从而有利于降低海外公司运营的交易成本。

2. 央企对外投资证券化制度创新。从近年来的央企跨国经营状况来看，大多数企业仍以资本输出为主，尤其是资源类央企更是如此，这种跨国投资模式主导下导致央企往往追求全资或绝对控股，央企海外并购重组溢价较高，在政府大量补贴和财税支持下央企海外投资一味追求绝对控股而不注重成本收益，然而这种跨国经营模式效果并不理想也不可持续，过去央企对外直接投资往往追求"拿资源"以及对企业的直接控制权，而实际的情况是海外投资不确定性很大，既使拥有企业控制权也不一定能真正拥有企业，反而陷入漫长的诉讼和谈判中，交易成本大大提高。因此，中央企业必须转变思路创新跨国投资模式，笔者认为今后要推进央企跨国投资证券化，并进行相应的制度创新，从而实现对外直接投资与证券化投资

---

① 周建等 . 制度落差、内部治理与中国企业的跨国经营——交易成本的视角［J］. 中央财经大学学报，2009（3）：45.

"两条腿"走出去，互为补充。证券化投资具有沉淀成本低，方便灵活，进入退出壁垒小等优势，现已成为各国企业采取的跨国经营的主要方式之一。2012年我国企业部门对外证券投资占对外投资总和的32％，远低于美、英等发达国家的58％～77％。[①] 因而，今后政府应逐步放松外汇管制，或者采取特别报告审批制度，另外央企还应该积极与金融机构合作，为国有资本参与国际市场证券化投资进行相关制度创新，从而降低央企跨国经营的风险，拓宽央企国际化的途径。

3. 积极推进央企跨国经营"国际化"和"本土化"战略。跨国经营是央企提升国际竞争力的必由之路，而中央企业海外公司要想能够长期稳定的跨国发展必须要积极寻求"双赢"，因此，中央企业要着手进行"国际化"和"本土化"战略的制度安排。一方面，央企要走"国际化"战略。央企改革要逐步走市场化道路，通过跨国经营推进股权多元化改革，逐步淡化央企的国有产权性质，鼓励央企与国际跨国公司开展并购重组。另外，中央企业跨国经营还要打造国际化的企业文化，注意企业文化的融合，建立统一而互融的国际企业文化，有利于发挥企业文化的导向和凝聚功能，引导央企海外员工认同央企价值观，从而减少央企海外公司管理中的摩擦和内耗，降低不确定性，有利于降低交易费用。另外一方面，中央企业跨国经营要积极实行"本土化"战略。中央企业海外公司在东道国经营中要积极吸收当地资本、人员等资源融入到企业中，淡化海外公司的国资背景，有效规避政治风险。另外，央企在跨国经营中要积极履行社会责任，勇于承担促东道国有关促进就业、慈善、民生、基础设施、增加税收、保护环境等社会责任，切实关心东道国经济利益，践行合作"双赢"的跨国经营理念，为东道国经济发展做出应有的贡献，进而实现中央企业跨国经营战略的可持续发展。

二、中央企业跨国经营外部制度创新

企业的竞争优势是有效整合国家环境和企业战略的结果。[②] 通过近年

---

① 田昇. 中国企业"走出去"：冲动后的反思［N］. 经济观察报，2014－09－16（47）.

② ［美］迈克尔·波特. 国家竞争优势［M］. 北京：华夏出版社，2002：562.

来的跨国经营实际状况来看，我国国有企业在跨国经营中制度因素起到了关键作用，换句话说制度优势有效的促进了国有企业跨国经营。对于中央企业来说，如何通过外部制度创新降低跨国经营的不确定性是至关重要的。笔者认为当前应从以下两方面着手：

1. 积极参与全球贸易规则制定与完善。从中央企业这几年实施"走出去"发展战略来看，央企的国有企业性质受到了诸多障碍和不公正待遇，反过来央企的跨国并购重组中往往依赖于政府的支持，这一制度优势往往是西方跨国公司不具备的，针对国际市场贸易保护主义日益抬头的状况，我们政府在支持央企跨国经营的方式和途径上必须也要进行制度创新。一方面，政府要坚定不移地支持央企跨国经营，积极营造良好的外部经营环境。通过制定相关的鼓励政策，与潜在东道国加强外交和文化联系，签订双边投资协定，为中国企业走出去搭建桥梁和平台。① 另外一方面更为重要的是，中国政府要积极参与全球贸易规则的制定和完善，寻求制度突围，帮助中国企业表达正当诉求，为中国企业营造公平的国际竞争环境。针对贸易保护主义、贸易摩擦与政治商业周期跨国传播的特征，也需要在某些国际经济活动领域构建新的国际治理机制，替代或者消除现有的不合理的治理机制的影响。② 比如：当前美国主导的环太平洋经济合作协定（TPP）谈判中，关于限制国有企业活动的条款对我国国有企业也是极为不利的，我国政府必须积极面对这一问题，最大化地维护我国国有企业的利益。

2. 央企跨国经营监管制度创新。由于中央企业的特殊性质，为了保证中央企业跨国经营的安全性，控制央企跨国经营的不确定性风险，从而确保国有资产的保值增值，必须建立行之有效的央企跨国经营监管制度。跨国经营的监管制度创新应该分为两部分，一方面是政府的监管，另外一方面是央企母公司对海外子公司的监管。从政府监管方面来说，目前中央企业跨国经营的主要方式是并购重组，这种方式虽然速度快，但是风险也大，尤其对我国央企来说自主创新和核心竞争力较弱，管理跨国企业的能

---

① 洪俊杰. 中国企业走出去的理论解读［J］. 国际经济评论，2012（4）：134.

② 徐传谌，李政. 中央企业应对金融危机报告（2010）［M］. 北京：中国经济出版社，2010：241－242.

力和经验不足，导致央企跨国经营风险更大。对此政府亟需加强央企跨国投资的监管，今后要把"放权"与"问责"有机结合起来，国资委要把能下发的审批权"下放"给央企，让企业主体拥有更多经营决策权；与此同时，政府要完善责任追究制度，对央企重大海外投资项目要逐步实行终身责任追究制度，把政府监管重心由原先事先审批监管转移到事后责任追究。从央企方自身监管方面来说，央企自身还加强母公司对子公司的内部管控制度创新。目前，央企对海外子公司的管控大都通过财务、资金、人事等途径来管理，实际效果并不理想，往往母公司还被"敲竹杠"，对此我们要转变思路，由过去"管资源"转变为"管流程"，创新内部管控制度对海外子公司的运营各环节实时监管。另外，对央企海外子公司还可以外派独立监事以及外聘会计事务所等方式来加强监管。从政府和央企两方面，对中央企业及其子公司的跨国经营进行监管制度创新，有利于控制央企跨国经营的风险和不确定性。

第四节　中央企业战略重组与技术创新融合发展

目前，中央企业参与国际市场并购重组中更多依赖资本和政府支持，而在市场竞争中最为核心的是技术，央企要想进一步提升国际竞争力，最终必须得依靠技术创新。企业要获取和保持竞争优势，就必须不断进行技术创新。中央企业作为我国目前参与国际竞争的主力军，也是我国国家竞争力的主要代表，而当前央企的技术创新水平和能力与其规模是不相称的。因此，在今后中央企业战略重组中要与技术创新融合发展，主要做好以下几方面工作：

一、战略重组与央企技术创新能力提升

企业技术创新能力是企业内生能力的重要方面，创新能力的提升也是日积月累的过程，企业技术创新体系、创新文化、科技人员等都是制约技术创新能力的重要因素。因此，目前研究国有企业技术创新问题大都从解

决内部动力、制度设计等展开，试图从内部激发国有企业技术创新动力和活力。但是从央企成长的历程以及央企承担的国家使命来看，在没有外力影响下央企内部技术创新能力的提升将是一个漫长过程，而面临日益激烈的国际竞争，这种内部技术创新能力提升将充满不确定性。然而，企业资源和能力的获取除了内部挖掘外，还有一个重要途径就是外部获取，而战略重组活动是外部获取的一个有效策略。因此，中央企业在今后的战略重组中应该把技术创新能力提升融入考察目标。

1. 转变思路，变一味"拿有形实物资源"为"争无形技术资源"。央企在未来的战略重组中不能一味追求规模和资产，这次金融危机的现实告诉我们，企业的资产和规模在危机时流动性差，贬值也最快，甚至"一文不值"，而技术的价值不仅能够保留甚至还会升值，拥有核心技术的企业可以很容易"东山再起"。

2. 围绕产业技术链展开重组。以往我们强调中央企业重组围绕产业链和价值链展开，现在看来这种单纯纵向一体化的重组方式可以节约交易成本，但并不能"做强"中央企业。笔者认为，中央企业在战略重组中应摈弃"做大"拼规模的思路，逐步强调围绕产业技术链而展开产业结构调整和产业升级。在重组对象选择上并不一定要强调规模，对一些"小而精"的企业也可以展开并购重组，关键是在重组中能够获取技术以及技术组合。通过重组不断提高中央企业的技术能力，使中央企业在相关产业中拥有核心技术以及技术链组合，从而提高央企产品在国际市场的核心竞争力。

二、战略重组与央企技术创新体系构建

企业既使拥有技术创新所需要的人员、资金等各要素也不一定能研发出技术成果，而技术成果也不一定能转化为企业经济绩效，关键要看企业是否具有良好的技术创新体系。许多中央企业目前科技资源薄弱，研发投入不足，加之技术创新体系不完善，科技资源配置和利用效率低，导致这些企业核心竞争力缺失，因此，我们必须在战略重组中构建和完善央企技术创新体系。

1. 通过战略重组整合央企内部技术创新资源。如前文所述，战略重

组可以快速提高央企技术创新资源要素水平，但是这种外部创新资源的获取如何与央企自身技术资源有效整合是决定技术创新效率的关键。由于重组双方企业的技术创新资源和能力的差异，如果不能有效地整合企业内科技资源，将会造成很大的资源浪费，也不会有效提高央企的技术创新能力。因此，在战略重组中要把科技资源的重组当成一个重要环节予以重视，从而实现重组双方技术研发部门、研发人员、研发项目、研发经费以及研发成果的有效协调和共享，保障战略重组的技术协同效应得以发挥。

2. 搭建央企内部技术创新平台。从目前中央企业科技成果转化率低的现实来看，一个重要的原因就是研发活动与市场脱节。我国目前的创新主体仍然是高校和科研院所，但是作为技术资源提供者的各大高校和科研院所高校，并没有与作为技术资源使用者的企业建立稳定通畅的沟通渠道，科技需求与企业需求衔接错位，企业、科研机构作为技术供需双方难以形成良性互动。[①] 因此，中央企业亟需搭建产学研互融互通的研发平台，在平台中研发活动紧紧围绕企业需要展开，不仅研发新产品、新技术，而且也为原有产品升级换代，提供技术支持；另外企业产品在生产和市场中发现的相关问题，可以通过平台直接反馈给相关技术研发部门，从而使央企产品更加符合市场需求，更有市场竞争力。在这方面，前文所述的中国建材集团在整合企业内部研发资源中逐步构建了六大创新平台就是很好的例证，不仅重组了相关科研院所，也使这些科研院所与市场结合的更紧密，使技术创新活动真正提升了企业的核心竞争力。

3. 构建开放型的技术创新体系。中央企业技术创新体系较为封闭也不完善，过多的依赖于企业自身以及相关科研院所，央企在战略重组中要积极吸纳和利用外部科技创新资源，构建开放型的技术创新体系。技术创新需要持续投入，而且也是有风险的，央企依靠自身力量进行技术创新活动往往成本收益难以保障，而开放型的技术创新却可以有效降低风险，分摊成本。一方面，在同行业中央企可以进行技术联盟，共同推动本行业的重大技术创新，这样既有效的利用了各自企业的技术创新资源，有降低了

---

① 吕本富，孙毅. 中央企业科技创新的问题与对策 [J]. 企业文明，2012 (5)：30.

创新风险和成本，同时也提升了行业整体的国际竞争力；另外一方面，央企还可以通过与相关国内外高等院校、科研院所以及专门研发机构合作进行技术创新，央企可以通过专项项目，或者投资入股相关研发机构，达到利用外部科技资源进行企业需要的技术研发，提高研发效率，降低研发成本的目的。

三、战略重组与央企技术创新激励机制完善

一个企业即使拥有了技术创新能力和良好的创新体系，也并非能有效的创造出技术成果，要想充分利用企业的技术资源，还必须辅以有效的技术创新激励机制。由于企业的国有产权性质，中央企业在技术创新的激励问题上存在激励不足，导致研发人员创新动力缺乏。而战略重组活动正是完善中央企业技术创新激励机制的有效途径，我们应该从以下几方面完善激励机制：

1. 通过战略重组，逐步提高产权激励水平。由于中央企业的产权所有者虚置，导致中央企业在技术创新过程中常常出现"干与不干一个样"，缺乏相应的产权激励。首先，在今后的中央企业战略重组中，逐步推进产权多元化。积极吸引民营资本和社会资本参与中央企业重组，并赋予相应的企业剩余索取权，把技术创新作为提升企业业绩和竞争力的根本途径，通过产权多元化激发国有资本和民营资本支持技术创新动力。再次，中央企业在战略重组中要关注与行业相关的中小科技型民营企业。通过并购重组优化央企内部技术创新资源，并赋予这些中小科技型民营企业以技术入股，并随着技术创新水平的不断提升而在股权上得以体现，让其分享技术创新的成果，激发其创新的活力和动力。

2. 加大技术人员创新激励。技术创新最终是依靠技术研发人员，技术人员是技术创新的核心。企业技术创新带有明显的"队生产"特点，研发需要一套高素质的技术创新队伍。为了激发技术人员在"干中学"和"学中干"的积极性，企业必须建立一套完善的激励机制。中央企业在今后需要不断加大对技术人员的激励：首先，加大对技术创新的奖励。加大对在技术创新中做出突出贡献的技术人员的奖励力度，承认技术人员的创新对企业的的巨大经济价值，让做出突出贡献的人有精神和物质回报。其

次，允许和鼓励技术要素参与利润分配。对于重大的技术创新成果除享受相应奖励以外，还可以将专利产权形式作价入股。技术研发人员可以连续多年参与企业利润分红等，是技术研发人员的创新成果与企业发展以及个人利益有效联系在一起，激发技术人员创新的积极性。最后，中央企业还要加大对技术人员人力资本的投入力度。技术在不断发展，技术人员的知识也要不断地更新。央企要逐步建立一套人力资本培养和提升战略，把技术培训、出国学习、专业培训等规范化和制度化，让技术人员不断提高水平，增强技术创新的能力。

第五节　大力推进中央企业混合所有制改革

国有企业改革是我国经济体制改革的重要内容，一直受到社会各界普遍关注，国有企业的每次改革动向也对国民经济有着重要影响。2013 年11 月，党的十八届三中全会通过的《中共中央关于全面深化改革若干重大问题的决定》（以下简称《决定》），提出要积极发展混合所有制经济，这一政策主张的重申和深化，是与我国经济发展现状密切联系的，也是我国国有企业改革发展的客观需要。如何积极探索和落实好党中央这一重大政策导向，对于未来我国的经济体制改革以及国有企业改革的深化，都将产生深远的影响。从目前中央企业发展状况来看，笔者认为央企推进混合所有制改革主要要从以下三方面开展。

一、推进中央企业股权多元化改革

混合所有制这一提法早在中共十五大就进入了官方文件，十六届三中全会又对混合所有制做出了明确阐述，2013 年 11 月，十八届三中全会《决定》中又提出了"国有资本、集体资本、非公有资本等交叉持股、相互融合的混合所有制经济，是基本经济制度的重要实现形式"的论断，把对混合所有制的认识提高到新的高度。作为国有企业中坚力量的中央企业推进混合所有制实质上就是一种产权改革，在未来国有企业市场化改革的大趋势下，中央企业股权多元化应该是推进央企混合所有制改革的有效途径，笔者认为当前关键要着力从两方面推进：

1. 在战略重组中分类推进央企股权多元化。中央企业在战略重组和跨国经营中产权结构的配置已然成为一个重要问题，如何兼顾利益相关者的利益是央企战略重组和跨国经营中不可回避的问题，伴随着央企不断发展产权配置成为制约央企效率提高以及战略重组和跨国经营进一步拓展的重要因素，反过来也倒逼央企必须重视产权多元化改革。然而，如何有效稳步推进中央企业股权多元化是一个现实问题，央企的股权多元化不能有政府主导来"切分"，应该由市场来决定股权结构的配置问题。

从目前央企状况来看，笔者认为通过市场化战略重组来推进央企股权多元化是一个理性选择，一方面可以对央企产业布局调整，优化产业结构；另外一方面，重组中通过市场实施股权结构重新配置也有利于节约交易成本，提高配置效率。由于央企的特殊性质，央企股权多元化也不宜搞"一刀切"，应在分类改革的基础上，分类推进股权多元化。按照前文对央企分类的阐述，笔者认为：首先对于公益型央企主要通过"国资内部市场重组模式"，优化资源配置，仍然保持国有独资形式。其次，对于市场型央企则应该按照"多元化市场重组模式"，通过多种渠道和方式吸纳非公有资本参与央企的改制重组，积极推进重组企业的股权多元化，优化产权结构，解决国有产权一股独大问题，与此同时鼓励央企国有资本通过多种形式和渠道参股民营企业或外资企业，增强国有资本的影响力和带动力。市场型央企要大力发展混合所有制经济，积极引入非国有股，实现投资和经营主体多元化。第三，对于混合型央企要按照"业务市场战略重组模式"推进股权多元化。对于混合型央企在股权多元化中在整体上保持国有相对或绝对控股，但是对于部分市场性较强的经营业务也可以通过吸引非公资本参与，进而提高相关业务的效率和竞争力。比如：2014 年 2 月 19日中石化公告《启动中石化销售业务重组、引入社会和民营资本实现混合所有制经营的议案》，成为央企打破垄断，推进混合所有制经营的"第一枪"，具有重要的标志性意义。在公告中中石化称对旗下油品销售业务板块进行重组，引入社会和民营资本参股，比例不超过 30%，实现混合所有制经营。中石化的这一改革举措，对于其他混合型的中央企业推进相关

中央企业战略重组及其国际竞争力提升研究

经营业务股权多元化具有相当的借鉴意义。

2. 逐步推进中央企业母公司股权多元化。发展混合所有制是未来国有企业深化改革的方向，但是对于资产庞大、涉及众多关系国计民生的中央企业来说，要想实现混合所有制将会面临诸多敏感而复杂问题。中央企业母公司股权多元化改革仍然存在诸多难题，在目前的 113 家中央企业中，只有中国商飞、中国联通、上海贝尔等 8 家中央企业在母公司层面做到股权多元化，但是这些多元投资主体基本都是地方政府、国有金融部门等国资背景而不是真正意义上的民营资本或社会资本，而其它央企虽然旗下二级、三级子公司拥有众多多元投资和经营主体，但在母公司层面依然还是单一国有股权。笔者认为，逐步推进中央企业母公司股权多元化，必须首先推进央企整体上市，对于母公司层面不宜直接出售股权，可以在上市后通过新增股份的方式吸引非公资本，逐步降低国有股份的比重，实现央企母公司的股权多元化，与此同时，在新增股份向社会发行的同时可以推进央企员工持股计划，尤其是技术研发人员，对于内部员工出售一定比例股份并给予一定优惠，这样一方面既有利于减少改革阻力，也有利于稳定和激发央企内部人力资本的活力。当然这里面仍然有诸多细节和复杂制度设计需要进一步的思考和探索。

二、国有资本运营机制创新

十八届三中全会《决定》中指出："改革国有资本授权经营体制，组建若干国有资本运营公司，支持有条件的国有企业改组为国有资本投资公司。国有资本投资运营要服务于国家战略目标，更多投向关系国家安全、国民经济命脉的重要行业和关键领域。"由此可见，转变国有资本运营理念变管资产为管资本已然成为下一步国有资本监管的核心问题。中央企业发展混合所有制除了前文所述的推进央企股权多元化之外，国有资本运营机制的转变也是央企混合所有制"破题"的关键，从目前状况来看，国有资本运营机制创新要从以下两方面入手：

1. 国有资本运营机制设计。伴随着国有企业改革市场化方向的明确，国有资本运营的机制也要以适应市场需求为目标，为了适应市场的瞬息万变和发挥国有资本的特殊功能，当前国有资本的运营管理体制必须要进行改革，否则国有资本的运营会陷入政企不分、权责不对等、效率低下的老路中去。从目前国有资本运营机制改革存在的诸多问题来看，笔者认为为了能有效推进，减少改革阻碍和成本，我们应该从短期和长期两个角度来进行相关机制设计。

从短期角度来看，如图 8.1，笔者认为，在国务院国资委下设置一个国有资本运营监管局专门负责监督管理各家运营公司，国有资本运营监管局一般不直接插手运营公司的具体经营活动，所有权与经营权分离，就像新加坡淡马锡虽然为新加坡财政部全资拥有，但新加坡政府对淡马锡的干预是极其有限的，除非关系到淡马锡储备金的保护。不论是政府或总理，均不干涉淡马锡的投资、出售等任何商业决策。为了有效限制国资委对国有资本运营公司的干预，运营公司的董事长人选由国资委提名，最后由全国人大及其常委会审议决定，运营公司的总经理由董事会聘任，而各家运营公司每年不仅要向国资委汇报运营状况，还要向全国人大及其常委会汇报，从而有利于限制了政府各方面的干预，有力保障各运营公司董事会的核心作用。从短期来看，这样的运营机制可以有利于减少来自现有监管部门和国有企业的改革阻力，也有利于政府选取几家央企做试点，积累经验，为逐步推进国有资本运营机制改革提供参考。

从长期角度来说，随着中央企业整体上市，以及股权多元化改革不断推进，如图 8.1 所示，国务院国资委应该逐步退出，因而图中用虚线表示，进而由国有资本监督管理委员会来替代，缩短委托代理链条，从而真正实现从管资产到管资本的彻底转变。市场经济条件下的国有资本不仅单纯是资本运动，更表现为资本运营的特征，国有资本要实现保值增值，必须通过资本运营参与市场竞争，以资本运营取得收益进行再投资，在市场竞争中不断发展，这样就必然要求国有资本运营向资本属性回归。[①] 因此，政府监管部门要想管好国有资本，就要创造有利于国有资本放大功能、保值增值、提高竞争力的资本运营机制。

---

① 徐传谌，惠澎. 国有资本运营制度创新的动力与逻辑基础研究 ［J］. 经济纵横，2009
（5）：31.

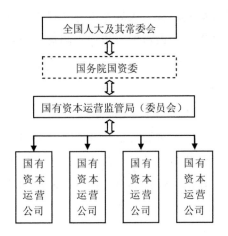

图 8.1　国有资本运营机制设计

2. 国有资本运营制度创新。国有资本运营与一般企业的运营既有共性也有着明显的特殊性，如何有效地界定政府边界，如何有效发挥国有资本的功能以及如何有效的保障运营公司的投资收益率是国有资本运营公司改革的几个关键问题。国有资本运营制度创新是有效解决这些问题的制度保障，也是长效机制。笔者认为今后我们要着重从以下几方面进行制度设计：

第一，国有资本运营公司投资制度创新。投资是资本运营的主要方式，而长期稳定的高的投资收益率是国有资本运营的要旨所在。从目前国有资产监管的制度结构来看，国有资本运营公司要想独立高效的运营必须进行系统的制度设计和制度创新。一方面，要构建良好的运营公司治理结构，制定相应的法律或规章制度限定政府干预的权限，保障运营公司董事会在公司投资决策中的决定作用；另外一方面，建立相应制度规范不同运营公司的投资边界。对于不同运营公司在进行国有外资本投资时要进行投资专业化限定，不能盲目投资更不能投机，要展开专业化投资组合，控制风险，获取有效的投资收益。

第二，国有资本运营的参股制度创新。为了发挥国有资本的放大功能，通过资本投资参股方式掌握和控制非国有企业的部分股权，从而使企业形成混合所有制，通过资本市场的杠杆作用，国有资本可以运营更多的集体和非公有资本，从而实现对国民经济的调节和控制。最早的国家投资公司于1919年产生于比利时。控股公司不同于一般的公司，其突出特点是不参与企业的实际生产和经营，只对公司的股权进行运作（或称资本运营），并通过层层控股，即"金字塔"式的股权结构对数倍于己的社会资产进行运作，进而实现控股公司的目的。① 因此，制定相应制度保障和发挥国有资本投资对国民经济的带动作用显得尤为重要。按照十八届三中全会《决定》的要求："国有资本投资运营要服务于国家战略目标，更多投向关系国家安全、国民经济命脉的重要行业和关键领域，重点提供公共服务、发展重要前瞻性战略性产业、保护生态环境、支持科技进步、保障国家安全"。通过资本运营实现对国民经济基础行业和基础产业的控制，发挥对战略新兴产业的扶持和带动作用，从而保证国有资本运营的长期价值实现。

三、中央企业发展混合所有制的监管制度创新

十八届三中全会明确提出大力发展混合所有制，并且提出要"完善国有资产管理体制，以管资本为主加强国有资产监管"，明确了国资委只管资本收益，不管具体经营的目标定位。但是中央企业发展混合所有制，面对国有资本、集体资本和非公有资本交叉持股的企业资本运营结构，如何对央企的市场行为做到有效监管，做到"该出手就出手"，这是一个值得进一步探索和研究的问题。

1. 政府监管职能转变。政府监管职能转变是发展混合所有制的应有之义，中央企业发展混合所有制与谁混、如何混、混到什么程度都需要不断摸索。但是政府监管职能的转变应当"先行一步"，国务院国资委对中央企业的监管要从管资产、管人、管事等事无巨细的"婆婆"管理方式中走出来，逐步转变为只管资本的幕后老板，面对瞬息万变的市场，企业所有制结构也是不断变化，如何保证政府监管不缺位、不越位也是具有很大的无形压力。对于政府来说，在压力之下关键是用好三只手，一是要约束干预之手，即使对国有企业也要做到有限、有效、有序监管；二是用好援

---

① 赵守日. 闯关：西方国有经济体制革命［M］. 广州：广东经济出版社，2000：259.

助之手，对于相对弱势的民营企业特别是中小企业发展，要提供积极、务实、有效的政策支持；三是用好无为之手，要尊重市场的力量，给市场自我纠错、自我调节、自我发展留出一定的时间和空间。[①] 政府监管职能转变的到位与否直接关系到央企在发展混合所有制中民资、外资等各路资本愿不愿进入以及进入程度问题，也关系到混合所有制推进的进程和绩效，因此，政府监管职能必须率先转变，央企发展混合所有制才能真正"招蜂引蝶"。

2. 完善资本市场，促进国有资本合理流动。中央企业发展混合所有制以及股权多元化就必须解决好国有产权如何交易的问题。当前中央企业产权交易平台及其制度缺失，导致央企资产流动性较差问题突出。在市场经济中，资产充分流动是实现保值增值的必要条件。中央企业发展混合所有制，是使国有资本流动起来的一个有效途径。中央企业通过整体上市、交叉持股等方式发展成为混合所有制的股份公司，从而使国有资产资本化、证券化，也就使国有资本的流动性成为现实。中央企业可以通过资本市场快速、灵活地实现兼并、收购、出售、破产等市场运作。因此。我们需要不断完善资本市场，比如：国有资产评估系统、国有股配售、股票买卖、股权转债权、信息的披露管理、信息监测系统等都需要逐步制定和完善。完善的资本市场环境，通过公开透明的竞价，并通过合理、合法的正规操作方法来实现，这样能有效避免中央企业战略重组中资产重组内部交易状况，从而杜绝股权多元化改革中可能造成的国有资产流失问题。

3. 创新中央企业经营体制。中央企业由于其涉及面广，有些是关系国计民生的特殊行业，因此发展混合所有制中国有资本的运作制度很是重要。中央企业发展混合所有制，在初始国有资本和非国有资本界限明晰，但是混合所有的企业再对外投融资，新的产权结构就变得更加复杂，如果经过多次投融资组合，这种产权界限就越来越复杂。这样就会造成两个问题，一是央企的发展方向以及重大问题的决策权会受制约，甚至违背国有企业的性质要求；二是在日常经营中"谁说了算"的问题，如果国有资本占优，可能有时陷入老国有企业的"陈年旧弊"中去，混合所有制就会只

① 蒲宇飞. 完善动态混合所有制结构焕发经济活力 [J]. 经济问题，2013 (11)：10.

是一个"空壳"。针对这种情况，笔者认为创新中央企业经营体制，在中央企业股权多元化改革中逐步弱化国有资本占比，国有资本只享有收益权，不拥有表决权，从而保证政企分离、政资分离。另外，针对央企的特殊性，尤其是公益型央企在发展混合所有制时，可以效仿英国的"金股制"，即政府对公司化企业还保留 1 股，价值 1 英镑。这一特别股赋予了政府对企业的一些重大决策的特别否定权。但是这个特别否定权不是企业领导人任免、企业生产经营管理与分配的一般权力，而是限于企业资产的大规模集中出售、收购或兼并等重大决策。① "金股制"既保证了企业经营的独立性，又不会对企业完全失控，不失为一种有效的企业经营制度安排，对创新我国央企经营体制具有重要的借鉴意义。

————————————

① 　赵守日 . 闯关：西方国有经济体制革命［M］. 广州：广东经济出版社，2000：267.

结　论

中央企业战略重组和国际竞争力提升问题是一个涉及理论范围很广的研究课题，主要包括市场结构、规模经济、技术创新、公司治理、跨国经营、产权改革、企业国际化发展、竞争优势获取等。本书从国际竞争视角出发，对中央企业战略重组及其国际竞争力提升进行了理论和案例研究，对中央企业战略重组的历程、动因、不确定性、规模与垄断边界问题进行了客观分析和评价；对中央企业国际化和国际竞争力的现状与问题、国际竞争力评价指标体系构建进行了深入分析；在此基础上从交易成本和博弈视角对中央企业战略重组与国际竞争力提升的互动关系进行深入剖析；并提出了深入推进中央企业战略重组及其国际竞争力提升的对策和建议。通过以上研究，本书得出以下结论：

（1）通过从产业组织视角对现代企业性质的重新审视和思考，拓展了对国有企业性质问题的认识角度。从企业作为产业主体来看，随着社会分工不断深化和产业组织的不断演变，现代企业与古典企业有着"天壤之别"，现代企业已成为一个生产、交易与合作相统一的人格化组织。同样，随着我国改革不断深入推进和市场经济的不断发展，当前的国有企业性质也发生了很大改变，从一般性质来看，作为产业组织中的国有企业是具有明显合作性和人格化特征的生产和交易的结合体；从特殊性质来看，国有企业是具有明显的政治性和社会服务性的特殊企业。因此，作为国有经济中坚力量的中央企业的功能主要体现在生产功能、控制功能、技术创新功能、增进社会福利功能和提升国家竞争力功能等。

（2）对中央企业战略重组历程进行了客观分析和总结。本书主要以

2003 年国务院国资委正式成立为节点，对十多年来中央企业几轮特点鲜明的战略重组历程进行了归纳总结，分为起步阶段（2003 年～2004 年）主要特点是"突出主业、主辅分离"；发展阶段（2005 年～2007 年）主要特点是"做大做强，打造行业排头兵"；深化阶段（2008 年～2010 年）主要特点是"重点行业重点推进，央企内部重组与跨国重组并举"；攻坚阶段（2011 年至今）主要特点是"突出重组后管理，重点行业重点攻坚"。

（3）在中央企业战略重组动因分析中，本书指出企业自身、产业组织发展以及国家竞争三方面是中央企业战略重组的主要动因，中央企业的历史演变及其产权性质决定了现阶段央企重组追求的效率增进，已不再仅仅是生产效率的提高，更多的是追求交易成本的节约。而在重组中，中央企业往往会遇到诸多不确定性问题，而这些不确定性问题会制约重组的成本和效率，进而可能会对重组成败产生重要影响，必须在重组中予以高度重视。

（4）关于中央企业战略重组的规模边界分析中，本书认为在开放条件下，市场结构是央企重组的重要影响因素，因此在不同市场结构下央企重组规模要分别对待。在完全竞争市场结构中，中央企业重组规模的边界也应取决于市场价格和边际成本，央企在竞争性领域业务的"进退"也应最终由利润水平来决定，充分发挥市场的调节作用。在垄断市场结构中，面对国际市场竞争，只要市场交易成本高于企业内部组织成本，重组就是企业理性选择。在垄断竞争市场结构下中央企业重组的规模边界应着眼于全球市场，充分利用国内外资源，优化资产配置，提高效率，降低生产成本，实现最优的生产规模和产量。在规模经济分析中，本书认为无论在生产成本方面还是交易成本方面重组都会为中央企业带来规模经济。

（5）在分析中央企业战略重组与垄断问题中，本书认为从国际市场竞争角度看，央企重组不会必然带来市场集中度的增强而削弱竞争，从而导致社会福利损失。从央企重组的动机和央企重组的客观市场效应两方面来看，中央企业重组不仅没有增加央企的市场势力，反而在有些行业还大大降低了其垄断程度，促进了市场竞争，央企的利润得益于重组提升了内部效率而非垄断。从构建可竞争市场角度来看，中央企业战略重组在政府管制解除和市场竞争环境优化两个方面有利于可竞争市场构建。因此，本书认为质疑中央企业战略重组必然导致垄断是不成立的，也不会必然带来垄断利润。

（6）在对中央企业国际竞争力相关问题的分析中，本书发现中央企业国际化水平近年来不断提高，但也面临着诸多问题。与此同时，中央企业国际竞争力也得到了稳步提升，主要体现在技术创新能力、经营业绩和企业内部效率不断提高，而这些都与中央企业国内外战略重组活动息息相关。因此，对于中央企业国际竞争力进一步提升来说，深入推进战略重组应该是明智而理性的选择。

（7）关于中央企业国际竞争力的评价指标体系构建，本书围绕资源、能力和创新三大核心要素，构建了央企资源、跨国经营能力、技术创新以及组织制度创新四个核心指标，并对核心指标分解为十一个一级指标，再对一级指标细分成四十一个二级指标。从而构建了一套全方位综合性的中央企业国际竞争力评价指标体系，为考察央企国际竞争力状况提供了详实的观测点。

（8）本书从交易成本视角考察了中央企业战略重组与国际竞争力提升的互动关系，指出交易成本的"居高不下"是制约中央企业国际竞争力进一步提升重要原因，而战略重组可以有效降低交易成本，快速提高央企经营业绩。央企战略重组可以分为内部重组和外部企业重组，然而核心目标都是围绕资源和竞争力的获取和提升，而为了有效提升国际竞争力，中央企业重组战略往往包括：资源战略、成本战略、技术战略、产品战略、品牌战略、投融资战略、一体化战略和国际化战略等。

（9）通过对中央企业战略重组的博弈分析，本书发现在现实市场竞争中，竞争力的获取不仅要关注自身战略选择，还要时刻紧盯竞争对手的策略行为，国际竞争力的提升是在竞争性战略选择中不断获取的，是一个动态的博弈过程，战略重组成为央企获取竞争力的博弈策略行为。

（10）通过对中国建材集团和中国中钢集团两家中央企业战略重组的案例对比分析，本书发现战略重组是把"双刃剑"，运用得好可以快速提升中央企业国际竞争力，否则就会拖累和削弱中央企业国际竞争力。关键要处理好战略重组与主业、内部整合、内部创新以及股权多元化改革的关系。

（11）从目前中央企业经营状况来看，要想进一步提升国际竞争力，必须继续深入推进央企战略重组活动，而且在今后的战略重组中要通过一系列的制度创新和制度安排来提高战略重组的效率和效益。一要把战略重组与交易成本和分类改革相结合，创新央企市场化战略重组模式；二要在战略重组中不断完善央企公司治理结构；三要大力加强中央企业跨国经营的内外部制度创新；四要把战略重组与技术创新融合发展，打造央企核心竞争力；五要在战略重组中大力推进中央企业混合所有制改革，通过产权改革促进中央企业国际竞争力提升的内生动力机制的形成。

参考文献

英文图书文献：

[1] Alfred D. Chandler. Strategy and Structure [M]. Cambridge：The MIT press，1962.

[2] Daveni，R. A. Hycomeptition. Manageing Dynamics of Strategic Maneuvening [M]. NewYork：Free press，1994.

[3] Farazmand A. Privatization or Public Enterprise Reform? International Case Studies with Implications for Public Management [M]. New York：Greenwood Press，2001.

[4] Kreps，D. M. A Course in Microeconomic Theory [M]. New York：Harvester，1990.

[5] Marshall Goldsmith，Richard Beckhard. The Organization of the Furture [M]. Sichuan People's Publishing House press，1998.

[6] Oliver E. Williamson. The Economic Institutions of Capitalism [M]. New York：Free Press，1985.

[7] Oliver E. Willianmson. Markets and Hierarchies：Analysis and Antitrust Implication [M]. New York：Free press，1979.

[8] Oliver E. Williamson. Markets and Aierarchies：Analysis and Antitrust Implication：A study in the Econometrics of International Organization [M]. NewYork：Free Press，1975.

［9］ Oliver Hart. Firm，Contracts and Financial Structure ［M］. Oxford： Oxford University Press，1995.

［10］ Penrose，E. T. The Theory of the Growth of the Firm ［M］. Oxford： Oxford University Press，1959.

［11］ Porter，Michael E. The Competitive Advantage of Nations ［M］. New York： Free Press，1990.

［12］ Sutton，J. Sunk Costs and Market Structure ［M］. Cambridge： The MIT press，1991.

［13］ Zeng，M.，Williamson，P. Dragons at Your Door ［M］. Boston： Harvard University Press，2007.

英文期刊文献：

［1］ Amy Kam，David Citron，Gulnur Muradoglu. Distress and Restructuring in China： Does Ownership Matter? ［J］ China Economic Review，2008，19 （4）：567－579.

［2］ Aivazian，Varouj A. Can Corporatization Improve the Performance of State-Owned Enterprises even without Privatization? ［J］. Journal of Corporate Finance，2005，11 （5）：791－808.

［3］ Armando J. Garcia Pires. International Trade and Competitiveness ［J］. Economic Theory，2012，50 （3）：727－763.

［4］ Brian Snowdon and George Stonehouse. Competitiveness in a Globalised World： Michael Porter on the Microeconomic Foundations of the Competitiveness of Nations，Regions，and Firms ［J］. Journal of International Business Studies，2006，37 （2）：163－175.

［5］ Bengt Holmstrom，John Roberts . The Boundaries of the Firm Revisited ［J］. Journal of Ecnomic Perspectives，1998，2 （4）：73－94.

［6］ Coase，R. The Nature of the Firm ［J］. Economica，1937 （4）：386 －405.

［7］ Coase，R. The Problem of Social Cost ［J］. Journal of Law Economics，1960（3）：1—44.

[8] Dan Schendel. Introduction to the Summer 1993 Special Issue on
"Corporate Restructuring" [J]. Strategic Management Journal，
1993，14（S1）：1—3.

[9] David Teece. Towards an Economic Theory of the Multiproduct Frim
[J]. Journal of Economic Behavior and Organization，1982（3）：
39—63.

[10] Dunning，J. H. Location and the Multional Enterprise：a Neglected
Factor? [J]. Journal of International Business Studies，1998（29）：
461—491.

[11] Edward H. Bowman and Harbir Singh. Corporate Restructuring：
Reconfiguringthe Firm [J]. Strategic Management Journal，1993，
14（S1）：5—14.

[12] Garnaut，Ross. Song，Ligang.，Yao，Yang. Impact and Signifi-
cance of State-Owned Enterprise Restructuring in China [J]. China
Journal，2006，55（1）：35—63.

[13] Gimeno，J，Woo，C. T. Multimarket Contact，Economics of Scope，
and Firm Performance [J]. Academy of Management Journal，
1999，42（3）：239—259.

[14] Grossman，S. and Hart，Oliver. The Costs and Benefits of Owner-
ship：A Theory of Vetical and Lateral Integration [J]. Journal of
Political Economy，1986（94）：691—719.

[15] Grossman，S. and Hart，Oliver. An Analysis of the Principal Agent
Problem [J]. Econometrica，1983（51）：7—45.

[16] Goold M，Campbell A，Alexander M. Corporate Strategy：the
Quest for Parenting Advantage [J]. Harvard Business Review，
1995（March-April）：120—132.

[17] Girma，Sourafel.，Gong，Yundan.，Görg，Holger. Can You Teach
Old Dragons New Tricks? FDI and Innovation Activity in Chinese
State-Owned Enterprises. CEPR Discussion Paper No. 5838，2006.

[18] Girma, Sourafel. , Gong, Yundan. , Görg, Holger. What Determines Innovation Activity in Chinese State-Owned Enterprises? The Role of Foreign Direct Investment [J]. World Development, 2009, 37 (4): 866—873.

[19] Hart, Oliver and Moore. Property Rights and the Nuture of the Firm [J]. Journalof Political Economy, 1990 (98) .

[20] Jean C. Oi. Patterns of Corporate Restructuring in China: Political Constraints on Privatization [J]. The China Journal, 2005, 53 (1): 115—136.

[21] Jun-Koo Kang, In moo Lee, Hyun Seung Na. Economic shock, owner-manager incentives, and corporate restructuring: Evidence from the financial crisis in Korea [J]. Journal of Corporate Finance, 2010 (16): 333—351.

[22] Justin Yifu Lin, Fang Cai, Zhou Li. Competition, Policy Burdens, and State-Owned Enterprise Reform [J]. American Economic Review, 1998, 88 (2): 422—427.

[23] Klein, P. G. , Mahoney, J. T. , McGahan, A. M. , Pitelis, C. N. Toward a Theory of Public Entrepreneurship. European Management Review [J]. 2010, 53 (7): 1—15.

[24] Nolan, Peter. , Wang, Xiaoqiang. Beyond Privatization: Institutional Innovation and Growth in China's Large State-Owned Enterprises [J]. World Development, 1999, 27 (1): 169—200.

[25] Ohashi, Hiroshi. Learning by Doing, Export Subsidies, and Industry Growth: Japanese Steel in the 1950'and 1960' [J]. Journal of International Economics, 2005, (66) .

[26] Prahalad. Gray, Hamel CK. The Core Competence of the Core Corporation [J]. Harvard Business Review, 1990 (May-August): 69—80.

[27] Peter J. Buckley, Jeremy Clegg, Chengqi Wang. The Impact of Inward FDI on the Performance of Chinese Manufacturing Firms [J].

Journal of International Business Studies，2002，33（4）：637 — 655.

[28] Reppelin-Hill，Valerie. Trade and Environment：An Empirical A-nalysis of the Technology Effect in Steel Industry [J]. Journal of Environmental Economics and Management，1999，(38) .

[29] R. Duane Ireland and Michael A. Hitt. Achieving and Maintaining Strategic Competitiveness in the 21st Century：The Role of Strategic Leadership [J]. The Academy of Management Executive (1993 — 2005)，1999，13（1）：43—57.

[30] Thomas G. R. Will investment behavior constrain china's growth? [J]. China Economic Review，2002，(13)：361—372.

[31] Tansey，Michael. Price Control，Trade Protectionism and Political Business Cycles in the U. S. Steel Industry [J]. Journal of Policy Modeling，2005，(27) .

[32] Tod Perry，Anil Shivdasani. Do Boards Affect Performance? Evidence from Corporate Restructuring [J]. The Journal of Business，2005，78（4）：1403—1432.

[33] Tore Fougner. The State，International Competitiveness and Neoliberal Globalisation：Is There a Future Beyond 'The Competition State'? [J]. Review of International Studies，2006，32（1）：165—185

[34] Willianmson. O. E. Transaction Cost Economicsahe Governance of Contractual Relations [J]. Journal of Law and Economics，1979 (22)：233—261.

[35] Willianmson. O. E. Orgnaization of work：A Comparative Instiutional Assessment [J]. Journal of Economics Behaveriour and Organization，1980（1）：5—38.

[36] Wu，Yunrui. The Chinese Steel Industry：Recent Development and Prospects [J]. Resource Policy，2000，(26) .

[37] Xiaohua Lin，Richard Germain. Organizational Structure，Context，Customer Orientation，and Performance：Lessons from Chinese

State-Owned Enterprises ［J］. Strategic Management Journal，2003，24（11）：1131－1151.

［38］ Yann B. Financing constraint，over investment and market to book ratio ［J］. Finance Research Letters，2009，（6）：13－22.

［39］ Zhang J. Investment，investment efficiency，and economic growth in china ［J］. Journal of Asian Economics，2003，（14）：713－734.

中文图书文献：

［1］ ［美］埃里克·弗鲁博顿，［德］鲁道夫·芮切特. 新制度经济学：一个交易费用分析范式 ［M］. 上海：上海三联书店、上海人民出版社，2006.

［2］ ［美］奥利弗·E·威廉姆森. 反托拉斯经济学——兼并、协约和策略行为 ［M］. 北京：经济科学出版社，1999.

［3］ 崔世娟，蓝海林. 我国企业集团重组规模及范围与绩效关系研究 ［M］. 北京：经济科学出版社，2008.

［4］ ［美］道格拉斯·C. 诺思. 制度、制度变迁与经济绩效 ［M］. 上海：格致出版社，2008.

［5］ ［美］丹尼斯·W·卡尔顿，杰弗里·M·佩洛夫. 现代产业组织 ［M］. 北京：中国人民大学出版社，2009.

［6］ 桂绍明等. 企业竞争力研究新论 ［M］. 武汉：华中科技大学出版社，2008.

［7］ 哈罗·德德姆塞茨. 所有权、控制与企业——论经济活动的组织 ［M］. 北京：经济科学出版社，1999.

［8］ ［美］杰伊·B. 巴尼，［新西兰］德文·N. 克拉克. 资源基础理论——创建并保持竞争优势 ［M］. 上海：格致出版社，2011.

［9］ 金碚等. 中国国有企业发展道路 ［M］. 北京：经济科学出版社，2013.

［10］ 姜宁. 企业并购重组通论——以中国实践为基础的探讨 ［M］. 北京：经济科学出版社，2009.

[11] 吕薇 . 产业重组与竞争［M］. 北京：中国发展出版社，2002.

[12] 刘文炳 . 中央企业国际竞争力研究——并购重组的视角［M］. 北京：中国经济出版社，2011.

[13] 刘汉民 . 企业理论、公司治理与制度分析［M］. 北京：经济科学出版社，2007.

[14] 刘瑞明 . 国有企业的双重效率损失与经济增长——理论和中国的经验证据［M］. 上海：上海人民出版社，2012.

[15] ［美］迈克尔·波特 . 国家竞争优势［M］. 北京：华夏出版社，2002.

[16] ［美］迈克尔·波特 . 竞争优势［M］. 北京：华夏出版社，1997.

[17] ［美］迈克尔·波特 . 竞争战略［M］. 北京：华夏出版社，1997.

[18] ［美］迈克尔·迪曲奇 . 交易成本经济学——关于公司的新的经济意义［M］. 北京：经济科学出版社，1999.

[19] ［美］帕特里克 A. 高根 . 兼并、收购与公司重组［M］. 北京：机械工业出版社，2004.

[20] ［美］乔治·J. 施蒂格勒 . 产业组织［M］. 上海：上海人民出版社，2006.

[21] 苏东水 . 产业经济学［M］. 北京：高等教育出版社，2010.

[22] ［法］泰勒尔 . 产业组织理论［M］. 北京：中国人民大学出版社，1997.

[23] 王素君 . 跨国企业竞争优势变迁［M］. 北京：中国经济出版社，2006.

[24] 韦伟，周耀东 . 现代企业理论和产业组织理论［M］. 北京：人民出版社，2003.

[25] ［美］威廉·G·谢泼德，乔安娜·M·谢泼德 . 产业组织经济学［M］. 北京：中国人民大学出版社，2007.

[26] 徐传谌，李政 . 中央企业应对金融危机报告（2010）［M］. 北京：中国经济出版社，2010.

[27] ［英］亚当·斯密 . 国富论［M］. 西安：陕西人民出版社，2001.

[28] ［英］伊迪丝·彭罗斯 . 企业成长理论［M］. 上海：格致出版社，2007.

[29] 扈华林．国际竞争力新论［M］．北京：中国经济出版社，2006．

[30] 杨水利．国有企业经营者激励与监督机制［M］．北京：科学出版社，2011．

[31] 杨蓉．中国企业国际竞争力研究：基于公司治理视角［M］．上海：上海人民出版社，2009．

[32] 朱宝宪．公司并购与重组［M］北京：清华大学出版社，2006．

[33] 赵守日．闯关：西方国有经济体制革命［M］．广州：广东经济出版社，2000．

[34] 张文魁，袁东明．中国经济改革 30 年（国有企业卷）［M］．重庆：重庆大学出版社，2008．

[35] 张维迎．博弈论与信息经济学［M］．上海：格致出版社、上海人民出版社，2012．

中文期刊文献：

[1] 曹东旭等．国有企业应分类监管［J］．现代国企研究，2013（5）：56—61．

[2] 陈齐芳．国有企业公司治理结构存在的问题及其改进［J］．企业经济，2011（12）：34—37．

[3] 崔世娟，孙利，蓝海林．企业战略重组理论综述［J］．江苏商论，2008（10）：110—112．

[4] 陈伟．国家竞争力之辩论［J］．经济研究参考，2010（38）：10—17．

[5] 丁平．国有大型企业重组模式探讨［J］．经济论坛，2003（16）：20—21．

[6] 杜丹丽．企业业务流程重组理论思想的演进与发展［J］．学术交流，2003（5）：48—51．

[7] 杜国用，杜国功．论中央企业重组的基本框架、逻辑视角与路径选择［J］．贵州财经学院学报，2008（4）：43—47．

[8] 丁伟斌等．我国中小企业核心竞争力要素选择的实证分析——以杭州、苏州中小企业为例［J］．科学学研究，2005（5）：650—655．

[9] 冯磊. 中国企业国际化路径选择的现状及建议 [J]. 国际经济合作，2011 (5)：22—26.

[10] 高文燕，杜国功. 国有企业分类改革研究 [J]. 发展研究，2013 (10)：32—38.

[11] 黄群慧. 论国有企业的战略性调整与分类改革 [J]. 人民论坛·学术前沿，2013 (22)：48—55.

[12] 胡大立等. 企业竞争力决定维度及形成过程 [J]. 管理世界，2007 (10)：164—165.

[13] 洪俊杰等. 中国企业走出去的理论解读 [J]. 国际经济评论，2012 (4)：121—134+8.

[14] 金碚等. 加入 WTO 以来中国制造业国际竞争力的实证分析 [J]. 中国工业经济，2006 (10)：5—14.

[15] 金碚. 论国有企业改革再定位 [J]. 中国工业经济，2010 (4)：5—13.

[16] 姜爱林. 竞争力与国际竞争力的几个基本问题 [J]. 经济纵横，2003 (11)：48—53.

[17] 陆俊华. 中央企业重组的目标和运行机制研究 [J]. 中国行政管理，2006 (6)：98—100.

[18] 李钢. 企业竞争力研究的新视角：企业在产品市场与要素市场的竞争 [J]. 中国工业经济，2007 (1)：61—67.

[19] 李钢. 国有企业效率研究 [J]. 经济管理，2007 (2)：10—15.

[20] 李存芳等. 基于模糊集理论的企业核心竞争力系统评价 [J]. 工业工程，2007 (4)：54—58+104.

[21] 李跃平等. 当前中央企业改革与重组过程中应该注意的几个问题 [J]. 经济社会体制比较，2007 (6)：11—16.

[22] 李新春. 中国国有企业重组的企业家机制 [J]. 中国社会科学，2001 (4)：85—94+205.

[23] 李效东，陈占安. 论先进生产力与国家竞争力 [J]. 生产力研究，2008 (20)：43—45+111.

[24] 刘春生. 论全球生产的网络化及其推动力量 [J]. 燕山大学学报 (哲学社会科学版)，2007 (2)：127—131.

[25] 刘文炳等．中央企业国际竞争力实证研究［J］．中国行政管理，2009（8）：121—123．

[26] 刘文炳等．中央企业重组与国际竞争力关系的实证研究［J］．财政研究，2009（2）：68—71．

[27] 刘世锦，杨建龙．核心竞争力：企业重组的一个新概念［J］．中国工业经济，1999（2）：64—69．

[28] 刘瑞明，石磊．国有企业的双重效率损失与经济增长［J］．经济研究，2010（1）：127—137．

[29] 梁小萌，皮莉莉．全球生产网络化与珠三角加工贸易产业转型升级［J］．岭南学刊，2009（6）：84—87．

[30] 林汉川，管鸿禧．中国不同行业中小企业竞争力评价比较研究［J］．中国社会科学，2005（3）：48—58．

[31] 林汉川，管鸿禧．我国东中西部中小企业竞争力实证比较研究［J］．经济研究，2004（12）：45—54

[32] 林岗，张晨．关于进一步推进国有经济改革发展的一些意见［J］．经济理论与经济管理，2013（2）：5—15．

[33] 林金忠．中小企业也能实现规模经济［J］．经济学家，2001（2）：44—49．

[34] 廖红伟．论国有企业战略重组与产权结构优化［J］．学习与探索，2013（2）：112—116．

[35] 廖红伟．中央企业战略重组模式选择与瓶颈突破［J］．经济管理，2010（12）：63—70．

[36] 吕本富，孙毅．中央企业科技创新的问题与对策［J］．企业文明，2012（5）：29—30．

[37] 聂辉华．企业的本质：一个前沿综述［J］．产业经济评论，2003（2）：22—36．

[38] 潘石，李莹．论中央企业深化改革与科学发展［J］．当代经济研究，2012（11）：1—6＋93．

[39] 潘石，董经纬．中央企业改革发展目标：国际"一流"企业［J］．吉林大学社会科学学报，2013（2）：90—97．

[40] 蒲宇飞. 完善动态混合所有制结构 焕发经济活力 [J]. 经济问题, 2013 (11)：4—10＋77.

[41] 秦洪囊. 现代企业性质再解读——基于劳动分工与组织演进角度的 阐释 [J]. 河北学刊, 2007 (6)：247—249.

[42] 乔明哲, 刘福成. 基于性质与功能的我国国有企业社会责任研究 [J]. 华东经济管理, 2010 (3)：86—90.

[43] 荣兆梓. 企业性质研究的两个层面——科斯的企业理论与马克思的 企业理论 [J]. 经济研究, 1995 (5)：21—28.

[44] 宋宪萍, 闫银. 社会主义国家国有企业的性质——兼谈我国当前国 有企业改革 [J]. 理论界, 2006 (4)：77—78.

[45] 史言信. 中央企业重组规制研究 [J]. 当代财经, 2006 (9)：65—68.

[46] 孙少岩. 浅析东北国有企业重组"轮回"现象及治理机制 [J]. 税 务与经济, 2008 (6)：57—60.

[47] 孙洛平. 竞争力与企业规模无关的形成机制 [J]. 经济研究, 2004 (3)：81—87.

[48] 宋晶, 孟德芳. 国有企业高管薪酬制度改革路径研究 [J]. 管理世 界, 2012 (2)：181—182.

[49] 孙明华. 企业竞争力理论演化趋势分析 [J]. 广西社会科学, 2009 (3)：42—45.

[50] 上海国有资本运营研究院国有企业分类监管研究课题组. 国有企业 分类监管法则 [J]. 上海国资, 2013 (4)：22—24.

[51] 汤吉军. 基于沉淀成本视角的企业重组博弈分析 [J]. 中国工业经 济, 2009 (10)：118—126.

[52] 汤吉军, 郭砚莉. 沉淀成本、交易成本与政府管制方式——兼论我国自 然垄断行业改革的新方向 [J]. 中国工业经济, 2012 (12)：31—43.

[53] 汤吉军. 收益递增、市场竞争与经济危机新解释——兼论我国大型 国有企业重组的逻辑 [J]. 吉林大学社会科学学报, 2013 (6)：12—20.

[54] 王东等. 企业国际竞争力单项指标评价法研究——以美国、日本两 国 500 强跨国公司为例的分析 [J]. 经济评论, 2006 (3)：112—118.

[55] 王勤. 当代国际竞争力理论与评价体系综述 [J]. 国外社会科学,

2006（6）：32－38.

［56］吴照云，刘灵．我国国有企业社会责任的层级模型和制度共生［J］.
经济管理，2008（Z1）：25－32.

［57］吴雪明．全球化背景下经济强国国际竞争力的评估理念与指标分析
［J］．世界经济研究，2007（12）：27－32＋86－87.

［58］文宗瑜．央企无边界扩张急需转向［J］．董事会，2011（4）：92－94.

［59］王文成，廖红伟.2009中国国有经济发展论坛暨"危机与变局中的
国有经济研讨会"综述［J］.经济管理，2009（9）：184－186.

［60］王伟，黄瑞华．企业基因重组理论与国有企业战略转换［J］．预测，
2005（1）：34－39.

［61］王利月，张丙宣．企业重组、政府作用与市场秩序——对近年来国
内几个钢企并购案的分析［J］．浙江大学学报（人文社会科学版）
预印本，2010（9）：16－25.

［62］温晓娟，马春光．企业国际竞争力相关概念辩析与影响因素探讨
［J］．经济问题探索，2010（7）：83－87.

［63］徐传谌，闫俊伍．国有企业委托代理问题研究［J］．经济纵横，
2011（1）：92－95.

［64］徐传谌，惠澎．国有资本运营制度创新的动力与逻辑基础研究［J］.
经济纵横，2009（5）：30－32.

［65］徐传谌，张万成．国有经济存在的理论依据［J］.吉林大学社会科
学学报，2002（5）：37－45.

［66］徐传谌，邹俊．中央企业战略重组的不确定性及其规制研究［J］.
经济体制改革，2012（3）：86－89.

［67］徐传谌，邹俊．国有企业与民营企业社会责任比较研究［J］．经济
纵横，2011（10）：23－26.

［68］徐鑫等．企业竞争力评价指标体系研究——基于形成机理的视角
［J］．郑州航空工业管理学院学报，2010（3）：102－107.

［69］徐二明，高怀．中国钢铁企业竞争力评价及其动态演变规律分析
［J］．中国工业经济，2004（11）：40－46.

［70］徐鸣．中央企业改制模式的分析［J］．国际经贸探索，2007（10）：

33－37＋42.

[71] 辛清泉，谭伟强．市场化改革、企业业绩与国有企业经理薪酬［J］.
经济研究，2009（11）：68－81.

[72] 杨梅英等．R&D投入对北京市中小型高新技术企业竞争力的影响
［J］．科学学研究，2007（S2）：254－260.

[73] 杨瑞龙．国有企业的重新定位及分类改革战略的实施［J］．国企，
2013（7）：23－26.

[74] 余国杰，冷智宏．市场经济企业性质的重新界定［J］．商业时代，
2004（18）：6－7.

[75] 尹贤淑．国有企业重组中值得关注的一个问题［J］．中央财经大学
学报，2004（12）：60－62.

[76] 赵卿．基于核心竞争力的企业并购［J］．经营与管理，2003（8）：
25－26.

[77] 赵昌文等．国外企业重组基金的发展及其对中国的启示［J］．经济
理论与经济管理，2008（5）：74－80.

[78] 张晨，张宇．国有企业是低效率的吗［J］．经济学家，2011（2）：
16－25.

[79] 张其仔，乐宜仁．开放条件下国有企业的国际竞争力［J］．经济管
理，2003（17）：19－22.

[80] 张宇，张晨．如何看待国有企业的效率［J］．先锋队，2013（2）：
27－28.

[81] 张立君．不完全契约、资产专用性与最优企业所有权安排［J］．经
济评论，2000（4）：81－84.

[82] 张屹山，王广亮．论国有企业改革的根本问题是解决委托代理关系
［J］．中国工业经济，2001（11）：63－70.

[83] 张政军．推进国有企业分类管理可借鉴国际经验［J］．先锋队，
2013（17）：28－29.

[84] 张春敏，刘文纪．从国有企业的性质看国有企业的社会责任［J］．
前沿，2007（12）：80－84.

[85] 周建，方刚，刘小元．制度落差、内部治理与中国企业的跨国经

营——交易成本的视角 [J]. 中央财经大学学报，2009（3）：42－47.

[86] 周斌，朱文清. 国有企业国际竞争力研究——基于外国直接投资溢出效应的实证分析 [J]. 国际商务研究，2005（5）.

[87] 庄思勇，冯英浚. 基于核心竞争力的核心刚性相对评价研究 [J]. 中国软科学，2009（9）：174－178＋192.

[88] 郑海航，孟领. 中央企业重组的历史沿革及发展研究 [J]. 财经问题研究，2011（3）：104－110.

[89] 邹俊，徐传谌. 中央企业"走出去"发展的不确定性分析 [J]. 内蒙古社会科学（汉文版），2013（2）：95－99.

[90] 邹俊，徐传谌. 企业社会责任探源：一个交易成本的考察——兼论促进我国企业履行社会责任的制度安排 [J]. 现代财经（天津财经大学学报），2012（6）：43－49.

[91] 邹俊，张芳. 转变经济发展方式与国有经济功能再定位 [J]. 前沿，2011（17）.

[92] 邹俊，张芳. 中央企业战略重组的影响因素及策略研究 [J]. 现代管理科学，2012（7）：78－80.

[93] 邹俊，张芳. "山寨"产业发展的博弈分析 [J]. 财会月刊，2012（5）：91－92.

[94] 邹俊. 中央企业国际化的困境及其对策 [J]. 现代管理科学，2013（1）：61－63.

[95] 邹海莉，孟俊婷. 中央企业重组：目标、模式及推进建议 [J]. 财会月刊，2010（17）：14－15.

学位论文文献：

[1] 于克信. 国有企业改革过程中的管理重组研究——一种打破并重构组织惯例的理论模型与实证分析 [D]. 上海：复旦大学，2004.

[2] 卢进勇. 中国企业的国际竞争力与海外直接投资 [D]. 北京：对外经济贸易大学，2003.

[3] 余胜红. 国有企业国际竞争力研究 [D]. 厦门：厦门大学，2003.

研究报告、论文集：

[1] 天则经济研究所课题组．国有企业的性质、表现与改革［R］．北京：天则经济研究所，2011.

[2] 陈郁编．企业制度与市场组织——交易费用经济学文选［C］．上海：格致出版社，2009.

[3] 陈郁编．所有权、控制权与激励——代理经济学文选［C］．上海：上海人民出版社，2006.

[4] 费方域，蒋士成主编、译．不完全合同、产权和企业理论［C］．上海：上海格致出版社、上海人民出版社，2011.

中文电子文献：

[1] 小钉．李荣融：三大石油公司是稳定中国经济的功臣［EB/OL］．(2010−09−14)．http://business.sohu.com/20100914/n274932083.shtml

[2] 新京报．国企如何度过金融危机［EB/OL］．(2010−09−03)．http://finance.sina.com.cn/roll/20100903/01583441819.shtml

[3] 国资委信息中心．2004年中央企业改革发展的进展情况［EB/OL］．(2004−12−13)．http://www.sasac.gov.cn/n1180/n1566/n259730/n264228/11675720.html

[4] 财务监督与考核评价局．中央企业2010年度总体运行情况［EB/OL］．(2011−10−14)．http://www.sasac.gov.cn/n1180/n1566/n258203/n259490/13864252.html

[5] 国企．中国央企海外并购中国风［EB/OL］．(2010−11−15)．http://finance.sina.com.cn/leadership/mroll/20101115/11408953710.shtml

[6] 国企．2010年中央企业十大新闻［EB/OL］．(2011−01−05)．http://news.xinhuanet.com/fortune/2011−01/05/c_12946974_11.htm

[7] 光明网—《光明日报》．国企做强是垄断带来的吗［EB/OL］．(2013−

5—9）. http：//politics. gmw. cn/2013—05/09/content _ 7568331 _ 2. htm

[8] 中央政府门户网站. 国务院关于促进企业兼并重组的意见［EB/OL］.（2010—09—06）. http：//www. gov. cn/zwgk/2010—09/06/content _ 1696450. htm

[9] 新浪科技. 联通电信收入之和接近移动：渐形成三足鼎立［EB/OL］.（2012—08—28）. http：//tech. sina. cn/t/2012—08—28/00317551431. shtml

[10] 中国发展观察. 中国大企业要加快推进国际化进程［EB/OL］.（2010—04—12）. http：//news. xinhuanet. com/theory/2010—04/12/c _ 1228328. htm

[11] 中国社会科学报. 央企海外投资尤须加强风险管理［EB/OL］.（2011—02—28）. http：//news. xinhuanet. com/theory/2011—02/28/c _ 121129236. htm

[12] 中国经济网. 邵宁：央企改制已达70％ 80％优质资产已进入上市公司［EB/OL］.（2010—03—21）. http：//www. ce. cn/cysc/new-main/jdpd/zjxw/201003/21/t20100321 _ 20299682. shtml

[13] 国际在线. 国资委：大力推进央企股份制改革［EB/OL］.（2010—12—20）. http：//news. cntv. cn/20101220/106238. shtml

[14] 21世纪经济报道. 国资委堵漏4万亿海外资产 已曝亏损仅冰山一角［EB/OL］.（2010—12—08）. http：//jingji. cntv. cn/20101208/103578. shtml

[15] 李予阳. 中央企业：立足自主创新 发挥骨干作用［EB/OL］.（2011—02—25）. http：//cpc. people. com. cn/GB/64093/64387/14003990. html

[16] 谢祖墀，彭波. 大型国企应提升创新能力［EB/OL］.（2012—11—30）. http：//business. sohu. com/20121130/n359100693. shtml

[17] 财务监督与考核评价局. 中央企业2013年度经营情况［EB/OL］.（2014—01—22）. http：//www. sasac. gov. cn/n1180/n1566/n258203/n259490/15678914. htm

[18] 中国建材集团网站. 中国建材集团2014年工作会议在京召开［EB/OL］.（2014—01—17）. http：//www. cnbm. com. cn/wwwroot/

c_000000020002/d_26873.html♯tempSite

[19] 中国建材集团网站.2013中国制造业自主品牌价值评价结果首次全球发布 [EB/OL]. （2013－12－16）.http：//www.cnbm.com.cn/wwwroot/c_000000020002/d_29019.html♯tempSite

[20] 国企.董事会的力量——中国建材集团巨变背后的治理之道 [EB/OL].（2011－06－08）.http：//bschool.hexun.com/2011－06－08/130338910_1.html

[21] 中国广播网.中国建材集团：观念创新成就"包容性成长"新模式 [EB/OL].（2011－05－29）.http：//finance.cnr.cn/yaowen/201105/t20110529_508046370.html

[22] 中国经济网.中国建材集团董事长宋志平：混合所有制经济引领进步 [EB/OL].（2014－01－01）.http：//www.ce.cn/xwzx/gnsz/gdxw/201401/01/t20140101_2030726.shtml

[23] 中国钢铁现货网.中钢2009年业绩涉嫌虚报利润 实际亏损3.8亿 [EB/OL].（2010－08－31）.http：//news.gtxh.com/news/2010/08/31/117994768.html

[24] 中国经济网.黄天文"非光荣"退场 折射中钢扩张之痛 [EB/OL].（2011－05－27）.http：//www.ce.cn/macro/more/201105/27/t20110527_22444179.shtml

[25] 财新网.中钢疯狂扩张之鉴 [EB/OL].（2011－05－16）.http：//www.caing.com/2011－05－16/100259421.html

[26] 人民网.中华人民共和国宪法（全文）[EB/OL].（2013－09－04）.http：//legal.china.com.cn/2013－09－04/content_29923357.htm

中文报纸文献：

[1] 周放生.国进民进螺旋上升——中建股份南方水泥公司重组调查 [N].经济观察报，2012－04－16（44）.

[2] 田昇.中国企业"走出去"：冲动后的反思 [N].经济观察报，2014－09－16（47）.

后 记

本书是在我的博士论文基础上形成的。这既是对过去博士论文研究工作的总结，也是拓展思路开展新研究的起点。

在本书即将出版之际，我感慨良多。我想最应感谢的是我的导师徐传谌教授，徐老师让我和吉林大学有了四年的缘分，感谢老师把我带进经济学的"殿堂"，更把我领进国有经济这一极富挑战且于国于民都意义非凡的领域。徐老师治学严谨，精益求精的态度深深的影响了我。没有徐老师自始至终的悉心指导，我是难以顺利完成博士论文写作的。师恩之重，难以言表，唯有在今后的学术之路上牢记教诲，不断进取，开拓创新，回报老师的殷切期望。

同时，我还要感谢吉林大学经济学院和中国国有经济研究中心的各位老师，在吉林大学读博期间你们不仅传授知识，更是传递一种精神、一种信念。我还要感谢各位师兄、师姐和同学们，我们一起探讨问题的情景，是我至今难以忘怀的。

最后，感谢我的父母、妻子和女儿等家人，是你们的无私支持和浓浓爱意，一直鼓励和陪伴我，让我在学术之路上拥有不断前进的动力和勇气。

谨以此书献给所有帮助和支持过我的人们！

邹 俊

2015 年 7 月 8 日